本书为2022年陕西省社会科学基金年度项目
“社交媒体知识传播的‘新可见性’控制与风险治理研究”
（2022M010）的阶段性研究成果

中国新媒体传播研究进路考察

1994—2019

从现象描述到关系反思

张秀丽　著

人民出版社

目　录

导　论

自从中国1994年正式接入国际互联网，新媒体全面嵌入社会各个层面，中国的媒介生态随之发生了前所未有的巨变，新媒体化生存成为常态。与之相应的新媒体传播研究也与时俱进，研究的广度与深度不断拓展，逐步建构起稳固的学术地位。目前中国的新媒体传播研究在经过发生期和发展期的第一个十年之后①，进入当前的繁荣期②，是目前传播学中最热门的研究领域③。

中国新媒体传播研究是在传统媒体面临数字技术日新月异的变革时，生发的新研究面向，讨论的是数字化浪潮中信息传播的复合性命题，也是学术研究对于社会媒介化变革的积极回应，成为透视社会现象的新视野。中国新媒体传播研究始于互联网、多媒体研究，朱光烈教授的"泡沫论"④被认为是国内最早研究新媒体的成果，自此成果数量逐渐增多，形式主要包括期刊论文发表、研究专著出版、专业学术机构活动、新媒体研究机构成立、国家社科基金项目立项、年度行业报告发布等方面，具体表现为：

---

① 彭兰：《中国网络媒体的第一个十年》，清华大学出版社2005年版。

② 杜骏飞：《1994年以来中国网络新闻传播理论研究进展分析》，《上海师范大学学报(哲学社会科学版)》2009年第4期。

③ 吴小坤、吴信训：《国际视野下新媒介研究的沿革与动向》，《新闻与传播研究》2011年第1期。

④ 朱光烈：《我们将化为"泡沫"——信息高速公路将给传播业带来什么》，《北京广播学院学报》1994年第2期。

一是在期刊论文方面。诸多期刊纷纷刊发相关论文或设立专门的新媒体研究类专栏，比如以“新媒体”为关键词，在中国知网的CSSCI数据库中的“新闻与传媒类”子库搜索，文献数量均已超过万篇，且呈现持续上升趋势。二是在著作方面。在读秀学术的“信息与知识传播”门类下搜索，自国内第一本名为《网络媒体》（许榕生著，五洲传播出版社1999年版）的著作问世以来，著作出版增速较快，比如彭兰的《中国网络媒体的第一个十年》、闵大洪的《中国网络媒体20年（1994—2014）》、谢耘耕的《新媒体与社会》、刘小晔的《信息社会与新媒体》和方兴东的《中国新媒体史》等。三是在专业学术机构组建方面。2008年，中国新闻史学会网络传播史分会成立。该分会是由教育部、民政部联合批准的国家级学术组织，也是迄今为止中国新媒体传播研究领域内仅有的全国性学术组织，标志着中国新媒体传播研究学术身份的确立。四是在研究机构方面。自中国社会科学院于1994年在国内最早成立的“网络与数字传媒”研究室以来，清华大学、北京大学等高校纷纷成立新媒体研究中心等专门的新媒体研究机构，腾讯、新华网等行业机构分别设立“企鹅媒体研究院”“融媒体未来研究院”等研究机构。五是国家社科基金等各级项目立项方面。中国新媒体传播研究最早在1996年的国家社科基金获批立项后①，此后立项数量逐年提高，乃至在2019年新闻学与传播学的立项中，新媒体研究方向共计93项，约占新闻学与传播学立项数量的52%，其重要性可见一斑。六是在年度行业报告方面。《新媒体蓝皮书·中国新媒体发展报告》②全面分析和解读年度新媒体发展趋势，成为新媒体研究中重要的数据来源和资料参考。除此之外，《中国新媒体融合报告》《中国新媒体产业发展报告》等报告类成果也逐渐增多。

在25年期间，中国新媒体传播研究逐渐聚集了大量研究者，积累了

---

① 国家社科基金第一次设立与新媒体研究相关的项目名称为“多媒体技术与新闻传播”（项目批准号：96AXW003）。

② 该报告从2011年起至今由中国社会科学院新闻与传播研究所主持编撰，年度发布。

大量的研究成果。自我反省是学术成熟的一种表现，在研究热潮背后，已有研究成果的系统化、体系化考察成为新的学术增长点。纵观当下新媒体研究之研究的现有成果，几乎每年都有学者进行回顾总结。根据文献收集，目前中国新媒体传播研究之研究的成果形式主要有三种类型，分别是年度综述、阶段性综述与专题研究，其中以年度综述为主，阶段综述类和专题研究类成果虽然总数较少，但是每年的增速较快，本书共收集到112篇此类文献。目前尚没有发现对中国新媒体传播研究25年进行系统考察的著述出现。中国新媒体传播研究之研究的系统考察是推动研究深入的必经之路，也必将是一个高度概括和提炼的过程，那么如何做到使其既系统而不散乱，又精细而不狭隘？中国新媒体传播研究之研究的系统梳理亟须补白。

理解和解释研究现状既是现实问题，也是历史问题，一切关注现实的研究面向无法脱离对历史的观照①。在25年期间，越来越多的研究者和研究机构从不同进路切入中国新媒体传播研究，积累起大量的学术成果，并对理论、实践的探讨逐渐深入，目前已经成为中国新闻传播学研究探索中的一个重要学术领域。现有的研究成果表明，研究路径不同使得中国新媒体传播研究形成了不同的研究取向。但是在中国新媒体传播研究成果和理论创新不断深化的同时，少有对其研究脉络进行系统反思的成果出现。中国新媒体传播研究在历经“遍地开花”之后，一如“站在十字路口”的中国传播学一样，似乎“离家出走”或“无家可回”。② 中国新媒体传播研究身在何处，又要去往何方的问题横亘于前，对其适时反思已迫在眉睫。

在中国新媒体传播研究25年的历史节点，研究之研究首先要面对的议题有：中国新媒体传播研究经历了什么样的历时演进？学术版图的空间

① 骆正林：《传播学术史研究的方法与路径——兼评〈传播学科的奠定（1922—1949）〉》，《中国地质大学学报（社会科学版）》2014年第3期。

② 潘忠党、刘于思：《以何为“新”？“新媒体”话语中的权力陷阱与研究者的理论自省——潘忠党教授访谈录》，《新闻与传播评论》2017年第1期。

布局是什么？在历时演进和空间布局的梳理中呈现出哪些不同的进路？中国新媒体传播研究进路的驱动力量是什么？其未来研究趋势是什么？当下的研究是在充分观照历史演进之后站在“巨人肩膀”之上的纵深研究，还是匆忙蹭热度的“自说自话”或“众声喧哗”？25 年期间的中国新媒体传播研究如何在连续性和断裂处交汇与发展？毋庸讳言，至今中国新媒体传播研究的演进历程并没有被清晰描述与系统呈现，不熟稔中国新媒体传播研究来自何方、身在哪里，何以谈其去往何处？部分研究者也关注到了走在“十字路口”的中国新媒体传播研究，提出了学术反思与批判研究的最强音。① 回顾 25 年期间中国新媒体传播研究的发展历程，该领域已经积累了大量的研究经验材料，梳理、审视、回味、反思已有的重要研究成果，才能厘清其发展脉络和演进逻辑。通过研究进路考察来回应和解决当前中国新媒体传播研究学理化和体系化的时代命题，要做的一项基本工作就是对 25 年期间的主要研究成果进行识别、分类和梳理，总结其研究进程中的规律性知识，洞悉其研究进路，推动中国新媒体传播研究拓展更多可能进路，“让大家观千剑而后识器，获得在本学科领域的方位感”②。

中国新媒体传播研究进路的系统梳理是一种探索性的尝试，是对现有研究成果的系统总结和理论升华。当然，研究进路考察并非一个静态的界面，而是一个动态、历史的过程，既需有概念框架的构建、研究方法的确立、科学理论的建立等内部回溯，也应有科学发展外部的政治结构、经济状况、文化构成、技术发展等因素的影响，所以本书拟以纵、横交错的研究视角，把中国新媒体传播研究的内部史和外部史结构在研究进路研究的分析框架内，并分为两条主线，一是对学术成果的梳理，二是把新媒体研究成果置于宏观的时代环境中进行考量，打破就新媒体而论新媒体的只见

① 贾祥敏：《反思结构功能主义范式下的新媒体研究》，《浙江传媒学院学报》2018 年第 6 期。

② 余三定：《学术史：“研究之研究”——兼评北京大学出版社“学术史丛书”》，《北京大学学报（哲学社会科学版）》2005 年第 5 期。

树木不见森林的视野局限性，把中国新媒体传播研究置于社会发展的大环境中进行多维考量。当然，就新媒体传播研究而论新媒体研究的惯常学术反思方法，虽然易于明了新媒体传播研究内部的学术变迁，但却不易把握大量的学术消长与社会思想语境。把新媒体传播研究的生发还原到其所处的政治、经济、文化与技术环境下，更易于明白新媒体传播研究在学术中的发展地位以及因果联系。在中国新媒体传播内部史和外部史的互动对话中探究其研究进路，进而拓展对新时代可能进路的思考，同时对实际进路的呈现以及对可能进路的探究，均是中国新媒体传播研究学术进程中有重要意义的组成部分。

本书着眼于中国新媒体传播研究进路考察，但不局限于资料的收集、罗列，而是基于大量有代表性的学术成果，综合采用内容分析、文献计量、历史分析、深度访谈等质化和量化相结合的方法，围绕理论基础、核心问题、重要事件、关键人物和经典案例等内容，从历时回溯和共时爬梳两个视角、内部发展史和外部互动史两条主线，洞察和呈现中国新媒体的演进轨迹，厘清中国新媒体传播研究进路的不同路径，创新研究方法，加强内容研究的深度，洞悉新媒体传播研究知识生产的一般规律，以史为镜，以往鉴今，厘清其学术发展源流和演变轨迹，为新时代中国新媒体传播研究再出发厘定基础、探明起点，推动中国新媒体传播研究向纵深发展。综上所述，研究进路考察为中国新媒体传播研究的深化梳理了大量的第一手资料，丰富了研究之研究的学术实践，推动了新媒体传播研究之研究的深化。

与此同时，“认识和理解新媒体不仅拥有丰富的实践价值，更是认识人类社会从工业化向信息化社会演变的关键”①。回顾历史的视角往往取决于其所陷入的问题与困境②，倒置以上论断正是考察中国新媒体传播研究

① 谢新洲、李冰：《新媒体研究的困境及发展》，《新闻与写作》2016 年第 2 期。

② Park, D.W.&Pooley, J., *The History of Media and Communication Research: Contested Memories*, PeterLang Publishing, 2008.

进路的立足点和突破口，适时观照研究进路，才能从历史中探明来路，进而洞察出路和展望未来。基于当下热度不断扩散的中国新媒体传播研究现状，只有通过研究进路的考察，做到“心中有数”，才不会为表象所“座驾”。尤其是随着理论研究的深入，新的研究边界不断被突破，只有明晰研究现状的“入门常识”，才可能找到继续推进研究的真问题，找到新的研究切入点，为研究的理性繁荣拓展更多“成名的想象”。与此同时，本书对于中国新媒体传播研究进程的阶段性梳理、不同维度的横向爬梳、研究进路的呈现、驱动力分析、可能进路探究等的研究发现，丰富中国新媒体传播研究的理论视域，体系化的研究成果必将成为研究深入的催化剂。

当然，本书以研究进路为切入口考察中国新媒体传播研究成果，是对研究成果的研究，而不是对新媒体的研究，时间跨度为1994—2019年。研究成果主要包括期刊、著作、项目、会议综述及行业报告等不同形式，研究的核心议题是研究进路，分为实际进路呈现和可能进路探究两个部分，进而实现中国新媒体传播研究25年的系统考察。研究进路考察并不是简单地按时间、地域、人物学术活动、专题排列的方式来建构研究框架，而是紧紧围绕核心议题“研究进路”的规定性，研究视域聚焦于以下几个方面：一是中国新媒体传播研究阶段性及其核心议题演变的历时性考察，以阶段性为分析策略考察其核心议题演变趋势，并分别从社会语境、研究论域和研究特点三个维度进行分析，进而考察中国新媒体传播研究进程中研究议题的连续性与断裂性。二是中国新媒体传播研究学术版图的共时性考察，研究基于内容分析法和文献计量法，分别从研究主体、研究议题、研究方法与基础理论创新四个维度展开研究，从而提出中国新媒体传播研究学术版图的整体分布特征为学科边界逐渐模糊。三是实际进路的呈现，中国新媒体传播研究的进路主要有描述性、解释性、对策性和批判性四种。四种进路共同作用于中国新媒体传播研究，其在夯实研究基础的同时，表现出一定的“内卷化”倾向。四是实际进路的驱动力分析，研究提出技术牵引、权力规训、资本加持和学术自主性主导是驱动中国新媒体传播研究的四种主要力量，进而指出以上四种力量博弈下的新媒体研究呈现出研究议题设置的高依附性特点。五是中国新媒体传播研究可能进路的反思，提出其可能进路为基于知识融合的技术化、社会传播与媒体形态研究，未来的发展趋势为跨学科研究。

从总体上来说，本书在内容安排上首先以1994年以来研究进程的不同阶段为经（纵轴），以研究主体、研究议题、研究方法、基础理论创新四个专题为维（横轴），在纵横坐标交汇处探究、呈现中国新媒体传播研究实际进路，同时对其驱动力进行分析，既注重纵向历时性回溯，也强调横向共识性爬梳。不了解历时进展，就会缺失历史纵深感，而不做共时性分类梳理，则必将缺乏血肉和灵气，也正是在中国新媒体传播研究之研究的纵横交错中，洞察和呈现其实际研究进路、驱动力和可能进路。另外，本书收集、整理了25年间中国新媒体传播研究进程中的重要研究成果，主要包括重要学术会议召开、重要文献的出版发表、新媒体研究类国家社科基金相关立项等。以上资料性梳理是本书立论的基础，同时对于中国新媒体传播研究进路考察具有重要的资料价值。

综上所述，系统考察25年中国新媒体传播研究进路具有一定开拓性，同时也是一项浩大的系统工程，涉及面广，资料占有和理论驾驭均颇具挑战性。基于以上考量，本书重点着力以下三个方面：

一是以研究进路为核心议题考察中国新媒体传播研究的现有成果。本书以研究进路为核心议题，系统考察国内25年期间的新媒体研究成果，既实现了对新媒体传播研究进行系统学理化分析的突破，也避免了对新媒体成果研究的泛泛而谈。本书不是学术史的编纂，也不是对新媒体发展或新媒体研究的资料堆砌，而是以研究进路为核心议题观照中国新媒体传播研究进程，着重分析其实际进路、驱动力，可能进路等重要议题，进而探明其来龙去脉，丰富了中国新媒体传播研究之研究的研究视域。

二是采用新的研究方法收集和梳理25年期间的研究成果，积累了大量的第一手资料。样本文献是整篇论文立论的基础，直接决定研究过程的严密性和研究结论的客观性，所以研究方法的选取至关重要。经过文献调研和专家咨询，本书主要采用历史文献法、内容分析法、文献计量法和历史分析法等量化与质化混合使用的研究方法。首先基于德尔菲等三重方法的互相补充和验证，确定文献搜索的关键词；其次基于文献研究法、历史分析法等进行阶段性及核心议题演变研究；最后基于内容分析法、文献计量法等方法进行学术图谱的空间布局研究。与此同时，使用深度访谈法对中国新媒体传播研究领域的重要学者以及重要期刊的负责人进行当面交流，得以校验与拓展本书的研究思路与研究结论。除此之外，在文献搜集和处理过程中，分别采用分层抽样、回归分析等方法进行中国新媒体传播研究议题研究、研究方法研究等，打破了以往思辨研究为主的分析传统。基于以上新的研究方法收集和处理文献，本书积累了大量的第一手资料，主要包括中国新媒体传播研究的样本文献（期刊论文）数据库（9880篇）、中国新媒体传播研究的高频关键词（前50）、中国新媒体传播研究的高被引论文（前100）、中国新媒体年度研究议题分布、中国新媒体传播研究的综述类文献分布、中国新媒体类专业开设情况、新媒体研究类国家社科基金项目（1994—2019年）、中国新媒体重要学术会议召开信息（2005—2019年）等，为研究的深入开展打下扎实的文献基础。

三是对25年来研究进路的描述和发现，并作出重要判断。本书在探讨研究进路的规定性及其分析维度的基础上，做出如下判断：共时视域下中国新媒体传播研究阶段性及核心议题演变总体上呈现出技术主导的研究趋势；历时视域下其学术版图呈现出边界逐渐模糊的布局特点，具体表现为研究主体的众多与离散性、研究议题的多元与表征性、研究方法的多样与描述性、基础理论创新的积累与碎片化；实际进路分别为描述性、对策性、解释性和批判性四种，不同进路在夯实中国新媒体传播研究基础的同时，共同表现出“内卷化”的总体态势；实际进路是在技术牵引、权力规训、资本加持和自主性主导的动态博弈下形成，研究主题议程设置表现出一定的依附性，自主性亟须加强；中国新媒体传播研究的可能进路为技术化、社会传播与媒介形态，而可能进路的中断从本质上反映了知识融合问题，因此中国新媒体传播研究的未来趋势是跨学科研究。

第一章

中国新媒体传播研究进路考察的立论基础

“任何涉入一条新的河流的人都想知道这里的水来自何方，它为什么这样流淌。”[①] 学术研究需要建立在已有研究成果的基础之上，论从史出，一脉相承。“承认前人所留下的知识遗产使我们受益匪浅”[②]，学术创新是要实现对已有相关研究的问题、方法等方面的突破，因此洞悉研究现状，探明已有成果的演进脉络，才有可能实现学术创新。本书以研究进路为切入口和问题域，进行中国新媒体传播研究成果的系统化考察，所以新媒体传播及研究进路等研究的文献溯源和内涵界定成为立论的基础。

① ［美］埃弗雷特·M.罗杰斯：《创新的扩散》，辛欣译，中央编译出版社2002年版，第6页。

② ［美］R.K.默顿：《科学社会学》（下），鲁晓东等译，商务印书馆2004年版，第410页。

第一节　研究进路考察的立论溯源

根据文献考证，较早对中国新媒体传播研究进行回顾总结的是闵大洪，主要采用的形式是文献综述，他从1995年开始每年对网络媒体发展及其研究进行年度归纳和总结（2016年结集成书，书名为《中国网络媒体20年:1994—2014》）①，并于2000年发表综述类研究论文《网络传播研究亟待加强》，分析我国网络媒体研究早期阶段的特点和不足，开辟了中国新媒体传播研究文献综述这一崭新的研究领域②。随着中国新媒体如火如荼发展，成果数量不断增多，成为新闻传播学研究中的显学。中国新媒体传播研究具有注重回顾总结的传统，至今有大量的综述类研究成果，主要呈现为年度回顾、阶段性总结和专题研究三种形式。

一、年度回顾

年度综述是中国新媒体传播研究中运用最广泛的成果形式，即以年为单位梳理总结本年度有代表性的研究成果，形式主要为期刊论文，其中重要研究者、研究成果、刊发期刊情况如表1-1所示。

① 方兴东、陈帅:《中国互联网25年》,《现代传播》2019年第4期。

② 闵大洪:《网络传播研究亟待加强》,《新闻与传播研究》2000年第1期。

表 1-1　中国新媒体传播研究的年度综述一览表

作者	发表期刊	综述内容	综述时长
付玉辉	国际新闻界	研究议题	2006 年，2008—2015 年
孟威	当代传播	热点、新意与趋势	2011 年，2013—2019 年
苏涛、彭兰	国际新闻界	研究主题及反思	2016—2018 年

根据以上统计可见，中国新媒体传播研究具有进行年度综述的研究惯习，几乎每年都有研究者对年度研究成果进行回顾和总结，并且研究队伍相对稳定，主要集中在付玉辉①、孟威②、苏涛、彭兰③等权威研究者，其大多来自清华大学、中国人民大学等有重要影响力的高校。年度综述类成

① 付玉辉发表的年度综述类文献主要有：付玉辉：《2015 年中国新媒体传播研究综述》，《国际新闻界》2016 年第 1 期；付玉辉：《2014 年中国新媒体传播研究综述》，《国际新闻界》2015 年第 1 期；付玉辉：《2013 年中国新媒体传播研究综述》，《国际新闻界》2014 年第 1 期；付玉辉：《2012 年我国新媒体传播研究综述》，《国际新闻界》2013 年第 1 期；付玉辉：《2011 年中国新媒体传播研究综述》，《国际新闻界》2012 年第 1 期；付玉辉：《2010 年新媒体传播研究》，《国际新闻界》2011 年第 1 期；付玉辉：《聚焦移动、融合、监管主题的新媒体研究——2009 年中国新媒体研究综述》，《国际新闻界》2010 年第 1 期；付玉辉：《拓展媒介融合时代新媒体传播学的研究领域——2008 年我国新媒体研究综述》，《国际新闻界》2009 年第 1 期；付玉辉：《2007 年我国网络传播研究综述》，《国际新闻界》2008 年第 1 期；付玉辉：《2006 年我国网络传播研究综述》，《国际新闻界》2007 年第 1 期。

② 孟威发表的年度综述类文献主要有：《2019 年新媒体研究热点、新意与趋势》，《当代传播》2020 年第 1 期；《2018 年新媒体研究热点、新意与走向》，《当代传播》2019 年第 1 期；《2017 年新媒体研究热点、新意与趋势》，《当代传播》2018 年第 1 期；《2016 年新媒体研究热点、新意与趋势》，《当代传播》2017 年第 1 期；《2015 年新媒体研究：真实、趋动与新意》，《当代传播》2016 年第 1 期；《2014 年网络新媒体研究新触点及走向》，《当代传播》2015 年第 2 期；《2013 年网络新媒体研究热点透析》，《当代传播》2014 年第 1 期；《2011 年网络新媒体研究综述与评析》，《社会科学管理与评论》2012 年第 2 期；《2011 年新媒体研究四类热点》，《新闻战线》2012 年第 3 期；《2011 年网络新媒体研究热点：主题、视角与评析》，《新闻知识》2012 年第 2 期。

③ 苏涛、彭兰发表的综述类文献主要有：《热点与趋势：技术逻辑导向下的媒介生态变革——2019 年新媒体研究述评》，《国际新闻界》2020 年第 1 期；《反思与展望：赛博格时代的传播图景——2018 年新媒体研究综述》，《国际新闻界》2019 年第 1 期；《“智媒”时代的消融与重塑——2017 年新媒体研究综述》，《国际新闻界》2018 年第 1 期；《多元化、精细化与范式创新：2016 年新媒体研究的特点与进路》，《国际新闻界》2017 年第 1 期。

果多发表在《国际新闻界》《当代传播》《新闻界》等新闻传播学专业的重要期刊上。当然，也有其他研究者进行年度综述研究。① 以上研究成果大多围绕年度新媒体传播研究的主要议题、研究热点等进行综述或反思，同时研究方法以思辨分析为主。

年度综述着力于本年度主要研究内容的梳理与概括，包括研究热点、主要观点的呈现与评述，其对年度议题、研究热点的梳理厘清了年度研究脉络，为本书历时与共时视域下的中国新媒体传播研究提供了重要的材料与借鉴，但其不足之处在于一定程度上固化了年度综述的写作格式，多局限于对年度研究议题的梳理，而缺乏对年度研究的作者群体、研究机构、研究方法等方面的系统观照，从而难以全面呈现年度研究的整体轮廓，研究方法相对单一。

二、阶段性总结

阶段性综述类成果的数量明显少于年度综述，成果形式也多为期刊论文，目前收集到的阶段性综述成果如表 1-2 所示。

表 1-2 中国新媒体传播研究的阶段性综述一览表

序号	作者	论文题目	研究阶段
1	闵大洪	网络传播研究亟待加强	1993—2000 年
2	郑素侠	2001—2006 年内地网络传播研究现状的实证分析	2001—2006 年

① 其他研究者的综述类文献主要有：李小翠和唐俊对 2005 年、吴静对 2006 年、曹丹对 2007 年、尹韵公和刘瑞生对 2009 年展开综述，具体为：李小翠、唐俊：《新媒体，在关注和热议中前行——2005 年新媒体研究综述》，《新闻记者》2006 年第 3 期；吴静：《数字化媒体研究的若干热点——2006 年新媒体研究综述》，《新闻知识》2007 年第 2 期；曹丹：《2007 年新媒体传播研究热点述评》，《新闻战线》2008 年第 1 期；尹韵公、刘瑞生：《新媒体发展的全球视野与中国特色——2009 年中国新媒体发展态势与前沿问题》，《学术动态（北京）》2010 年第 2 期。

续表

序号	作者	论文题目	研究阶段
3	雷璐荣	简述中国新媒体研究的现实呈现	1996—2009 年
4	徐剑等	中国新媒体研究的历史回顾与反思	1997—2009 年
5	巢乃鹏等	新媒体：我们的研究点与关注点	2009—2011 年
6	相德宝	中国新媒体研究的三个阶段	1986—2008 年
7	李武	国内传播学领域新媒体的研究热点	2009—2012 年
8	张冠文等	我国互联网学术研究述评	1994—2011 年
9	胡月	数字丛林十年求真：新媒体研究全景图	2007—2017 年
10	刘莲莲等	传播方式变革、治理观念变化与社会变迁	2015 年以前
11	张小强等	中国“新媒体研究”创新的扩散：曲线趋势、关键节点与知识网络	1996—2015 年
12	任健等	中国新媒体学术研究的新态势与新特征	2008—2013 年
13	谭天等	中国新媒体研究发展回顾及展望	1994—2015 年

根据以上统计发现，不同研究者基于不同阶段的中国新媒体传播研究进行回顾和总结，研究成果主要有：闵大洪基于对 1993—2000 年的研究成果梳理，提出应该加强网络传播研究①；郑素侠通过对 2001—2006 年期间研究成果的实证分析提出，网络传播研究既要凝练出明确的研究焦点，亦应重视研究方法的遴选②；雷璐荣认为 1996—2006 年期间的研究特点为注重务实研究，与传播发展保持同步，议题丰富，同时超越指导性研究，实证研究比例提高③；徐剑等基于 1997—2009 年研究成果中高被引论文及研究议题的分布特征分析，发现中国新媒体传播研究基本是对新技术现象的解释性尾随，并且重复现象严重④；巢乃鹏通过对 2009—2011 年期

① 闵大洪：《网络传播研究亟待加强》，《新闻与传播研究》2000 年第 1 期。

② 郑素侠：《2001—2006 年内地网络传播研究现状的实证分析》，《河南社会科学》2007 年第 2 期。

③ 雷璐荣：《简述中国新媒体研究的现实呈现》，《新闻界》2009 年第 5 期。

④ 徐剑、赵征南：《中国新媒体研究的历史回顾与反思——基于 CNKI、CSSCI 高被引论文观察》，《上海交通大学学报（哲学社会科学版）》2010 年第 5 期。

间研究成果的引文分析发现，该阶段主要关注网络舆情、媒介使用、新闻业务、经营管理和理论等方面①；相德宝认为1986—2008年期间的研究逐渐深化②；白志如认为2005—2011年期间的研究议题逐渐细化，研究重点转移到新媒体的功能和影响，实证研究方法得到重视③；李武基于2009—2012年期间研究成果的计量分析发现，传播学研究者更关注新媒体研究，而用户使用行为是其研究新媒体的主要内容④；张冠文基于对1994—2011年期间研究成果的分析发现，互联网研究与行业发展密切相关，并日趋走向理性、规范，但国际化视野有待提高⑤；胡月基于共词分析、共现分析的文献计量方法，呈现2007—2017年期间中国新媒体传播研究的知识演进轨迹⑥；刘莲莲等采用共时性研究发现，2015年以前的研究成果通常采用"实践影响—理论挑战"的逻辑⑦；张小强等基于创新扩散理论，采用知识图谱分析的方法，揭示1996—2015年期间的新媒体研究扩散规律，指出新媒体研究中研究热度扩散比知识扩散更为明显⑧；任健等基于2008—2013年期间的研究成果分析，从6个方面凝练出新媒体研究的6个特征；谭天等人发现，1994—2015年期间集聚大量研究成果，但缺乏基

① 巢乃鹏、何椿：《新媒体：我们的研究点与关注点——基于新闻传播类CSSCI来源期刊的分析》，《出版发行研究》2012年第5期。

② 相德宝：《中国新媒体研究的三个阶段》，《今传媒》2010年第4期。

③ 白志如：《论中国新媒体研究重点的转变：视角的细化、内容的偏移和方法的务实》，《新闻知识》2013年第3期。

④ 李武：《国内传播学领域新媒体的研究热点——基于共词分析的文献计量研究》，《西南民族大学学报（人文社会科学版）》2012年第11期。

⑤ 张冠文、李晔、胡安川、王育济：《我国互联网学术研究述评》，《新闻大学》2013年第2期。

⑥ 胡月：《数字丛林十年求真：新媒体研究全景图——基于2006—2016年我国新媒体研究的科学知识图谱分析》，《新闻界》2017年第2期。

⑦ 刘莲莲、强月新：《传播方式变革、治理观念变化与社会变迁——中国新媒体研究的焦点与态势》，《新闻与传播评论》2014年第1期。

⑧ 张小强、杜佳汇：《中国"新媒体研究"创新的扩散：曲线趋势、关键节点与知识网络》，《国际新闻界》2017年第7期。

础理论创新，同时研究视域单一，从而跨学科、平台化和国际化将是未来推进新媒体传播研究的重要面向①。

基于以上分析可以发现，阶段综述多是以期刊论文出现。研究者基于不同的经验材料和时间节点展开对中国新媒体传播研究的阶段性回顾，尽管研究阶段的跨度不同，但分析对象同年度综述相似，多以研究议题为分析对象，其中部分研究开始基于一定的理论框架展开分析，比如新媒体研究的创新扩散规律等，开创了新的研究面向。研究方法以思辨分析为主，引文分析、文献计量、内容分析等方法逐渐得到应用，为研究的深入积累了宝贵的素材和方法借鉴。尽管以上研究成果中的阶段跨度不同，但至今尚没有对新媒体研究 25 年进行系统考察的成果，为本书留下了研究空间。

三、专题研究

专题研究是研究者针对新媒体研究中的某一议题或领域展开横向研究，主要包含以下方面：一是新媒体概念研究的研究。基本概念考证是学术研究的根基，也是一个不断与时俱进的过程。新媒体概念的考证、分析引发众多研究者关注，彭兰、匡文波、廖祥忠、景东等基于不同角度展开对“新媒体”规定性研究的研究。研究者大都认为“新媒体”是一个历史的、相对的、流动的概念，但至今对其规定性尚未达成共识。② 二是基础

① 谭天等：《中国新媒体研究发展回顾及展望》，《新闻爱好者》2017 年第 9 期。

② 对“新媒体”概念进行研究的研究成果主要有：彭兰：《“新媒体”概念界定的三条线索》，《新闻与传播研究》2016 年第 3 期；匡文波：《“新媒体”概念辨析》，《国际新闻界》2008 年第 6 期；廖祥忠：《何为新媒体?》，《现代传播》2008 年第 5 期；景东、苏宝华：《新媒体定义新论》，《新闻界》2008 年第 3 期；来沅晖：《对“新媒体”概念的重新思考》，《西部学刊》2018 年第 8 期；周茂君、彭铁鑫：《新媒体概念辨析》，《中国媒体发展研究报告》2014 年第 1 期；杨继红：《谁是新媒体》，清华大学出版社 2008 年版；周茂君、彭铁鑫：《新媒体概念辨析》，《中国媒体发展研究报告》2014 年第 5 期。

理论建构研究。秦志希等提出我国新媒体研究的理论关注点集中在改变与建构、使用与满足及传播效果三个方面，缺乏理论创新①；杜骏飞发现中国的网络传播理论发展蕴含着周期变化②；刘洋、李喜根提出以知识增量作为衡量研究成果的主要指标③。三是研究方法研究。李明等探讨了内容分析法在中国新媒体研究中的应用现状和问题。④四是研究范式研究。曲飞帆、贾详敏、刘新传等反思了新媒体研究的结构功能主义范式问题，部分研究者提出了超越结构功能主义的研究构想⑤；除此之外，新媒体研究困境问题也引起部分研究者关注⑥。

专题研究是新媒体传播研究之研究逐步深化的重要表现，多基于新媒体概念、基础理论创新、研究方法、研究范式展开研究之研究，其研究对象不仅关涉不同时期研究议题的变化，而且多着力于中国新媒体传播研究的理论创新、研究方法使用等领域，研究视野进一步拓宽，研究方法也逐渐多元，为中国新媒体传播研究之研究的深入提供了宝贵的资料和借鉴，但是目前专题类研究数量明显较少，研究对象相对单一，研究视野还有进一步拓展的必要和空间。

综上所述，中国新媒体传播研究具有注重研究脉络梳理的传统，成果形式多为年度综述、阶段综述和专题研究三种形式，其在总体上呈现出以

① 秦志希、卢晓华：《中国新媒体研究的理论进路——基于国内四种新闻传播学期刊的分析（2006—2011）》，《新闻界》2013 年第 1 期。

② 杜骏飞：《1994 年以来中国网络新闻传播理论研究进展分析》，《上海师范大学学报（哲学社会科学版）》2009 年第 4 期。

③ 刘洋、李喜根：《新媒体传播研究及知识增量》，《国际新闻界》2012 年第 8 期。

④ 李明、陈可薇：《量化内容分析法在中国大陆新媒体研究中的应用——以六本新闻传播类期刊为例》，《中国地质大学学报（社会科学版）》2016 年第 3 期。

⑤ 相关研究成果主要有：曲飞帆、杜骏飞：《超越结构功能主义范式的中国新媒体传播研究——以 2015 年以来的研究文献为例》，《当代传播》2016 年第 5 期；贾祥敏：《反思结构功能主义范式下的新媒体研究》，《浙江传媒学院学报》2018 年第 6 期；刘新传、魏然：《语境演进、范式：网络研究的想象力》，《新闻大学》2018 年第 3 期。

⑥ 相关成果主要有：韦路：《新媒体研究何去何从?》，《中国出版》2010 年第 14 期；谢新洲、李冰：《新媒体研究的困境及发展》，《新闻与写作》2016 年第 2 期。

下特点：一是在研究规模方面，新闻传播学领域的重要期刊上出现了大量文献综述类的研究成果，更多研究者关注到了新媒体研究之研究的重要意义，研究规模有逐年扩大之势；二是在研究者方面，综述类成果的研究群体相对稳定，其在保持集中性的同时，不断有新的研究者加入；三是在研究内容方面，多以年度或阶段的研究议题总结展开研究，也有研究者从引文、价值关怀等多元视角呈现研究发展脉络和知识流动特点，表现出了一定的现实关怀和反思意识；四是研究方法方面，多以经验性阐述为主，引文分析、知识图谱等实证研究方法逐渐得到重视和采用。以上研究成果为中国新媒体传播研究之研究的逐步深入积累了宝贵的经验材料和立论基础。

尽管有了上述研究之研究的诸多成果出现，但正如斯科特（Scott）所说，“不论学界如何追赶，总也赶不上业界技术创新的步伐。即使是考察最新技术的研究，发表时也至少比技术的发展晚个一年半载，或者更长”①，过度或盲目关注技术往往会被表象所遮蔽，从而忽视技术背后更本质的传播问题，比如传播过程、关系、模式和效果等方面的改变问题。②基于对现有成果的梳理与分析可以发现，目前综述类成果尚存在以下不足：一是研究对象主要关注年度、不同阶段、专题研究议题的归纳，缺乏对研究方法、研究者、研究效果等方面的梳理，进行系统研究的成果偏少；二是大部分论文没有规范使用质化或量化的研究方法，论证过程缺乏足够的数据或经验材料支撑，得出的结论缺乏科学的论证；三是研究的时间跨度不同，目前尚未有系统考察中国新媒体传播研究 25 年的成果出现；四是研究的知识贡献有限，研究成果的数量增长并不总代表着知识总量的提升，许多研究成果都是试图追随技术形态的演变进行极具前沿性的研

---

① Scott.C.R, *A Whole-hearted Effort to get it Half Right: Predicting the Future of Communication Technology Scholarship*,*Journal of Computer-mediated Communication*, 2009, pp.753-757.

② 韦路：《新媒体研究何去何从?》，《中国出版》2010 年第 14 期。

究，缺乏理论视角，缺少对政治、经济或学科发展等内外因素综合作用下的系统性研究，尤其是在突出问题意识以及研究的深度、广度方面，呈现出“内外交困、自说自话”的两难境地。总之，已有研究成果的问题主要集中于重“综”轻“述”，同时较少采用新工具、新方法进行严谨的解释性、预测性学术研究，反思意识显得薄弱，同时缺乏宏观、批判的研究视野，没有把研究之研究置于中国新闻传播学乃至整个社会的学术与思想演进脉络中，所以中国新媒体传播研究之研究亟须开启系统化、学理化研究的新面向，这也是本书要实现的主要研究目标。

科学研究的目的主要有探索、描述和解释。目前中国新媒体传播研究之研究的主要方式为文献综述，且多以探索性和描述性研究的形式出现。“科学研究不是简单地回答疑问，给出关于事物及其相关现象的一般描述，而是要回答或者测试能揭示某种因果关系或规律的、可证伪的研究问题和假设。”① 中国新媒体传播研究从发轫至今已有 20 多年的历史，需要厘清其学术发展纹理。正如罗杰斯（Rogers）在 30 多年前所倡导的那样：新的互动技术引发传播实践变革，这势必需要新的理论、视角和方法论与之相适应。刘洋、李喜根也曾提出新媒体研究必须将理论与观察相结合，去研究能够贡献新知识的重要问题。当然这样说并非对学界已有研究成果的否定。已有研究也非常重要，研究者们已经通过一系列综述性研究来梳理中国新媒体传播研究的成就和不足，对于适时把握其研究现状有重要的参考意义。与此同时，评述现有研究成果的主要目的恰恰就是寻求研究的新切入点以及获得研究资料、方法、思路等方面的启发，以规范与促进现有的学术研究，从而更有效促进学术研究的理性繁荣。

基于以上对中国新媒体传播研究之研究演进历程的辩证分析，才能开启新的研究视域。本书基于系统性考察的基本逻辑和价值追求，把中

---

① 贾祥敏：《反思结构功能主义范式下的新媒体研究》，《浙江传媒学院学报》2018 年第 6 期。

国新媒体传播研究进程置于新闻传播学研究乃至特定的历史脉络中，厘清其研究进路的演进脉络，实现系统考察中国新媒体传播研究 25 年的研究目标。

第二节 中国新媒体传播研究的核心内涵

概念的规定性决定了研究的对象和范围，核心概念的确定是所有学术研究可以顺利展开的基本条件①。本书的核心概念为“新媒体”和“研究进路”，对其做出适切的界定才能够使整个研究具有明确的边界和凝聚力。

一、新媒体

作为重要的学术概念，“‘新媒体’是一个相对的、时间的、发展的概念”②，如何对其进行界定的问题，吸引着大量研究者的关注。“在一定的时间段之内，新媒体应该有一个相对稳定的内涵”③，“真正意义上的新媒体指的是信息时代的新媒体，是从万维网普及之后开始的”④，其概念所指经历了“电子版”“第四媒体”“网络媒体”等的演变过程。互联网进入中国之初并没有被视为“媒体”，比如早期上网的中文刊物《神州学人》《中国贸易报》等，均以“电子版”指称。随着互联网的信息传播力逐步显现，其得到更多的关注，时任联合国秘书长的安南曾提出互联网是继报纸、广播、电视之后的“第四媒体”，自

① 鲍金：《论马克思主义理论研究的三个层次》，《中共天津市委党校学报》2013 年第 3 期。

② 熊澄宇：《媒介史纲》，清华大学出版社 2011 年版，第 198 页。

③ 毕晓梅：《国外新媒体研究溯源》，《国外社会科学》2011 年第 3 期。

④ 熊澄宇、张虹：《源流与趋向：“新媒介”研究史论要》，《全球传媒学刊》2019 年第 1 期。

此开始流行以“第四媒体”指称以互联网为基础的新媒体。之后，中国科协主席周光援引了安南的“第四媒体”说法。1999 年底的“中国互联网高层发展战略会议”也使用了“第四媒体”的名称。自此，“第四媒体”的说法得到广泛认可。

然而，用数字序号来命名新出现的媒体简单但不严谨，尤其是在不同文化背景中，同一数字指称的媒体类型南辕北辙，比如在日本，第一、二、三媒体分别为报纸、期刊、广播，第四媒体则是指电视，而互联网被称为第五媒体。另外，用数字命名无法概括媒体的技术特征和传播特点，所以用“第四媒体”来指称“新媒体”逐渐遭受质疑。从 2000 年开始，人们开始使用“网络媒体”来指代以互联网技术为基础的新兴媒体形态，并逐渐得到学界和业界的认可。新华网于 2001 年举办了以“中国网络媒体论坛”为主题的研讨会，自此“网络媒体”概念开始被广泛使用，联合国教科文组织也把新媒体定义为网络媒体。① 在 Web1.0 时代，新媒体就是网络媒体 ②，而“新媒体”的使用频率远远低于“网络媒体”。自 Web2.0 兴起后，随着微博、微信等新的社会化媒体的出现，其传播方式迥异于网站，“网络媒体”已不足以涵盖其新的特点，“新媒体”的称谓得到更多人的关注和认可。随着手机媒体的崛起，作为可以包含网络与手机的“新媒体”概念使用频率开始明显增多。当然，至今仍有研究者习惯性地把“新媒体”与“网络媒体”“第四媒体”等概念等同使用。

回顾“新媒体”概念从电子版、第四媒体、网络媒体等到其逐步被更广泛应用的过程，反映了人们对互联网认识的深化，其在不同时期，指向不同技术，试图用一个定义将不同阶段的“新媒体”形态涵盖其中，显然是不现实的。基于概念要指向科学、严谨的使用目标，重要的也是可以实现的是根据不同新媒体形态所共同具有的基本特征，对本书所要研究的

---

① 匡文波：《关于新媒体核心概念的厘清》，《新闻爱好者》2012 年第 19 期。

② 党东耀：《媒介再造——媒介融合的本质探析》，《新闻大学》2015 年第 4 期。

"新媒体"做出明确的规定性。

"新媒体"的规定性是本研究的起点，决定样本文献的选择范围和研究指向。通过上文的文献梳理和概念厘清可知，"新媒体"在不同的社会语境中有不同的所指。在考察概念时要结合该概念所处的具体语境，概念的背后总有情景意义的存在①。基于以上研究成果的参照、新媒体研究发展情况以及本书的研究旨归，拟对"新媒体"做出如下规定性：新媒体属于集合名词的范畴，主要指向以互联网技术为基础的传播渠道与平台，主要包括网络媒体、手机媒体及其他具有互动性的媒体形态以及博客、微博等媒体应用平台。所以样本文献筛选的标准没有局限于以"新媒体"为关键词进行搜索，同时分别以新兴媒体、社交媒体、智能媒体等"新媒体"形态和应用为关键词，以此确定样本文献搜索的范围，保障整个研究的科学性。与此同时，考虑到笔者自身的学术视野，本书的新媒体研究是在新闻传播学学科视域下的考察，所以将研究范围明确地界定为新闻传播学学科范畴中的新媒体研究成果，并且地理疆域界定为中国大陆，也会少量涉及港澳台地区重要学者的部分研究成果，研究成果选择的时间跨度为1994—2019年。对期刊论文进行内容分析是洞察学术研究脉络的最便捷方法②，所以本书样本主要以中国知网中的CSSCI数据库作为主要的数据来源，并基于此进行样本文献的收集，并适当观照重要著述、国家社科基金、年度报告等成果形式。

二、研究进路

据考证，"进路"一词最早出现在《楚辞·九章·怀沙》中，此后也

---

① 黄旦：《中国新闻传播的历史建构——对三个新闻定义的解读》，《新闻与传播研究》2003年第1期。

② C.L.Borgman, *Bibliometrics and Scholarly Communication*（*Editor's Introduction*）, *Communication Research*, 1989, pp.583-599.

被运用在“进路北次兮，日昧昧其将暮”，“太祖时已戒严，诸军相次进路”，“二人辞了便进路，更行十里到永庄”等文中，其意思均为“上路出发”。而在“凡近敌都，必有进路”中则指“前进的道路”。近代梁启超在《清代学术概论》中写道：“因环境之变迁，与夫心之感召，不期而细想之进路”中进路指的是“事情演进、发展的路径”。基于以上“进路”一词的梳理可以看到，其多指事物前进、发展的道路。

对于研究进路的界定，有如下说法：“所谓研究进路，既有研究方法、步骤的意思，也有如何进入、入手的意义。”① 此处的“进路”指研究的路径、步骤，即切入点以及门路（步骤），也就是特定方法论观照下分析问题的步骤②，与研究角度相似，是研究思路的呈现。“研究进路”与自然科学研究中的研究路线有异曲同工之妙，范围超过研究方法。除此之外台湾学者林丽提出，进路好比登山的路线图，登山者路线相异，观山的视野和看到的景致就会不同。研究思路属于主观的设想，研究进路则是一种以研究成果呈现为表征的客观存在。根据研究对象以及角度的差异，研究进路研究可以基于不同的分析策略，如历时性的分析框架，从不同历史阶段展开纵向研究，以古鉴今；还可以共时性的分析框架，基于已有研究中不同主题展开横向研究；还可以共时和历时分析相结合，于纵横交错中发现两者的交汇点。基于研究进路的规定性，目前可以达成共识的是指从某地到达另一地点所经过的路径。当然，两地之间可能有多个进路（路径），所以有实际进路和可能进路之分，实际进路一般是指已经成为现实的路径，可能进路为可以连通两个地点但实际尚未实现的路径。纵观以上分析，研究进路主要是指研究路径及其步骤的选用，是对其知识生产方式的考量，包括实际进路和可能进路两个方面。对于中国新媒体传播研究来说，取得现有成果所经历的研究路径，

---

① 顾永波、殷晓蓉：《略论当前中国传媒经济研究存在的几个问题》，《新闻界》2008年第5期。

② 曾粤兴：《刑法学研究进路论略》，《甘肃政法学院学报》2005年第1期。

称之为实际进路，当然，批判地思考新媒体研究所存在的可以实现实际并未能实现的路径，称之为可能进路。实际进路是对现有成果研究路径的深描，可能进路是对现有成果的批判性思考和为未来发展趋势的拓展性探讨。据统计，仅以中国知网中的CSSCI数据库为数据来源，中国新媒体传播研究文献已逾万篇。在浩如烟海的文献中，如何考察中国新媒体传播研究中知识生产的演进规律？以往的研究之研究多采用年度综述、阶段综述和专题研究三种形式，缺乏对25年期间研究主体、研究议题、研究方法等多维度的系统考察，本书研究进路的考察必将打开中国新媒体传播研究的新视野。

一切社会科学研究都可以在马克思论著里面汲取力量。唯物史观中“生产方式”理论为研究中国新媒体传播研究的知识生产方式提供了重要参照。以此为分析依据，知识生产方式是指研究者从事知识生产活动采用的方法和路径①，任何研究活动都是在特定社会情境中生发并受到所处社会环境的影响，“存在决定意识”，所以要把思想和信仰视为社会整体中相互依赖的因素②。知识社会学的先驱曼海姆（Mannhaim）指出，从表面上看，知识、思想来自知识生产者的头脑，事实上，其是由研究者所处的社会系统、社会状况决定③，知识生产的土壤是知识生态④。尽管每一个新媒体研究的知识生产主体都有自己的个体特点，但是不关注其沉浸其中的知识生态，就无法洞悉其知识生产行为的内在机理。基于此，笔者认为考察研究进路时候需要关注的基本问题为知识是如何被生产、更新和发展的，

① 阎亚军：《中国教育学知识生产方式的反思与重建——从研究者的角度看》，《贵州师范大学学报（社会科学版）》2008年第6期。

② ［德］卡尔·曼海姆：《卡尔·曼海姆精粹》，徐彬译，南京大学出版社2004年版，第7页。

③ ［德］卡尔·曼海姆：《意识形态与乌托邦》，黎鸣等译，九州出版社2007年版，第125页。

④ 本书的知识生态主要包括两个方面，一是中国新媒体传播研究25年的社会环境，重点政策发布、技术更新等方面；二是新媒体教育及研究活动开展情况，主要是学科建设和学术研究活动。

知识生产的内、外部条件是什么？基于此思考中国新媒体传播研究进路，主要表现为新媒体研究阶段性演进规律、学术版图的分布特征、实际进路的呈现、不同驱动力分析、可能进路的追踪及其未来趋势判断等基本问题。

中国新媒体传播研究进路考察要在关注理论研究的同时，也要回到特定的历史背景中，基于理论产生的“社会存在”进行综合考察，从而既要考虑当时外部因素诸如政治、社会等的改变，也要关涉内部因素诸如学科建制、学术共同体等的影响。① 所以，研究进路考察不仅要以时间为导向，根据不同时期相关著述的数量、内容、形式、特点等因素，进行历时性回溯，而且也要基于学术版图分布进行共时性梳理，从而在历时、共时的纵横交错视域中，得以洞察和呈现其实际进路，进而实现驱动力分析、可能进路追踪与未来趋势判断。

第三节　样本选取与处理

一、样本选择范围

本书的研究对象是国内25年期间的新媒体研究成果，包括期刊类、著作类、项目类、学位论文类等成果形式。如果“文无巨细”地回顾所有相关著述成果，笔者势必会被淹没在浩如烟海的资料中而难以厘清其来龙去脉，所以样本文献选择范围界定为中国知网中的CSSCI数据库所收录的新媒体研究论文。样本选择主要基于以下考虑：

一是研究成果的代表性。根据中国新媒体传播研究高被引文献（前

① 董晨宇：《一项经典研究的诞生：知沟假说早期研究史的知识社会学考察》，《国际新闻界》2017年第11期。

100）的统计发现，期刊论文占比高达 91%，其在中国新媒体传播研究成果分布中占据核心位置，是中国新媒体传播研究成果的典型代表。同时，“期刊论文是报告最新研究成果的主要渠道，可以说是各领域研究趋势的晴雨表”①，大多数的重要论文一般集中发表在少数关键期刊上②，能够反映相关领域的最新研究进展。

二是数据的易得性。期刊论文有专门的数据库，可操作性强，所以研究相关领域学术研究的进展状况，更高效、便捷的方法就是对主要期刊论文进行内容分析③。目前国内有中国知网、中国社会科学引文索引、万方等多个数据库提供期刊论文的下载、分析功能，一定程度上保证了期刊论文样本的查全率和易得性。

三是已有的研究传统。通过文献调研可以发现，国内多数有代表性的学术史类、研究之研究类成果多是选取期刊论文作为样本文献开展研究，新闻传播学历来就有以期刊论文进行学科谱系、知识流动规律的研究传统，以上研究实践均为本书的实际操作提供了宝贵的借鉴。

当然，著述也是学术成果的重要呈现方式之一，本书没有将其作为主要的分析对象的原因主要基于如下考虑：一是国内研究者的著述数量不少，但是有影响力的成果不多。根据中国新媒体传播研究高被引文献（前100）的统计发现，著述仅占比 7%，其中 5 本为译著。而国内著述仅有 2 本，其中著作与教材各 1 部。除此之外，为了更客观了解中国新媒体传播研究著述的出版情况，笔者选择国内出版界有重要影响力的中国人民大学出版社和中国传媒大学出版社为调研对象，了解其新闻传播学门类下新媒

---

① 李明：《量化内容分析法在中国大陆新闻传播研究中的运用——以 2003—2012 年收录的新闻传播类来源期刊论文为例》，《新闻与传播研究》2013 年第 9 期。

② 张斌贤等：《近三十年我国教育知识来源的变迁——基于〈教育研究〉杂志论文引文的研究》，《教育研究》2009 年第 4 期。

③ C.L.Borgman，*Bibliometrics and Scholarly Communication (Editor's Introduction); Communication Research*，1989（5），pp.583-599；廖圣清：《20 世纪 90 年代西方大众传播学研究》，博士学位论文，复旦大学，2003 年。

体著述的出版情况。在1994年以来出版的新媒体研究类著作中，译著与国内研究著述成果相当，国内著述则是以教材居多，著作在数量上明显少于教材。尽管以上只是对两家出版社的调研，但是因其在出版界尤其是新闻传播学著述出版中的重要地位，足可以窥一斑而知全貌，能够折射中国新媒体传播研究著述的出版版图。二是研究成果渠道重叠。通过文献收集和梳理发现，著述出版周期长，研究成果呈现的时效性较低，研究者大多倾向于通过期刊来呈现研究成果，导致大多数硕博论文、会议论文、著作的主要内容多会在期刊上体现。

由此可见，本书选择期刊作为主要的研究对象，基本上可以体现中国新媒体传播研究的基本样态及发展趋势。同时，为了增加数据的全面性和可靠性，本书从两个方面对数据进行了补充和完善。

一是数据来源选择中国知网的CSSCI数据库，而非中国社会科学引文索引（CSSCI）数据库。主要基于以下两方面考虑：一方面是样本的覆盖范围。中国知网中的CSSCI数据库不仅收录了新闻传播学诸如《国际新闻界》《新闻与传播研究》等诸多CSSCI源刊论文，而且还包含了《传媒》《新闻爱好者》《出版广角》等扩展版的内容，覆盖范围更广。与此同时，通过高被引论文统计发现，并不是所有有重要影响力的论文都发表在CSSCI源刊上，部分CSSCI扩展版学术论文的影响力甚至超过了源刊上的论文，所以将源刊和扩展版同时纳入样本范围，能更全面地反映中国新媒体传播研究的概貌。另一方面是样本的覆盖时间。中国社会科学引文索引（CSSCI）数据库始于1998年，而本书研究对象为1994至2019年期间的新媒体研究成果，其未能涵盖1994至1997年的研究成果，而中国知网则包含了中国社会科学引文索引数据库缺失年份的成果，保证了样本文献的连续性和查全率。

二是扩大样本选择的时间范围。中国接入互联网的时间是1994年，互联网是中国新媒体的早期形态。从中国1994年接入互联网开始收集样本文献，方能得以较为完整地呈现中国新媒体传播研究的完整历程，进而才能爬梳其研究进路。CSSCI 数据库[①]始于 1998 年，未能收录 1994—1997 年期间的研究成果，所以本书弥补期间数据缺失的办法为基于中国知网全文数据库进行人工手动选取，因为在此时间段相关研究数量相对较小，不会影响研究结果的科学性和准确性。

综上所述，本书的样本选择范围以期刊论文为主，数据来源为中国知网中的 CSSCI 数据库，时间跨度为 1994—2019 年，兼顾著述、国家项目、行业报告等其他类型研究成果。

二、关键词遴选

样本文献的选择是内容分析的起点，决定研究结论的准确性和科学性。纵观 25 年期间中国新媒体传播研究的论文类成果，其数量巨多，同时由于新媒体研究论文发表的分散性，“整本刊物都与新媒体有关，以至于将哪几篇稿归入‘新媒体’栏目都成了问题”[②]，如果只是选择各大期刊新媒体研究类栏目下的论文，势必会挂一漏万，所以本书样本文献的选择必须拓展其他的搜索策略。

关键词搜索策略是确定研究议程的有效方法[③]，选择关键词搜索策略并把其作为样本文献收集的有效指标，保证了样本的全面性和科学性。关键词搜索策略的核心是关键词筛选。经过专家咨询和文献查阅，关键词筛选主要基于核心概念“新媒体”的规定性，同时以已有文献为基础，选择与其理论关联紧密的相似概念，进而通过德尔菲法进行关键词的最后确定。确定搜索关键词的具体方法为：

---

① 中国知网（CNKI）中的 CSSCI 数据库，收录的相关论文数量远远大于中文社会科学引文索引（CSSCI）数据库的直接检索数量。

② 黄芝晓：《问题是旧的，方法是新的》，《新闻大学》2014 年第 5 期。

③ R.E.Rice, *New Media/Internet Research Topics of the Association of Internet Researchers: The Information Society*, 2005, pp.285–99.

第一，核心概念“新媒体”的规定性是基本参照。通过其概念可知新媒体是基于互联网技术的不同媒体形态及其应用的统称，所以在确定关键词的时候，不仅要以新媒体为关键词，而且还要以其他具体媒体形态、应用作为关键词进行样本文献的选择，所以网络媒体、社交媒体、自媒体、手机媒体、微博、微信等具体的媒体形态、应用成为文献检索的重要关键词。

第二，通过对已有文献中的关键词进行补充，确定文献搜索的基础关键词表。有研究者基于 CSSCI 数据库，以得到广泛认可的 6 本新闻传播学重要期刊为例[①]，通过对其1996—2015年期间所刊载论文进行数据挖掘，进而提取新媒体研究类的高频关键词，为本书搜索关键词的确定提供重要借鉴意义，其中排名前 20 的关键词如表 1–3 所示。

表 1–3　已有文献中的检索关键词一览表（1996—2015 年）

序号	关键词	序号	关键词
1	新媒体	11	三网融合
2	互联网	12	大数据
3	媒介融合	13	社会化媒体
4	微博	14	网络舆论
5	网络传播	15	博客
6	网络媒体	16	数字化
7	网络	17	传播技术
8	网络新闻	18	网络媒介
9	社交媒体	19	意见领袖
10	媒体融合	20	自媒体

已有文献未能涉及本书所需的 1994—1995 年、2016—2019 年期间的

① 分别是《新闻与传播研究》《国际新闻界》《现代传播》《新闻大学》《新闻记者》《当代传播》，文献来源：张小强、杜佳汇：《中国大陆“新媒体研究”创新的扩散：曲线趋势、关键节点与知识网络》，《国际新闻界》2017 年第 7 期。

关键词，所以需对其进行补充。1994—1995年期间的文献数量较少，并且中国知网数据库均有收录，所以得以手动补充；而对于2016—2019年期间关键词的选取，则同样采用了上述文献中的文献收集方法。为了保持关键词遴选方法的一致性，本书也使用了上述文献中关键词挖掘方法，从而得到补充的关键词列表，并对已有文献中的关键词与补充的关键词进行合并，最终得到排名前20的基础关键词如表1–4所示。

表1–4 1994—2019年期间的检索关键词一览表

排名	主题词	排名	主题词
1	新媒体（新媒介）	11	舆论引导
2	媒体融合（媒介融合）	12	微信
3	网络媒体	13	融媒体
4	数字媒体	14	手机媒体
5	传统媒体	15	博客
6	微博	16	短视频
7	网络（互联网）	17	网络传播
8	社会化媒体（社交媒体）	18	网站
9	移动互联网	19	融媒体
10	自媒体	20	影响力

第三，通过德尔菲法最终确定样本文献搜索的关键词。首先将补充后的基础关键词列表电邮给20位专家（均为中国新媒体传播研究领域的重要学者）进行勾选与补充，然后在对第一轮反馈结果进行初步统计和完善后，再次反馈给以上专家进行勾选与补充。在对关键词修改与校验的三次反馈中，相关专家在对所列关键词进行勾选的同时，也进行了一定的修改和补充，比如在前文关键词遴选的基础上，增加了网络舆论词条，从而得以最终抽取排名前15的主题词（组）作为文献搜索的关键词（组），具体如表1–5所示。

表 1-5　样本文献的搜索关键词一览表

序号	关键词	序号	关键词
1	新媒体（新媒介）	9	手机媒体
2	网络媒体	10	微博
3	媒体融合（媒介融合）	11	博客
4	互联网（网络）	12	微信
5	移动互联网	13	智媒体
6	社会化（社交化）媒体	14	短视频
7	融媒体	15	网络舆论
8	自媒体		

从上表可以看出，选取的大部分关键词属于新技术或新现象的描述性词汇，其原因是更为流行和非专业词汇更能够吸引读者关注①，同时关键词使用比较分散，比如新媒体与新媒介、媒体融合与媒介融合、社交媒体与社会化媒体、网络与互联网等意义相近的词汇较多。为了保证数据筛选的严谨性，在样本搜集时候时对表意相近的词汇做了合并处理，最终确定样本搜索的关键词为 15 个（组），客观上提高了样本文献的查全率。

三、样本文献的收集与处理

样本文献收集的具体方法为：打开中国知网的高级搜索功能，选择条件为“期刊”，文献分类目录选择“新闻与传媒”，按照上文确定的关键词（组）在中国知网中的 CSSCI 数据库进行文献检索，共收集到 11909 篇相关文献。经过逐一人工甄别，剔除写在前面、书评、视窗、传媒要闻、人物访谈等非学术论文，最后共获得 9811 篇样本文献。另外 CSSCI 数据库始于 1998 年，弥补 1994 至 1997 年数据缺失的办法为基于以上关键词，

① T. K. Tomasellol Lee, *New media's research publication trends and outlets in communication, 1990-2006*, New Media & Society, 2010,12（4）, pp.531-548.

选择“核心期刊”按钮，根据搜索结果手动选择未被列入 CSSCI 数据库而实际存在的 69 篇文献。搜索发现，1994 至 1997 年出现的关键词多为“信息高速公路”“电脑网络”“电子网络”“多媒体”等富有时代特色的用语，与当下常用的关键词几乎没有重叠，所以对其人工补充不仅增加了文献量，而且增加了对早期成果研究视域的关注，最终共获得 9880 篇文献作为本书研究的样本。

样本文献处理方面①，若采用传统的文献阅读方法对9880篇样本文献进行处理，势必难以实现对所有文本中的高频关键词、高被引论文等信息的统计分析，且容易落入主观判断的窠臼，而 CiteSpace 等可视化计量分析工具的使用则简化了之前烦琐的传统文献翻阅，能够实现对大量文本信息的深度挖掘和趋势预判，并能够进行可视化呈现，进而使研究结果更具客观性和科学性。

① 为了保证样本采集的准确性，本书先后两次进行数据统计和比对，时间分别为 2019 年 10 月 30 日和 2019 年 12 月 31 日，并人工逐一对数据进行更新和筛选，2020 年 1 月 20 日完成所有数据统计。

第 二 章

中国新媒体传播研究阶段性核心议题演变的历时考察

中国新媒体传播研究生发于一定的历史和社会情景，是一个动态的学术演进过程，并有着自身的轨迹和逻辑。中国新媒体传播研究进路的考察势必要还原到历史和社会情境中，从而洞察特定时期知识生产的内在机理，发现中国新媒体传播研究进程中不同阶段所呈现出的连续性和断裂性，进而在知识演化的历史溯源中为研究进路考察打下立论基础。本章基于文献研究法、文献计量法和历史分析法，主要解决的问题有：如何确定中国新媒体传播研究演进历程中阶段性的划分策略？中国新媒体传播研究演进历程中不同阶段及其核心议题演变分别呈现出什么特点？中国新媒体传播研究不同阶段及核心议题演变的总体特征是什么？

第一节　阶段划分及其分析维度的确立

一、文献回顾：已有的阶段划分策略

历史阶段划分是研究者进行学术研究历时性考察的常用策略。通过文献分析和对比发现，早在 2006 年就有研究者开展新媒体的阶段性研究，之后不断有类似成果出现。纵观历时视角的中国新媒体传播研究文献，研究者对于阶段划分问题，仁者见仁、智者见智，其中重要研究者阶段划分的时间跨度、划分依据和划分结果如表 2–1 所示。

表 2–1　中国新媒体传播研究文献中的阶段划分一览表

文献	研究时间跨度	划分依据	阶段划分
相德宝：《中国新媒体研究的三个阶段》，《今传媒》2010 年第 4 期。	1986—2008 年	新媒体研究的内容和数量	一、1986—1999 年，初始期；二、2000—2005 年，成长期；三、2006—2008 年，凸显期。
赵莉：《十年来我国网络传播研究的进步与不足——对 1996—2005 年网络传播研究的实证分析》，《国际新闻界》2006 年第 11 期。	1996—2005 年	研究的对象、领域、论文数量、研究方法	一、1996—1999 年，起步阶段；二、2000—2002 年，热潮阶段；三、2003—2005 年，向纵深发展阶段。
杜骏飞：《中国网络研究的学术进展与学科结构》，《上海交通大学学报（哲学社会科学版）》2009 年第 4 期。	1994—2006 年	研究领域的扩展	一、1994—1995 年，萌芽阶段；二、1996—2001 年，持续发展阶段；三、2003—2005 年，稳定阶段。

续表

文献	研究时间跨度	划分依据	阶段划分
徐剑、赵征南：《中国新媒体研究的历史回顾与反思——基于 CNKI、CSSCI 高被引论文观察》，《上海交通大学学报（哲学社会科学版）》2010 年第 5 期。	1997—2010 年	研究热点	一、1996—2000 年，网络理论的介绍和探讨； 二、2001—2005 年，互联网在中国的政治应用； 三、2006—2010 年，博客对媒体生态的改变关注。
谭天等：《中国新媒体研究发展回顾及展望》，《新闻爱好者》2017 年第 9 期。	1986—2015 年	新媒体发展的深度和广度	一、1986—2005 年，起步：观察与思考； 二、2006—2010 年，探索：全方位推进； 三、2011—2015 年，升级：建构新理论。
谢新洲：《从网络传播研究到互联网研究》，《新闻与写作》2013 年第 1 期。	1994—2013 年	无	一、以阐释网络功能和畅想未来发展为主； 二、以记录和描述网络使用实践为主； 三、网络传播研究从描述走向分析，注重探究网络现象背后的技术和社会因素。
雷璐荣：《简述中国新媒体研究的现实呈现》，《新闻界》2009 年第 5 期。	1996—2009 年	无	一、1996—1998 年，萌芽发展期； 二、1999—2002 年，初步发展期； 三、2003—2005 年，兴盛发展期； 四、2006 年至今，突破发展期。
白志如：《论中国新媒体研究重点的转变：视角的细化、内容的偏移和方法的务实》，《新闻知识》2013 年第 3 期。	2005—2011 年	新媒体研究的视角、内容和方法的变迁	一、2005—2007 年，新媒体被看作新事物，以“热点”身份出现； 二、2008—2010 年，逐渐占据学科学术研究的中心； 三、2011 年至今，成为学术研究的焦点。

续表

文献	研究时间跨度	划分依据	阶段划分
胡月:《数字丛林十年求真：新媒体研究全景图——基于 2006—2016 年我国新媒体研究的科学知识图谱分析》,《新闻界》2017 年第 2 期。	2007—2017 年	突变词的时间分布和研究内容	一、2007—2009 年，传统媒体应对新媒体的转型期；二、2010—2013 年，新媒体传播的理论拓展期；三、2014—2017 年，沉淀和深化期。

通过以上对比分析可以发现，不同的研究者根据自身的学术知识结构、学术视域、研究目的采用具有明显运用式、实用性的阶段划分方法，阶段划分中的时间节点多是新媒体技术发展的临界点。研究者多基于新媒体技术发展确定阶段划分标准，以下新媒体发展的阶段性划分（详见表 2–2）可以印证以上结论。

表 2–2　中国网络媒体（传播）发展的阶段性划分一览表

文献	研究时间跨度	划分依据	阶段划分
闵大洪:《中国网络媒体 20 年》，电子工业出版社 2016 年版。	1994—2014 年	媒体和传播的角度	一、1994—1998 年；以网络版为代表；二、1999—2004 年，以门户网站、新闻网站为代表；三、2005—2009 年，以博客、播客为代表；四、2010 年—2014 年，以微博、微信、移动客户端为代表。
张恒军:《论中国网络媒体发展的阶段性特征》,《新闻界》2010年第3期。	1994—2010 年	无	一、1994—2004 年，初具规模、主流媒体；二、2005—2010 年，和谐网络、特色网络。

续表

文献	研究时间跨度	划分依据	阶段划分
方兴东、陈帅：《中国互联网25年》，《现代传播（中国传媒大学学报）》2019年第4期。	1994—2019年	互联网促进社会互联程度	一、1994—2008年，以PC互联网为特征的弱联结； 二、2009—2016年，以移动互联网为特征的强联结； 三、2017—2019年，以智能化为特征的超联结。
彭兰：《中国网络媒体的第一个十年》，清华大学出版社2005年版。	1994—2003年	网络媒体产业发展	一、1994—1995年，投石问路：中国网络媒体萌芽； 二、1996—1998年，摸着石头过河：探索未来之路； 三、1999—2000年，热火朝天：大跃进； 四、2001—2002年，风起云涌：继续壮大； 五、2003年，天时地利人和：实现跨越。

通过对比表2-1、2-2中新媒体研究和新媒体发展的阶段划分方法可以发现，研究者基于不同的研究视域，把中国新媒体传播研究进程划分为不同的阶段并展开阶段性的研究特点分析。相德宝以新媒体研究的内容和数量为划分标准，把中国新媒体传播研究（1986—2008年）划分为初始期、成长期、凸显期三个阶段，并基于研究议题分析了不同阶段的研究进路；赵莉根据研究的对象、领域、论文数量、研究方法等，把1996—2005年间的新媒体研究划分为起步、热潮和向纵深发展三个阶段，指出不同阶段的研究进路随着互联网技术的发展而不断变化；杜骏飞根据研究领域的扩展，把1994—2006年间的新媒体研究划分为萌芽、持续发展和稳定三个阶段，其关注到学术研究进路与技术进步、市场景气和国家权力等方面密切相关；徐剑等则以研究热点为划分标准，把1997—2010年间的中国新媒体传播研究划分为网络理论的介绍和探讨、互联网在中国的政

治应用、博客对媒体生态的改变三个阶段；谭天等以新媒体发展的深度和广度为依据，把1986—2015年间的中国新媒体传播研究划分为起步、探索和升级三个阶段，主要基于研究议题等探讨不同阶段的研究进路；谢新洲则把1994—2013年的中国新媒体传播研究划分为解释网络功能及其未来发展为主，以描述网络使用行为为主，从描述现象到关注社会、技术等三种进路；雷璐荣、白志如和胡月等也进行了类似的探索。通过对比以上新媒体发展的阶段划分依据和划分方法可以发现，两者之间存在高度的拟合度，新媒体技术发展的关键时间节点往往成为新媒体阶段研究的时间节点，说明新媒体研究进程与新媒体技术演进保持高度的一致性，技术发展在新媒体研究中发挥举足轻重的作用。纵观以上不同研究阶段划分和研究进路的相关性，其总体上呈现如下特点：

一是在阶段性的时间跨度方面，有研究者关注到中国互联网开始的时间节点即1994年，但是至今尚没有横跨1994—2019年间的研究成果，无法保证研究进路探究中演进历程的完整性。反思中国新媒体传播研究进路，势必要回到研究的起点，横贯整个过程，历时和共时兼具，着眼研究的整个历时进程，尤其是要把上述研究中鲜有涉及的2015年后的研究状况纳入研究视野。二是在研究进路的阶段性描述方面，因为时间跨度和关照内容不同，研究者划分的依据多为研究内容、研究对象，也有研究者针对特定现象进行专题研究，形成特定的连续性。以往的阶段划分标准多是基于新媒体的技术演进，缺乏对发文量、中国新媒体知识生产的内、外部因素的考量，划分标准稍显单一，从而划分结果的严谨性有待完善。学术研究的根本旨归在于发现本质，建构理论，所以回到理论本身来进行阶段划分方能为研究进路探究带来新的想象力。三是研究方法使用方面，思辨分析占比较高。尽管有研究者使用突变词等量化方法进行阶段划分，但较少使用质化和量化相结合的研究方法。四是在阶段性的研究进路发现方面，研究者多是从机械的生命周期和历史二元发展观出发，基于研究议题来展开分析，缺乏对研究进路的系统关注。

当然，以往文献中多样性的阶段划分视域为本书提供重要参考和启发。中国新媒体传播研究的阶段划分是建立分析框架的关键，其目的是在历史演进的不同阶段，洞察和探究不同阶段的研究特点和核心议题演变，从而分析不同阶段研究的连续性与断裂性。藉于此，既可以了解中国新媒体传播研究的基本发展脉络，也可以洞察不同阶段核心议题演变的扩散规律，回溯和深描中国新媒体传播研究的动态发展。

二、实践和理论来源：阶段划分的依据

没有任何一种阶段划分方法是一劳永逸的。作为分析策略的阶段划分方法，仅是合理性和可操作性问题，而非决定科学性和准确性的因素。由于中国新媒体传播研究成果数量巨大、内容繁多，很难通过单一的研究方法得出适切的结论，所以本书在阶段划分的方法选择上，采用质化和量化相结合的方法以保证研究结果的合理性，具体为：

首先采用文献计量的方法观察研究进程的关键节点。文献计量的最大优势是可以同时处理大量的文献信息，呈现研究趋势，进而挖掘研究进程中的关键节点，其可以借助中国知网等数据库呈现中国新媒体传播研究的时间和数量坐标，从图 2-1 可以看出中国新媒体传播研究的关键时间节点

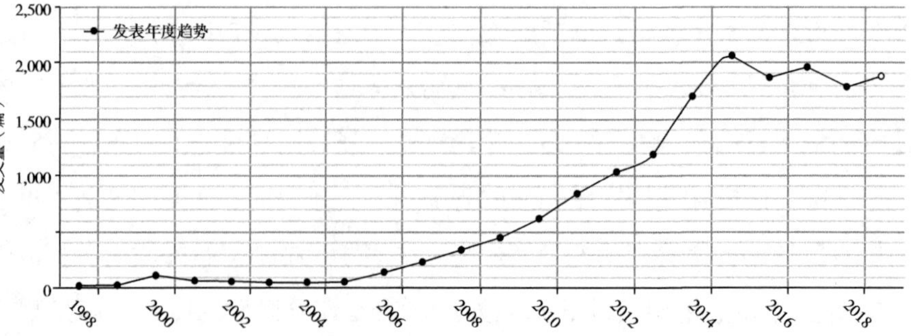

图 2-1 中国新媒体传播研究年度发文趋势图（1994—2019 年）

数据来源：中国知网（数据采集时间为 2019 年 12 月 31 日）。

分别为 2005 年和 2015 年。

其次采用质化分析与理论推演的方法，对研究成果进行研读与归类，关注其研究特点变化和研究发展逻辑。考察知识演进的有效路径是从理论出发，结合“专题史”与“编年史”两种路径，即以理论来源为“经”，以时间先后为“维”，多面向勾勒学术进路。① 所以，本书基于新媒体研究 25 年的逻辑主线，采用编年体与专题史相结合的阶段性分析策略，并通过文献计量与质化分析，拟初步把国内 25 年的新媒体研究进程划分为 1994—2004 年、2005—2015 年、2016—2019 年三个前后相继的研究阶段。

与此同时，根据罗杰・D. 维曼（Wimmer D.Roger）等人的媒介研究理论，媒介研究主要分为以下四个阶段，分别是第一个阶段的媒介自身属性研究，第二个阶段的媒介使用研究，第三个阶段的媒介使用影响研究，最后一个阶段是媒介改进研究。② 对比上文的阶段划分构想，其基本符合媒介研究的演进逻辑。除此之外，从时间演进看，移动通信领域以 10 年为周期总会发生巨变，新的技术就会普及 ③，也从某种程度上说明了本书阶段划分结果的客观性和科学性。

综合以上质化和量化分析的结果，不同研究方法的划分结果呈现高度一致性，所以阶段划分为第一阶段（1994—2004 年）的冲击与控制研究，基于新媒体特点而开展传统媒体转型发展以及国家对互联网的控制研究；第二阶段（2005—2015 年）的社交媒体、媒体融合与网络治理研究，基于媒介使用研究形成渐成体系的中国议题；第三阶段（2016—2019 年）的反思与批判研究，基于新媒体影响研究而理性回归新媒体、

① 刘涛：《理论谱系与本土探索：新中国传播学理论研究 70 年（1949—2019）》，《新闻与传播研究》2019 年第 10 期。

② Wimmer D.Roger, Joseph R.Dominick, *Mass Media Research: An Introduction*, 6th ed., Belmont, CA: Wadsworth, 2000.

③ 陈力丹：《以互联网思维看互联网和关于互联网的研究》，《新闻界》2015 年第 20 期。

人和社会关系的批判思考。学术探究中知识的创新扩散更多是一个螺旋上升的过程，同时客观上也存在多种来源交叉的实际，以上阶段划分的时间节点主要是根据一定时期内的主要趋势来进行判断，并不是非此即彼的独立过程。另外，通过观察也会发现一些特殊的现象，比如研究持续增长中某一年的非升反降，需要通过仔细爬梳相关文献来解读这些特殊数据和现象。另外，研究阶段的推进是一个渐进过程，不同阶段之间的过渡不可能泾渭分明，应该主要关注研究的主流趋势和整体发展。本书的阶段划分策略主要是基于笔者对新媒体研究的理解和研究需要做出的初步尝试。限于文献收集与研究视域、研究能力的有限性，采用的阶段划分方法难免会有未尽之意，仅为一家之言，恳请前辈和同行批判指正。

三、阶段性分析的三个维度

基于系统论的分析视域，中国新媒体传播研究进路是在多种因素的相互博弈下形成和发展起来的，因此考察中国新媒体传播研究阶段性及其核心议题演变，则首先需要把其置于中国新闻传播学乃至社会变迁的历史情境中，方能清晰呈现知识流动的轨迹与逻辑。基于此，本章以“社会语境”“研究论域”“研究特点”作为主要分析维度，洞悉中国新媒体传播研究及核心议题演变。下面分别对上述三个分析维度进行说明和界定：一是社会语境。“学术随世运而变”，任何思想的产生和发展决定于社会存在，而不是个人。“即使最孤独的思想家也不是通过离散的知觉，而是在一个更广泛的、以某种形式影响其生活的思想设计的基础上来思考的。”① 在我国，学术研究属于上层建筑的组成部分②，天然受到

① ［德］卡尔·曼海姆：《保守主义》，李朝晖等译，南京译林出版社 2002 年版。

② 欧阳宏生、唐希牧：《改革开放四十年：中国广播电视学术研究的历史进程》，《现代传播（中国传媒大学学报）》2018 年第 8 期。

国家政治和科学文化政策的影响，同时传播技术的迭代发展也是其主要驱动力，因此，政治、经济、技术和产业发展等均是探讨中国新媒体传播研究进路必须要考虑的历史因素；除此之外，当今中国新闻传播学研究的“主场”是高等院校和科研院所，并多是新闻传播学科，所以新闻传播学教育的进展状况也是学术研究生发的基本条件之一；另外作为群体或个体的研究者是学术研究的生产主体，基金立项、学术会议召开、学术组织成立是学术研究互动的重要形式，以上因素共同构成了中国新媒体传播研究进路阶段性考察的社会语境。二是研究论域。主要考察不同阶段核心议题的分布特征。每个历史阶段都有其独特的历史情景，新媒体研究因此也凸显出与此相因应的年度研究议题、高频关键词、高被引论文等。通过本阶段社会语境下的研究成果分析，洞察其阶段性核心议题分布特征。三是研究特点。主要基于社会语境与研究论域的关系，分析阶段性研究特点以及本阶段理论使用和创新问题，呈现其知识增量方面的进展。当然，作为人文社会科学的研究，很难找出各种因素之间天然的“因果决定论”，只能揭示出不同阶段相关因素之间的联系并进行呈现。

第二节　技术主导下的阶段性核心议题演变

一、第一阶段（1994—2004年）的新媒体冲击与舆论引导研究

（一）社会语境分析

中国于1994年正式接入互联网，打开新纪元。随着超强新闻信息传播力的显现，互联网被冠之以“第四媒体”的称谓。在国家宏观政策的大力支持下，中国新媒体行业从发轫之初就增速较快。自1995年开始，包括杂志、报纸等在内的传统新闻媒体逐渐开始涉足网络传播

领域。[①] 与此同时，传统媒体与网络进行资源整合，形成了一批诸如“千龙新闻网”之类的大型网络信息平台。“网络媒体”的称呼开始出现，其从“电子版（报）”“第四媒体”到“网络媒体”的称呼改变，反映的正是人们从传播角度对新媒体认识的逐步深化。[②] 党中央逐步布局新世纪的网络传播，并不断加大建设力度，从客观上也助推了新媒体研究的进展。需要说明的是，在此阶段，由于历史和认识的局限性，中国新媒体传播研究主要表现为信息高速公路、网络媒体以及网络传播研究。

在本阶段，宽松的政策环境和快速发展的新媒体技术促进了新媒体学术研究的深入，但其作用方式是间接的。而新媒体教育的开展、科研机构的建立则为新媒体研究提供了人力和组织上的保证。数字化和信息化的加速迈进激发了网络和新媒体传播人才的培养需求，并推动了网络与新媒体专业的开设，重点高校成为网络与新媒体专业开设的主要开拓者和领跑者，主要表现为：1996 年，华中科技大学新闻与信息传播学院率先在全国招收网络新闻传播的本科大学生；清华大学传播学院从 1996 年开设新媒体研究专业，招收研究生，开设《新媒体研究》课程；中国社会科学院研究生院新闻系在 1997 年开设了“电子传播”（主要内容为网络传播）必修课，并依托人民日报网络版进行技能层面的培训；中国人民大学新闻学院已经在 99 级新闻学专业本科生开设网络传播方向；复旦大学新闻学院在“新闻学”“广告学”等专业中开设基础课《网络传播原理与应用》，在“新闻学”专业开设《电子新闻采编》专业课。南京大学新闻传播学系也于 1999 年在新闻学专业中开设了《网络传播课程》。华中科技大学新闻与

---

① 国内第一批上网的报刊，比如中文刊物《神州学人》（国内第一本上网的杂志）、日报《中国贸易报》（国内第一家上网的报纸）等均称自己是“电子版”“电子报”。同年，英文日报《中国日报》（*China Daily*）建立的网站开通。广东人民广播电台和中央电视台先后建立网站，标志着中国广播、电视等也开始进入网络传播领域。

② 闵大洪：《从边缘媒体到主流媒体——中国网络媒体 20 年发展回顾》，《新闻与写作》2014 年第 3 期。

信息传播学院1998年开始从理工科二年级中招收22名网络新闻传播方向的学生，创办了全国第一个网络新闻传播班等。“北广电商网络传播专业”① 合作办学协议的签订既推动了高等院校网络传播专业快速发展，也促进了网络研究水平的提升。② 截至2004年，国内网络新闻传播专业招录本科生的高校有北京大学、中国传媒大学、华中科技大学、上海交通大学、武汉大学、南开大学、南京师范大学等；中国传媒大学、北京大学先后成立网络传播学院和新媒体与网络传播系；招收网络新闻传播硕士研究生的科研院所也逐渐增多，主要有北京大学、清华大学、北京广播学院、华中科技大学、南开大学、南京大学、广西大学、上海大学、北京印刷学院、中国社会科学院新闻与传播研究所、四川省社会科学院新闻传播研究所等。③ 通过以上分析可以看出，中国网络传播专业或方向大多开设在国内有重要影响力高校的新闻传播学院，最初的中国新媒体传播研究者也多来源于此，所以其研究思路势必会打上新闻传播学学科背景的烙印。同时网络传播乃至新闻传播教育的发展也为中国新媒体传播研究培养了更多的后来者，扩大了研究队伍。网络传播教育的开展客观上提出了对相关教材、著述的需求。在教材出版方面，北京广播学院、科学出版社等纷纷出版成套教材，复旦大学出版社、科学出版社等出版了单本的教材，其分别为：北京广播学院网络传播学院于2001年出版了一套包括11本的网络传播学教学教材，主要包括《网络新闻传播概论》《网络新闻实务》《网络媒体的策划和编辑》等。中国科学技术出版社于2001年出版的王中义主编的《网络传播丛书》（共6本）、科学出版社于2001年出版的《新世纪科技传播丛书》（共7本）。单本的教材为复旦大学出版社于2001年出版的《新闻与传播学系列教材》，中国广播电视出版社出版了南京大学杜骏飞教

① 合作双方为中国超大购物门户网站电商网与当时的北京广播学院。

② 《“北广电商网络传播专业”在京成立》，《互联网周刊》2000年第20期。

③ 张芹、黄宏：《高校网络和新媒体传播专业人才培养模式分析》，《黑龙江社会科学》2007年第3期。

授的《网络新闻学》，北京大学出版社出版了谢新洲教授的《数字出版技术》，清华大学出版社和中国人民大学出版社于2001年分别出版了匡文波教授的《网络传播概论》和《网络出版概论》。① 在著作方面，《数字化生存》《传播科技纵横》等有重要影响力的新媒体研究成果问世。② 从1996年起，有研究者逐渐关注到新闻传播实务的互联网应用的问题，比如电子刊物的运作方式及其特点等。③ 以上教材和著作被广泛地运用于新媒体教育，并启发和推动了中国新媒体传播研究的深入。除此之外，专门的新媒体研究机构、学会也先后成立，主要有浙江报人孙坚华于1999年创办了中国第一家新闻传播学专业学术网站“中国新闻传播学评论网”，成为当时中国最重要的新媒体研究阵地，1995年，第四次全国传播学研讨会在成都召开，“传播新技术、新媒介研究”已经具有分论坛的意味。闵大洪于2002年主持开通了新闻与传播研究所网站“传播研究网”等。中国社会科学院也在该年设立由明暗香主持的“信息传播新技术、新媒介对大众传播的影响”重点课题，促进了网络新闻传播研究的进展。自1997年起，中国互联网信息中心每年发布年度《中国互联网调查报告》，为中国新媒体传播研究提供了宝贵资料。

学术会议召开方面，“全国新闻媒体网络传播研讨会”“新媒介与传播

---

① 以上资料参考巢乃鹏：《网络传播专业教育：现状与不足》，《新闻知识》2002年第8期。

② 除此之外的成果还有：1996年，北京大学胡泳教授翻译出版了美国计算机科学家尼葛洛庞帝的《数字化生存》，被评为改革开放20年来最有影响的20本书之一，其他重要译著还有《孤独的狂欢：数字时代的交往》《网络社会的崛起》《网络研究——数字化时代媒介研究的重新定向》《思想无羁——技术时代的认识论》《信息时代三部曲：经济、社会与文化》《网络新闻导论》等。闵大洪的《传播科技纵横》、崔保国的《信息社会的理论与模式》则分别是从科技视野、社会视野关注网络传播的学术先声之一。2004年，清华大学教授彭兰的博士论文《花环与荆棘——中国网络媒体的第一个十年》对中国网络媒体发展的第一个十年进行了全面梳理和理论分析，此文被评为百优博士论文并出版。

③ 方汉奇：《电脑网络、电子信和发展中的电子报刊》，《河南大学学报（社会科学版）》1996年第3期。

革新论坛”（简称新新论坛）等先后举办。始于此阶段的“中国网络媒体论坛”与“中国网络传播学年会”，每年举办一次，一直持续到现在，具体为：1997 年在北京举办的业务层面的新媒体研究会议，包括新华社、中央电视台等 30 余家建有网站的媒体单位参会。“全国新闻媒体网络传播研讨会”上，近百家媒体网站负责人及相关人士围绕媒体网站的自我成长、网络新闻的采编规律、新闻网的运作等七大热点问题进行了探讨交流。2001 年，首届中国网络媒体论坛由新华网承办，以后每年一次，持续到现在。2004 年，由华中科技大学新闻与信息传播学院和清华大学新闻与传播学院联合主办的首届“新媒介与传播革新论坛”在武汉举行。2004 年，由南京大学新闻传播学院和中国江苏网主办的首届“中国网络传播学年会”在南京举行，年会主题为“中国网络传播事业：挑战与对策”，主要关注以下四个议题：网络传播与中国社会变革、中国网络媒体生态研究、中国网络传播学的理论建构和学术网站等的生存和发展。此后该会每年以不同的主题在不同的大学举办。在学术成果呈现方面，期刊成为研究成果的最重要发布平台，其除了刊发相关论文外，《新闻记者》《新闻战线》《新闻与传播研究》等重要期刊纷纷开设网络媒体或新媒体研究专栏（具体见表 2–3），论文刊发与专栏开设均极大地推动了新媒体研究的深入。

表 2–3　中国新媒体传播研究专栏开设情况一览表（1994—2004 年）

期刊名称	研究专栏名称	开办日期
《新闻记者》	网络新闻圈	2000 年 1 月
《新闻战线》	网络媒体 / 新媒在线	2000 年 1 月 /2007 年 1 月
《新闻与传播研究》	网络世界 / 新媒体探索	2001 年 1 月 /2005 年 9 月
《现代传播》	网络时代 / 新媒体研究	2001 年 1 月 /2007 年 4 月
《中国记者》	网络 / 数字媒体	2003 年 5 月 /2007 年 1 月
《新闻爱好者》	网络媒体 / 网络传播	2004 年 4 月 /2006 年 1 月
《新闻通讯（传媒观察）》	网络新闻研究 / 网络天地	2000 年 1 月 /2005 年 9 月

（二）研究论域分析

研究论域的观察主要基于期刊论文展开。在论文成果方面，本阶段的期刊论文总数不多，能够进入新闻传播类核心刊物（CSSCI）的数量更少，目前统计到的只有467篇。研究论域研究主要基于期刊论文的高频关键词统计、高被引论文和年度研究议题三方面进行综合分析。通过对467篇论文进行高频关键词统计，结果（前20）如表2-4所示。

表2-4 中国新媒体传播研究阶段性高频关键词①（1994—2004年）

序号	关键词	频次	序号	关键词	频次
1	网络媒体	144	11	网络新闻	20
2	第四媒体	137	12	新闻媒体	16
3	传统媒体	110	13	国外	14
4	互联网	98	14	信息高速公路	12
5	网络传播	82	15	大众传播媒体	10
6	报刊	76	16	电子报纸	10
7	受众	59	17	新媒体	10
8	新闻网站	50	18	数字媒介	7
9	商业网站	35	19	新浪网	6
10	广播	24	20	媒体融合	6

通过分析以上高频关键词的分布特征可以发现，网络媒体、第四媒体作为本阶段“新媒体形态”的代表而备受关注，同时“新媒体”称呼逐渐得到认可，而新闻网站、商业网站，网络新闻、电子报纸、数字媒介等新媒体形态研究占据中国新媒体传播研究成果分布的重要位置，除此之外，媒体融合进入研究者视线。从以上分析可以看出，本阶段的新媒体研究在总体上明显呈现出与技术和行业发展同步的趋势。除此之外，高被引论文作为高影响力研究成果的代表，往往被认为具有更高的学术价值，能够代

① 基于CITESPCE科学计量的原理和方法，关键词聚类可以反映研究议题的分布情况，同时在统计关键词频次时候进行了相近关键词合并，比如互联网络、因特网合并为因特网；报纸、报刊、印刷媒体合并为报刊；日本、美国、国外合并为国外等。

表所在时期的研究方向和水平。据统计，本阶段的高被引论文（排名前10）如表 2-5 所示。

表 2-5　中国新媒体传播研究阶段性的高被引论文一览表(1994—2004 年)

作者	论文名称	发表期刊	发表时间	被引频次
邓新民	《网络舆论与网络舆论的引导》	《探索》	2003 年 10 月	297
熊澄宇等	《新媒体——伊拉克战争中的达摩克利斯之剑》	《中国记者》	2003 年 5 月	283
方兴东等	《博客与传统媒体的竞争、共生、问题和对策——以博客(blog）为代表的个人出版的传播学意义初论》	《现代传播》	2004 年 4 月	259
陈彤旭等	《BBS 议题的形成与衰变——对人民网强国论坛的个案研究》	《新闻与传播研究》	2002 年 3 月	206
方兴东等	《媒体变革的经济学与社会学——论博客与新媒体的逻辑》	《现代传播》	2003 年 12 月	204
匡文波	《论手机媒体》	《国际新闻界》	2003 年 6 月	138
周海英	《“博客”的传播学分析》	《江苏社会科学》	2004 年 7 月	92
黄宏	《论手机的负面影响》	《新闻记者》	2004 年 5 月	86
张品良	《网络传播的后现代性解析》	《当代传播》	2004 年 9 月	66
钟瑛	《论网络新闻的伦理与法制建设》	《新闻与传播研究》	2000 年 12 月	53

通过分析以上排名前 10 的高被引论文可以发现，网络舆论研究被引量排名第一，说明网络舆论问题从一开始就备受研究者关注，同时新媒体技术发展的进程，比如博客、BBS、手机媒体等新媒体形态和应用均成为研究者关注的重点议题，另外传统媒体转型和新媒体发展议题也得到了研究者关注。研究者多基于传播学经典理论观察个人出版客等新媒体现象或形态。非常可贵的是，本阶段研究者开始关注到媒体变革的经济学和社会学、网络传播的后现代性等理论问题，说明中国新媒体传播研究从一开始

就具有跨学科研究的意识。

综合以上对关键词、高被引论文的分析，本阶段的主要研究议题如表 2-6 所示。

表 2-6 中国新媒体阶段性研究议题分布一览表（1994—2004 年）

主题	关注议题
新媒体应用介绍及影响	1. 以网络媒体为代表的新媒体及其不同应用的特点、功能介绍。 2. 社会变革和新媒体使用的关系。
国外学术成果引进和传媒业观察	1. 国外新媒体学术成果引进。 2. 日本、美国等国新媒体发展经验介绍。
传统媒体转型	1. 互联网为大众媒体带来的机遇和挑战。 2. 不同类型传统媒体如何应对新媒体挑战以及转型发展。
初步理论探索	1. 大众传播理论如何调整研究框架。 2. 网络媒体的内在机制和运作逻辑。 3. 网络媒体与受众的互动关系。

通过以上分析可以发现，本阶段的核心议题主要聚焦于国外学术成果的引进、传媒业观察、网络媒体及其应用介绍、传统媒体转型发展等方面，同时研究者也开始进行初步的网络传播理论建构研究。

（三）研究特点分析

受政治、经济、新闻传播教育等多重影响，我国新媒体研究在起步阶段就有一些重要成果出现，但研究成果增速稍显缓慢，具体表现如下：

首先，在研究主体方面，主要研究者大多来自国内知名高校的新闻传播学院，其学科背景多为文学、历史学、新闻传播学。同时，早期新媒体研究者也多是新媒体传播的实践者，诸如闵大洪、高刚等均在学界与业界做出了开拓性研究，另外有其他专业背景研究者的加入，为新媒体研究拓宽了研究视野，比如情报学出身的匡文波等成为跨学科研究者的代表。除此之外，郭庆光、喻国明、彭兰、胡正荣、李彬、张国良、吴予敏等研究者加入研究队伍，为新媒体研究输入了新鲜血液。同时也有相当数量的媒体从业者开展新媒体研究，丰富了研究主体的构成结构，业界从业者积极进行新媒体学术研究也成为本阶段新媒体研究的重要特征。

其次，在研究内容方面，由于受社会发展和学术视野的制约，本阶段的新媒体研究多为经验借鉴、现象观察、业态描述、未来发展思考等方面，其先后经历了对西方成果引介、国外传媒业观察、新媒体自身特点及其业务探讨、传统媒体转型发展、新媒体对传媒生态及其社会的改变等由浅入深的演进路径，主要关注行政管理、行业发展和经营管理的研究框架，且相似选题重复研究现象比较突出。从总体来说，研究演进基本与中国新媒体技术发展同步，大体上沿着技术发展脉络前进。当然，本阶段也有基于新媒体概念、方法、理论探讨的学术成果出现，但研究的主要旨归是服务社会、传统媒体转型或新媒体发展，学理分析或知识体系创新的成果相当欠缺。早期的中国新媒体传播研究场域，更多的是面向转型和发展的对策应用研究。

最后，在研究方法方面，此阶段研究主要采用思辨分析的研究方法，同时也有量化研究出现。但是在部分量化成果的规范使用方面，大多没能提出有前瞻性的研究假设，影响了研究结果的科学性。

综上所述，基于新媒体研究描述、阐释与批判三个层面哲学思考①的洞见，本阶段的知识生产内容相对单一，主要是对新媒体现象的观察和总结，也有部分成果对新媒体传播下大众传播研究框架的适宜性进行理论探讨，但是具有价值引导的成果数量偏少。“科学研究不是简单地回答疑问，给出关于事物及其相关现象的一般描述，而是要回答或者测试能揭示某种因果关系或规律的、可证伪的研究问题和假设”②，但是本阶段开启的传统媒体转型发展、舆论引导和媒体融合等研究议题贯穿中国新媒体传播研究的 25 年，为其研究深化提供了宝贵的研究基础。

---

① 蔡海龙：《描述、阐释与批判——对新闻传媒研究三个层面的哲学思考》，《现代传播》2011 年第 8 期。

② 刘洋、李喜根：《新媒体传播研究及知识增量》，《国际新闻界》2012 年第 8 期。

二、第二阶段（2005—2015 年）的社交媒体、媒体融合与网络治理研究

自 2005 年起，中国互联网先后开启“Web2.0”“Web3.0”时期，分别进入以博客为标志的自媒体时代，以微博、微信、移动客户端为标志的社会化媒体时代。自此，中国新媒体发展迈上新台阶，跻身主流媒体行列。基于互联网基础功能的完善，新媒体传播呈现出“人人都是媒体”“所有人对所有人的传播”的新特点。与此同时，传播主体日趋多元，传播形态也更加多样。在 2005 至 2015 年的十年间，新媒体传播生态和形态基本形成，中国新媒体技术和行业发展均驶入快车道，并迎来发展史上的特殊阶段。① 网络作品首次进入中国新闻奖评选范围，表明网络媒体成为我国媒体生态中重要的组成部分。② 在此阶段，新媒体研究议题日趋多元，成果数量持续呈上升趋势，期刊论文的总发文量达到 5254 篇。③

（一）社会语境分析

随着数字媒体、手机媒体、IPTV、移动互联网、大数据、云计算、物联网等新技术、新应用的不断迭代，大众传播格局被进一步改变，从而媒体融合加速，同时新媒体在政治、经济、文化等方面的跨界渗透逐渐加强，并日益深刻地影响社会发展。社会的媒介化进程加速，其不断为学术研究提供新的概念和观察点。

除此之外，2005 年网络电视（IPTV）牌照的发放，带动国内广电媒体数字化发展速度的大幅提升，其整体战略框架也日渐形成和清晰。2009 年，工业和信息化部为中国电信、中国移动和中国联通颁发 3G 牌照。随着 3G 时代的到来，中国移动互联网发展迈向新高度，智能手机取

---

① 参见尹韵公：《中国新媒体发展报告 .No.3》，社会科学文献出版社 2012 年版。

② 参见闵大洪：《中国网络媒体 20 年》，电子工业出版社 2016 年版。

③ 文献选择范围为中国知网 CSSCI 数据库。

代 PC 成为互联网发展的最大推动力。国新办出台《重点新闻网站转企改制试点工作方案》，确定重点新闻网站转企改制的路线图和时间表。另外，《2009—2020 年我国重点媒体国际传播力建设总体规划》明确提出，到 2020 年在报刊、通讯社、广播电视和互联网等领域打造出一批具有国际影响力的传媒集团，并以掌握话语权，赢得主动权为发展目标。2013 年 11 月，党的十八届三中全会审议并通过《中共中央关于全面深化改革若干重大问题的决定》，提出“整合新闻媒体资源，推动传统媒体和新兴媒体融合发展”，媒体融合第一次明确成为中央重大决议的重点内容。国务院下发《“宽带中国”战略及实施方案》，宽带建设上升至国家战略。工信部宣布颁发“LTS/ 第四代数字蜂窝移动通讯业务”经营许可，标志着中国正式进入 4G 时代；传统主流媒体转型加快，国家广播电影电视总局下发《关于促进主流媒体发展网络广播电视台的意见》，要求实现把网络广播电视台建设成与传统电台、电视台同等地位的伟大目标，力争在三五年内确立网络广播电视台的主流地位。①

在行业促进方面。2014 年，中央全面深化改革领导小组第四次会议审议通过《关于推动传统媒体和新兴媒体融合发展的指导意见》，标志着媒体融合正式上升至国家战略地位②，因此，2014 年也被称为我国的“媒介融合元年”。2015 年，《国务院关于积极推进“互联网 +”行动的指导意见》提出“大力发展人工智能制造”，标志人工智能进入国家决策层面，同时网络强国战略也被提出。以此为背景和推动力，从中央到地方各级媒体单位纷纷开展传统媒体和新媒体之间在渠道、内容、经营等方面的融合和创新探索。2015 年，《国务院关于积极推进“互联网 +”行动的指导意见》提出“大力发展人工智能制造”，标志人工智能进入国家决策层面，同时

① 黄洪珍、吴杰：《中国广播电视管理体制的嬗变及其规律探究》，《编辑之友》2019 年第 1 期。

② 陈昌凤、杨依军：《意识形态安全与党管媒体原则——中国媒体融合政策之形成与体系建构》，《现代传播（中国传媒大学学报）》2015 年第 11 期。

网络强国战略也被提出。与此相呼应，学界也不甘落后，纷纷开展关涉媒体理念、传播形态、经营方式等系统化变革的媒体融合研究，积累大量相关成果。

与此同时，本阶段各种相关政策、决议的频繁发布也极大地推动了新媒体发展和治理研究。党的十七大明确提出“加强网络文化建设和管理，营造良好网络环境”的发展目标；原国家新闻出版广电总局颁布《关于进一步完善网络剧、微电影等网络视听节目管理的补充通知》；中共中央办公厅、国务院办公厅下发《关于加强网络文化建设和管理的意见》，成为指导国内文化建设与监督管理的重要纲领性文件。2010 年，国务院新闻办公室首次发布《中国互联网状况白皮书》，其明确提出“积极利用、科学发展、依法管理、管理安全”的方针，成为规范中国互联网发展的基本国策。自 2011 年开始，党中央、国务院再次加大对互联网的治理决心与力度，指出“进一步加强和完善信息网络管理，提高对虚拟社会的管理水平，健全网上舆论引导机制”。这标志着虚拟社会管理被正式纳入社会管理框架，进入规范化管理的快车道。与此同时，多位政治局常委等高层领导频繁到网络管理部门、新媒体业界部门进行调研，并多次强调在政府加强对虚拟社会管理的同时，互联网企业的行业自律意识也必须加强。

媒介化社会进程加速，其“双刃剑”作用也逐渐凸显。如何在促进新媒体发展的同时，加强对新媒体的管理，趋利避害？国家层面不断出台相关规定来发展或规范新媒体，国内互联网维权管理模式全面升级。在相关政策、文件密集颁布的同时，各级各类管理机构和组织也相继成立。国家互联网信息办公室（简称“网信办”）成立，标志着我国正式开启规范化的互联网信息服务和管理工作，随之颁布“微信十条”（即《即时通信工具公众信息服务发展管理暂行规定》，是国家互联网信息办公室发布的第一条规定）。在专项行动方面，打击网上淫秽色情信息的“净网 2014”行动和打击侵权盗版的“剑网”行动同时展开。2014 年，中央网络安全和信息化领导小组[1]宣告成立，习近平总书记担任组长，其指出“没有网络安全就没有国家安全，没有信息化就没有现代化”[2]，把网络安全和信息化提高到事关国家安全和发展的高度，标志着中国网络治理顶层设计的完成，至此互联网真正成为中国最高国家战略的新时代开启。

在本阶段，技术助推新的应用和传播形态不断迭代，并带动新媒体行业快速增长。新媒体在革新大众传播格局的同时，迅速向政治、经济、文化等诸多领域跨界渗透，成为日益深刻影响社会发展的“高纬媒介”。随着技术的发展，政策、法规的颁布和产业升级，融合、竞合、共赢、互补等成为新媒体和传统媒体发展的关键词，以上均引起了更多研究者的关注，相关研究成果呈现逐年递增的趋势。除了延续以往的互联网层面研究议题外，许多学者对媒体融合、移动互联网、微博客、舆论监督、媒介技术开发、运营和监管等新媒体传播现象给予了高度关注。随着我国新媒体产业发展环境和制度体系建设的滞后效应日益显现，我国新媒体发展过程中所面临的矛盾和冲突逐渐体现在新媒体研究的进程之中，以舆论管控、网络共建等为代表的新媒体治理研究成为中国新媒体传播研究的重要组成部分，与社交媒体研究、媒体发展研究等议题共同成为本阶段的核心议题。

在学术会议召开方面：“中国网络传播学年会”按照惯例每年召开一次（“中国网络传播学年会”与“新媒体与新思维论坛”自 2008 年起合并为“中国新媒体传播学年会”）。另外，中国网络媒体论坛每年举办一次。事实上，通过对本阶段会议资料收集和文献观察发现，国内几乎所有的新闻传播学学术研讨会基本都会设置新媒体相关的研究议题或分论坛，新媒体研究成为新闻传播学研究中最重要的组成部分。

在国家大力推进新媒体发展的同时，新媒体教育也快速推进。为了适

---

① 2018 年 3 年改为中国共产党中央网络安全和信息化委员会。

② 《习近平关于网络强国论述摘编》，中央文献出版社 2021 年版，第 43 页。

应当下新媒体发展的客观现实，很多新闻传播学院开设有网络传播学概论、新媒体运用与策划、融合新闻学等新媒体类课程。在2011至2012年期间，教育部共批准了10所高校进行“新媒体与信息网络”招生工作。随后在2012年，教育部将其调整为“网络与新媒体专业”（050306T），并开设在新闻传播学院，以此将其与计算机网络类专业相区分。自2013年起，“网络与新媒体”专业正式成立，此后每年均有相当数量的高校获批增设“网络与新媒体”专业（具体见表2–7）。与此同时，传统的新闻传播学专业也加强对新媒体教育的融合，比如早在2015年，西安交通大学新闻学院名称变更为新闻与新媒体学院（简称新媒体学院），是国内较早以新媒体命名并把其为教学科研为主要面向的转型学院。以上“网络与新媒体”专业的设置和新闻传播学院的转型极大地推动了新媒体研究者的培养，并逐渐形成专业的学术规范和话语体系。另外，相关专业的开设和扩招对专业教研队伍的需求也明显增加，研究者队伍人数剧增，一定程度上推动了新媒体研究的繁荣与深入。

表2–7 中国“网络与新媒体”专业开设情况一览表(2010—2015年)

年份	2010年	2012年	2013年	2014年	2015年
开设数量	3	46	36	51	36

数据来源：中国新闻传播教育年鉴。

在专门研究机构与专业建设方面：相关学术组织和机构纷纷成立。中国网络传播学会成立使研究者有了明确的群体归属，标志着新媒体研究正式成为中国传播学研究的重要组成部分。与此同时，北京大学，中国传媒大学等诸多高校纷纷成立新媒体研究中心等学术研究机构。

在期刊刊载新媒体论文或开设新媒体研究专栏方面，多数新闻传播类期刊开设过新媒体研究专栏，刊发大量新媒体研究成果。本阶段期刊论文发表数量超过6000篇，有编辑感叹当下大多论文都和新媒体有关，以至于不知该将哪些稿子归入“新媒体”栏目[①]，窥一斑可知新媒体研究的遍地开花场景。另外，研究领域形成的重要标志为是否有一本旗舰式刊物作为思想交流和学术发表的阵地，作为中国网络传播学会官方刊物的《中国网络传播研究》创刊，偏重业务和行业实践的《网络传播》《中国传媒科技》《新媒体研究》等期刊也为中国新媒体传播研究提供了重要的成果发表平台。

在著作方面，本阶段国内学者的著述成果明显增多，主要有：彭兰的《中国网络媒体的第一个十年》《网络传播概论》《网络新闻编辑教程》《社会化媒体理论与实践解析》《网络传播学》《社会化媒体运营》《数字传播技术应用》《数字媒体传播概论》《网络传播案例教程》《网络多媒体新闻》《中国互联网新闻传播结构、功能、效果研究》等，匡文波的《新媒体舆论：模型、实证、热点及展望》《网络传播学概论》《新媒体理论与技术》《颠覆传媒手机新时代的电脑和器官》《手机媒体概论》《手机媒体新媒体中的新革命》《电子与网络出版教程》《网络媒体的经营与管理》《网络传播理论与技术》等，喻国明的《媒介革命互联网逻辑下传媒业发展的关键与进路》《新闻传播的大数据时代》《传媒变革力：传媒转型的行动路线图》《传媒的“语法革命”：解读 Web2.0 时代传媒运营新规则》等，刘轫等的《网络媒体教程》，胡泳的《众声喧哗：网络时代的个人表达与公共讨论》，陈彤等的《新浪之道——门户网站新闻频道的运营》，以及其他作者的著作等。与此同时，重要的译著有阿尔温·托夫勒的《第三次浪潮》，戴维·温伯格的《新数字秩序的革命》，克莱·舍基的《人人时代：无组织的组织力量》，安德鲁·基思的《网民的狂欢：关于互联网弊端的反思》，安德鲁·查德威克的《互联网政治学：国家、公民与新传播技术》，凯文·凯利的《失控：全人类的最终命运和结局》《科技想要什么》，古斯塔夫·勒庞的《乌合之众》，克莱·舍基的《认知盈余》，延森的《媒介融合：网络

---

① 黄芝晓：《问题是旧的，方法是新的》，《新闻大学》2014 年第 5 期。

传播、大众传播和人际传播的三重维度》，杰里米·里夫金的《第三次工业革命》，亨利·詹金斯的《融合文化——新媒体和旧媒体的冲突地带》，尼古拉斯·克里斯塔基斯的《大连接》，维克托·迈尔-舍恩伯格等的《大数据时代：生活、工作与思维的大变革》，罗伯特·斯考伯等的《即将到来的场景时代》，简·梵·迪克的《网络社会——新媒体的社会层面》，杰里米·里夫金的《零边际成本社会——一个物联网、合作共赢的新经济时代》，尼古拉斯·卡尔的《浅薄——互联网如何毒化我们的大脑》，等等。

在行业报告方面，全面关注中国新媒体年度发展情况的《新媒体蓝皮书：中国新媒体发展报告》发布①，其整合国内零散的基础数据和研究力量，对年度新媒体发展特点进行适时回顾和总结，为深入研究提供丰富的数据和经验材料。在国家社科基金立项方面，本阶段的立项总数为366项，年平均立项数为33项。

（二）研究论域分析

在此阶段，新媒体发展与研究共同呈现出飞速发展之势。与之相呼应，研究者密切关注新的传播样态、新媒体使用和政策发布等研究议题，但新媒体发展与新媒体研究内容之间是否存在对应关系？笔者通过对本阶段研究论文高频关键词、年度研究议题和高被引论文进行综合分析。

高频关键词的变化反映了研究者所关注议题和领域的改变。通过对阶段论文的高频关键词进行统计（具体见表2-8），以及与第一阶段关键词进行对比可以发现，新媒体替代网络媒体成为排名第一的关键词，说明新媒体概念深入人心，得到更多研究者的广泛认可，成为新媒体研究最具代表性的关键词。传统媒体、互联网、受众、网络传播、媒体融合等议题的研究热度持续保持，而微博、社交媒体、网络舆论、微信、自媒体、移动互联网等则超越第四媒体、报刊、新闻网站、商业网站、广播、网络新闻

① 该蓝皮书由中国社会科学院新闻与传播研究所唐绪军、黄楚新等发布，延续至今。

等成为本阶段新媒体研究重点关注的对象。

表 2-8　中国新媒体传播研究阶段性高频关键词一览表(2005—2015 年)

序号	关键词	频次	序号	关键词	频次
1	新媒体	827	11	移动互联网	88
2	微博	555	12	信息传播	76
3	媒体融合	487	13	创新	70
4	传统媒体	321	14	主流媒体	70
5	社交媒体	278	15	中华人民共和国	69
6	网络舆论	253	16	新闻网站	64
7	受众	200	17	媒介素养	60
8	互联网	192	18	大学生	52
9	微信	105	18	转型	32
10	自媒体	88	19	网络传播	32

本阶段高被引论文（排名前十）如表 2-9 所示。

表 2-9　中国新媒体传播研究高被引论文一览表(2005—2015 年)

论文名称	作者	发表时间	发表期刊	被引频次
《新媒体概念辨析》	匡文波	2008 年	《国际新闻界》	853
《微信传播机制与治理问题研究》	方兴东等	2013 年	《现代传播》	635
《网络舆情管控工作机制研究》	曾润喜	2009 年	《图书情报工作》	603
《媒介融合：粘聚并造就新兴的媒介化社会》	孟建等	2006 年	《国际新闻界》	535
《何为新媒体?》	廖祥忠	2008 年	《现代传播》	516
《传播学视域中的微博研究》	杨晓茹	2010 年	《当代传播》	494
《微博互动的结构与机制——基于对新浪微博的实证研究》	夏雨禾	2010 年	《新闻与传播研究》	425
《自媒体的传播学研究》	代玉梅	2011 年	《新闻与传播研究》	406
《微信公众平台：新闻传播变革的又一个机遇》	蔡雯等	2013 年	《新闻记者》	392
《社会化媒体、移动终端、大数据：影响新闻生产的新技术因素》	彭兰	2012 年	《新闻界》	385

分析以上高被引论文可以发现，新媒体概念引发广泛关注，其中有 2 篇均是以对其概念探讨为研究对象；同时微博、微信、自媒体、社会化媒体等新媒体形态与应用得到广泛关注。其中有 2 篇以微博为研究对象，分别从微博的传播学视域、互动结构与机制展开研究，另外 2 篇以微信为研究对象，分别基于其传播机制与治理、微信公众平台展开。除此之外，网络舆情管控、媒体融合研究继续保持较高关注度。

除了关键词、高被引论文之外，中国新媒体传播研究一直保持进行年度综述的优良传统，且多为重要学者的研究，有很高的参考价值，所以年度综述也为本阶段研究议题分布提供重要参考，本阶段新媒体研究的年度议题总结如表 2-10 所示。

表 2-10　中国新媒体年度研究议题分布一览表（2005—2015 年）

年度	主要议题和研究热点
2005 年	新媒体特点及形态、传统媒体如何转型发展等议题。
2006 年	博客、播客、维客等的传播技术应用，公民新闻等新业务形态探讨，媒介融合等。
2007 年	新媒体的定义和特征、经营和监管、博客及其他网络及其广电研究等。
2008 年	媒介融合和产业融合、移动传播和移动媒体、新媒体现象及其引发的舆论、伦理和法律等，议题主要为新媒体概念、发展态势、技术和产业等。
2009 年	新媒体技术、形态、融合、现象、监管等。
2010 年	微博客、三网融合、手机媒体和网络治理等方面，包括网络社区、新媒体与公民社会、媒介融合与社会发展、新媒体文化、移动新媒体等。
2011 年	移动互联网环境下传播领域的融合、应用和治理，关注微博博客传播、移动互联网、互联网治理等。
2012 年	移动互联网环境下的新媒体发展、传统媒体转型、社会化传播、传播制度和传播治理等。
2013 年	微博微信、网络舆论、手机新媒体、媒介融合和社会影响等。
2014 年	议题主要为理念、逻辑、深度、生态、媒体融合，聚焦于移动互联网背景下的网络安全、媒体融合和互联网治理等。
2015 年	网络强国战略、大数据战略、“互联网＋”、“4G ＋”移动通信技术及移动互联网背景下的传播形态、传播生态和传播治理等。

通过以上对年度议题的统计分析可以发现，本阶段年度议题随着技术发展而发生改变的特征很明显，比如2006年博客、播客、维客等的传播技术应用，2008年的移动传播和移动媒体，2012年的社会化传播等。技术发展提出的新概念往往会成为研究者关注的重要议题，同时媒体融合、传统媒体转型、网络治理、新媒体应用等成为不同年度共同关注的研究议题。

基于高频关键词、高被引论文和年度议题的综合分析发现，本阶段关注的核心议题主要如表2-11所示。

表2-11　中国新媒体阶段性研究议题分布一览表(2005—2015年)

主题	关注议题
新媒体自身研究	1. 微信等社会化媒体属性、功能、发展研究； 2. 短视频等新媒体应用的属性、功能发展研究； 3. 传统媒体转型发展等研究； 4. 新媒体概念、社会化媒体、移动互联网等理论研究。
新媒体与人研究	1. 新媒体使用特征研究； 2. 新媒体使用影响研究； 3. 新媒体素养研究； 4. 新媒体受众观研究。
新媒体与社会研究	1. 舆论监督及网络治理研究； 2. 新媒体与社会变迁研究； 3. 新媒体教育研究。
其他	新媒体研究之研究等。

综上所述，基于对高频关键词、高被引论文以及年度研究议题的统计和分析可以发现，媒介“泛化”和泛媒时代的到来不仅为中国新媒体传播研究提供新的研究视域和对象，同时也冲击了既有传播理论和研究范式。在此阶段，研究内容主要为技术牵引下的新媒体形态、功能描述，新媒体现象解释、对策研究和治理探讨等议题，诸如媒体融合、网络舆论与互联网治理等具有中国特色的研究议题一直是研究者关注的重点。除此之外，更多的研究者开始关注到技术背后传播本质问题，在新媒体与公民社会、社会化传播、媒介化社会、融合传播等议题方面均有重要成果出现。

（三）研究特点分析

纵观2005—2015年期间的新媒体研究，其追随技术发展而进行研究的惯性依然存在，大量论文仍然停留在现象描述、对策研究方面，但是已经有部分研究者开始关注技术背后的研究议题，传播学视域中新媒体的学理研究逐渐得到更多研究者关注，当下的新媒体研究逐渐进入理论发展阶段，成为我国新闻传播研究领域中最为活跃的一个分支①。第一阶段的“网络媒体”概念已明显缺乏对新兴媒体形态、应用的解释力，“第五媒体”“数字媒体”“新型媒体”等名词开始被提及，而“新媒体”逐渐成为最具包容性和最被认可的说法，用“新媒体”替代“网络媒体”的说法成为学界共识。中国新媒体传播研究的视域和边界进一步拓宽，方法更加多元，具体如下：

第一，在研究主体方面，除了第一阶段的杜骏飞、彭兰、熊澄宇等学者继续深耕新媒体研究之外，更多的学者尤其是国外留学归来青年学者、有其他学科背景研究者纷纷加入研究者队伍，加速了中国新媒体传播研究的专业化进程；此阶段的研究者仍然大多来自新闻传播学科，也有部分学者来自计算机学、管理学、历史学等学科，推动了新媒体的跨学科研究。

第二，在研究内容方面，本阶段的新媒体研究核心议题逐步走向多元、开放和融合，研究者在继续关注新媒体定义、特点、媒介形态、未来发展等议题的同时，也逐渐开始关注到了更深层次的媒介使用、媒体融合、舆论监督以及新媒体治理等具有中国特色的研究议题。中国新媒体传播研究开始更多以跨学科等形式对新媒体实践进行多层面的解读，基础理论反思和建构研究明显增多，研究的深度和广度不断拓展。研究者逐渐关注中观的传播实践，而不仅仅拘囿于宏观叙事或微观描述，新媒体研究逐渐成为传播学研究的中心，并成为新闻传播学研究者开始走向理论自觉的切入点，在客观上推动了“新闻学研究再出发”“重造传播学”的反思进程。

---

① 陈力丹、付玉辉：《繁荣而活跃的网络传播研究——2006年我国网络传播研究概述》，《当代传播》2007年第1期。

新技术是新媒体行业和产业发展的核心力量①，也极大地推动了中国新媒体传播研究的进程。技术极大驱动了研究者的学术自觉，大量研究成果偏重经验性的知识生产，比如媒体转型、媒介融合方面的成果滚雪球一样增长，研究成果随着传媒技术、媒体形态的改变而不断变化。以年度研究主题为例，2005 年围绕新媒体特点和形态演进展开研究，Web2.0 是 2006 年网络传播研究的核心话题。2007 年更多关注新媒体经济监管以及媒介形态，2009 年聚焦移动、融合、监管主体，2010 年新媒体传播领域的融合和治理成为重要议题。研究者缺乏深入观察和分析的学术勇气和耐心，学术研究浮躁之风盛行。虽然新媒体研究随着国家战略架构的完善和新媒体实践的日渐丰富而不断前进，但是围绕新兴概念、热点现象、权力话语、政治套路等热点现象的浅层阐述仍然随处可见。国家话语、市场话语和技术话语继续作为中国新媒体传播研究的主导力量，总体上依旧缺乏对新媒体传播现象本质的洞察和学理分析。

第三，在研究方法方面，本阶段的研究尽管仍然多以思辨分析为主展开研究，但是实证研究已经逐渐受到重视，“实证研究方法的运用也逐渐趋于熟练”②，尤其是定性和量化相结合的研究方法逐渐得到重视和使用，也出现了一定数量的跨学科研究成果。

三、第三阶段（2016—2019 年）的新媒体与人、社会等关系的反思与批判研究

（一）社会语境分析

自 2016 年以来，传播技术持续发力，大数据、云计算、人工智能、物联网等新技术进一步改变媒体形态和应用。智媒时代来临，新媒体发展

① 付玉辉：《2010 年新媒体传播研究》，《国际新闻界》2011 年第 1 期。

② 付玉辉：《聚焦移动、融合、监管主题的新媒体研究——2009 年中国新媒体研究综述》，《国际新闻界》2010 年第 1 期。

智能化趋势加剧，从而进一步消融传媒业的行业边界，并重塑新的传媒生态。新媒介技术正在对传媒业产生颠覆性影响，使人类加速行进在“泛媒”“智媒”的信息化快车道上，网红机器人、虚拟偶像、AI 主播等新媒体产品相继出现，人机深度互嵌现象集中爆发，人类也将实现从人到赛博格的转变。与此相呼应，以上相关领域成为中国新媒体传播研究的热门领域，并引领研究者关注智媒已来等业界发展的前沿话题。

国家层面也纷纷出台相关政策和法规用以引导或规范新媒体行业和产业发展。党的十九大明确提出建设网络强国、数字中国、智慧社会，推动互联网、大数据、人工智能和实体经济融合的目标；国务院发布《新一代人工智能发展规划》，首次把“人工智能”上升成国家战略，从政策层面开启了进军“智媒时代”的新纪元。2019 年，中国移动、中国电信、中国联通获颁 5G 商用牌照，标志我国 5G 商用新纪元的到来。

在本阶段，媒体融合进入深度推进和攻坚阶段，中共中央政治局新年第一次集体学习的主题为“全媒体时代和媒体融合发展”，强调“推动媒体融合发展，建设全媒体成为我们面临的一项紧迫课题”，进一步凸显媒体融合在国家战略中的重要地位。与此同时，县级融媒体中心建设提上日程，成为媒体融合进程中的重要举措。在 2018 年的全国宣传思想工作会议上，习近平总书记作出要扎实做好县级融媒体建设的重要指示，为全国媒体融合的深入进行指明了方向。中宣部也同时作出重要部署，即到 2020 年基本实现县级融媒体中心全覆盖，此后《关于加强县级融媒体中心建设的意见》的出台，对县级融媒体中心建设作出进一步部署。县级融媒体中心建设成为国家意志的重要体现，具有重要的战略地位，媒体融合的重心也从省级以上媒体延伸至市、县等基层媒体层面。此后《县级融媒体中心省级技术平台规范要求》①《县级融媒体中心建设规范》② 先后颁布和实施，县级融媒

① 2019 年 1 月，国家广播电视总局受中宣部委托，编制并进行审查，将其作为中华人民共和国广播电视推荐性行业标准予以发布实施。

② 2019 年 1 月，由中宣部和国家广播电视总局联合发布。

体中心建设在全国全面推广。县级融媒体中心建设是国家治理体系的重要组成部分，也是加强基层舆论阵地建设的重要举措。技术进步、行业发展与国家推动极大地推动了中国新媒体传播研究进路的多样化。

学术会议举办方面，“中国新媒体传播学年会”与“中国网络媒体论坛”等新媒体研究的重要会议均延续以往的传统，每年以不同的议题举办一次。除此之外，以新媒体为主题的会议还有很多，比如中国新闻史学会网络传播史研究委员会在重庆大学举办“智能传播时代网络与新媒体研究的主题、方法与路径”高端学术沙龙；首届政企新媒体发展论坛在北京举行；中国传媒大学博士生论坛以“智媒时代的新媒体研究”作为主题。纵观近几年新闻传播类的学术会议，大都设置新媒体研究类的分论坛或者研究议题。

在新媒体教育方面，自 2016 年以来，随着新媒体及其行业发展和国家政策的调整，“网络与新媒体”专业快速发展，几乎成了新闻传播学院的标配。2016 至 2019 年开设此专业的高校数量分别为 47、36、37、39 所。新闻传播学类专业在调整人才培养方案时候，往往会把增加新媒体类课程或专业作为重要改革举措，尤其是新颁布的《关于提高高校新闻传播人才培养能力实施卓越新闻传播人才教育培养计划 2.0 的意见》① 提出“培养一大批适应媒体融合及其行业创新发展的新闻传播专业人才”，进一步推动传统新闻传播教育的转型发展。2019 年，“六卓越一拔尖”计划 2.0 由教育部、科技部等 13 个部门联合启动，旨在全面推进新文科建设，提出人文研究者要投身现实生活课堂，运用信息技术、大数据等拓展新的研究领域，这极大地推动了中国新媒体传播研究的专业化进程，自此，“新文科”建设深入推动了新闻传播教育的新媒体转型。另外，专门的新媒体研究机构也明显增多，比如 2016 年北京印刷学院成立新媒体学院；2017 年腾讯企鹅新媒体研究院成立；2018 年中国传媒大学新媒体研究院成立。与

① 2018 年 9 月 17 日，由教育部、中共中央宣传部联合发布。

此同时，中国新媒体传播研究的实验条件也明显改善，国家也不断加大投入力度，比如科技部2019年批准建立的4个国家重点实验室(具体见表2–12)，为中国新媒体传播研究再次助力。

表2–12 2019年科技部批准建立的4个国家重点实验室

实验室名称	依托单位	主管部门
媒体融合与传播国家重点实验室	中国传媒大学	教育部
传播内容认知国家重点实验室	人民日报社人民网	人民日报社
媒体融合生产技术与系统国家重点实验室	新华通讯社新媒体中心	新华通讯社
超高清视音频制播呈现国家重点实验室	中央广播电视总台	中央广播电视总台

在著述方面，本阶段的著述继续保持较快增长趋势，代表性成果主要有彭兰的《新媒体导论》；匡文波的《新媒体概论》等；喻国明的《人民日报传媒书系媒介用户的使用体验研究范式与定量化模型》等；高钢的《传播边界的消失——互联网开启文明再造时代》；谭天的《媒介平台论——新兴媒体的组织形态研究》等；牟怡的《传播的进化——人工智能将如何重塑人类的交流》；邓建国的《媒体融合：基础理论与前沿实践》；闵大洪的《中国网络媒体20年（1994—2014)》；胡凌的《探寻网络法的政治经济起源》；胡泳等的《连接之后：公共空间重建与权力再分配》；王井等的《文化迁徙：媒介新技术与网络文化价值体系发展研究》；邹振东的《弱传播》；张伦等的《计算传播学导论》。译著方面，《交往在云端》《计算社会学》《社交媒体批判导论》《互联文化》《第三次浪潮》《搜索：开启智能时代的新引擎》《传感器与新闻》《浅薄——互联网如何毒化我们的大脑》《乌合之众：大众心理研究》等成为有代表性的成果。

自2016年至今，新媒体研究类国家社科基金立项数达到365项，总数与第二阶段基本持平，但年平均立项数量约为91，远远高于第二阶段33的年平均立项数量。

（二）研究论域分析

媒体的智能化发展解构和重构传媒业的现有边界和生态，新媒体研究出现智媒化的新面向，日益成为学术探索中的“底层”研究与“聚合”研究，更多学科逐步关涉新媒体，融合研究和开放研究成为大势所趋。在此背景下，中国新媒体传播研究明确自己的学术边界，凸显研究旨归，探寻对路的研究方法，成为学术定位的当务之急，对于重要理论问题的突破也有推动作用。当然，在学术应用领域，新媒体研究必须积极投身社会，秉持开放理念，与相关行业积极对接，与不同学科跨界融合，实现交叉研究和研发，才能打开更开阔的学术想象，实现知识的跨界扩散。

本阶段期刊论文增速放缓，但稳中有升，发文量共有4159篇，研究议题与上阶段相比呈现出新特点。高频关键词分布如表2–13所示）。

表2–13　中国新媒体传播研究阶段性高频关键词一览表（2016—2019年）

序号	关键词	频次	序号	关键词	频次
1	新媒体	467	11	互联网	43
2	社交媒体	310	12	舆论引导	39
3	媒体融合	280	13	主流媒体	39
4	微信	109	14	人工智能	32
5	传统媒体	86	15	网络媒体	29
6	移动互联网	74	16	融媒体	28
7	微博	71	17	短视频	27
8	自媒体	60	18	创新	26
9	大数据	57	19	治理	27
10	网络舆情	55	20	新闻生产	24

基于上表高频关键词的统计，并与上一阶段的关键词做对比分析可以发现，两阶段既有相同之处，也有差异之处。相同的是新媒体的出现频次仍居于首位，舆论引导、媒体融合、传统媒体、社交媒体、网络等议题持续受到关注；不同之处是增加的关键词有融媒体、短视频、大数据、治理等，说明本阶段研究议题在保持新媒体、媒体融合、舆论引导等“常青”

议题的同时，持续关注新技术、新应用研究。融媒体、创新、治理等议题得到更多关注，引领本阶段的研究进程。总的来说，随着技术进步、行业发展和国家层面的推动和规范，此阶段的新媒体研究继续呈现出追随技术发展，研究议题呈现多元、融合的趋势。除此之外，本阶段高被引论文（前10）如表2–14所示。

表2–14 中国新媒体传播研究高被引论文一览表（2016—2019年）

论文名称	作者	发表期刊	发表时间	被引频次
《智媒化：未来媒体浪潮——新媒体发展趋势报告（2016）》	彭兰	《国际新闻界》	2016年	199
《“新媒体”概念界定的三条线索》	彭兰	《新闻与传播研究》	2016年	175
《虚拟/增强现实技术的兴起与传统新闻业的转向》	史安斌等	《新闻记者》	2016年	150
《网红为什么这样红？——基于网红现象的解读和思考》	敖鹏	《当代传播》	2016年	137
《互联网时代的新权力范式：“关系赋权”——“连接一切”场景下的社会关系的重组与权力格局的变迁》	喻国明等	《国际新闻界》	2016年	125
《“社群经济”的传播特征和商业模式》	金韶等	《现代传播》	2016年	120
《未来传媒生态：消失的边界与重构的版图》	彭兰	《现代传播》	2017年	116
《消解作为抵抗：“表情包大战”的青年亚文化解析》	张宁	《现代传播》	2016年	106
《新媒体时代新闻舆论传播力、引导力、影响力和公信力的重构》	沈正赋	《现代传播》	2016年	99
《“液态”的新闻业：新传播形态与新闻专业主义再思考——以澎湃新闻“东方之星”长江沉船事故报道为个案》	陆晔等	《新闻与传播研究》	2016年	93

根据以上高被引论文的统计分析可以发现，本阶段研究对技术发展依然保持高度关注，但是对技术的研究不再只是局限于其生发的新名词、新形态、新应用的描述性研究或对策性研究，而是对虚拟增强现实等技术的反思以及传媒现象的解读，比如以上高被引论文中对网红现象、互联网时代的新权力范式、社群经济、新传播形态与新闻专业等问题的深层剖析。本阶段研究表现出明显的从现象到本质逐步深入的研究趋向，同时解释性研究明显增多，另外有了一定的批判反思取向。除此之外，本阶段关注的重点议题还有传媒业的未来发展趋势，智能化发展，边界结构与重构等方面。

本阶段的年度研究议题如表 2–15 所示。

表 2–15　中国新媒体传播研究年度研究议题一览表（2016—2019 年）

年度	主要议题和研究热点
2016 年	主要集中在媒体融合、“互联网 +”、网络舆论、新媒体治理、大数据与数据新闻、新技术与新业态等方面。
2017 年	主要集中在媒体融合、智能化媒体、舆论、自媒体、网络治理以及产业创新、新技术应用等方面。
2018 年	主要集中在身体与传播，算法、智能化媒体与传媒生态变革，微博、微信与社交媒体，粉丝、网红与短视频，知识付费与新闻付费，区块链技术与新闻业的未来等方面。
2019 年	主要集中在微信传播、媒体融合、5G、人工智能算法运用等新技术传播，以及舆论、短视频、自媒体、移动社交、区块链等方面。

通过对以上年度议题的分析可以发现，本阶段中国新媒体传播研究追随技术发展的特征依然明显，“互联网 +”、智能化媒体、网红与短视频等新媒体形态、新技术应用均先后成为研究者关注的重要议题，媒体融合、互联网治理、网络舆论等成为不同年度共同关注的重要话题。同时由于国家政策和行业发展的双重推动，互联网治理、行业创新等话语有所加强，本阶段研究逐步呈现出关注技术背后的关系等新研究趋势。

综合以上对本阶段高频关键词、高被引论文以及年度议题的统计分析结果可以发现，本阶段的研究议题仍然保持关注新媒体技术发展、新媒体行业演进的研究惯性，媒体融合、网络治理等有中国特色的研究议题不断深化，现象描述、对策研究类成果占据多数，解释性研究增多，批判性研究端倪初现，中国新媒体传播研究持续深入推进。

（三）研究特点分析

自2016年起，中国新媒体传播研究逐渐出现反思和批判倾向，主要是围绕新媒体技术发展与范式转型两方面展开，理论自省逐渐触及以往研究中的“理固宜然”的基本概念，为中国新媒体传播研究打开了全新的问题域，并形成了两条相对清晰的寻找“自我”的主线：一是寻找作为“本土视角”的自我，二是寻找作为“传播主体”的自我。相比作为“本土”的自我，如何找寻作为“传播主体”的自我成为学界更为关切的议题。多数研究者认为，“传播主体”缺失是已有研究成果亟须加强的领域之一，也是导致“研究领域焦虑”的主要原因，极力寻求多学科交叉在理论和方法上借鉴的同时，又焦虑于本研究领域内的自主性遭受冲击而成为其他学科的“余数”。与此同时，缺乏有解释力和穿透力的理论体系及方法论等不足反映出中国新媒体传播研究在基础概念和理路厘清方面仍有很大努力空间。中国新媒体传播研究出现了研究热度无限扩散，而对于研究领域根本问题即“新媒体传播”却语焉不详，各执一词的怪象。

“反思”一词源于西方哲学，本意是指“对人的思想进行全面的搜索、参照和审视”。本阶段的中国新媒体传播研究，一方面紧紧跟随技术发展的最新潮流，大数据、人工智能、云计算、物联网等传播技术，并先后成为新媒体研究的热门话题，延续新媒体研究技术驱动的研究惯习。与此同时，新媒体研究开始同步呈现出深耕和多元的特点，具体表现为对某一具体议题使用多种方法展开深入剖析，力求深度而精致的描述，或聚焦于某一新媒体现象采取不同的研究路径和取向。此外，泛媒时代万物皆媒、人机交融，媒介化生存现状为新媒体研究提供源源不断的研究对象和领域，甚至颠覆现有研究范式和经典理论。于是，在技术变迁及其理论、实践的共同驱动下，研究者们在诸多层面展开反思，并希冀实现研究范式的创新，从而推动新媒体研究的整体发展。

研究者的反思主要集中在以下三个方面：一是研究成果数量和研究知识增量之间的矛盾。尽管新媒体研究成为传播学研究的显学，但是经过梳理发现，研究论域与理论建构处于割裂状态，很多研究自说自话，基础概念和理论创新凤毛麟角。二是议题多样性和研究结论碎片化之间的矛盾。虽然研究一直紧随技术，议题多元，但是很多研究成果都没有理论框架，多为现象性或对策性的研究，多样性只是研究热度或者学术自觉的驱动而已，理论自觉严重缺位，碎片化现象严重，比如基于西方理论修修补补，没有建构起一套完整的知识体系。三是研究的连续性和断裂性之间的矛盾。虽然学术研究的知识建构倾向逐渐得到更广泛的认可，但由于未能形成研究者之间有效的沟通和互动，缺乏具有历史穿透力的理论关怀，导致大量断裂的学术研究无法实现研究的连续性，缺乏具有穿透力的研究成果。

与此同时，在反思声中，重新认识"媒介"概念，丰富"新媒体传播"视角的呼声成为本阶段新媒体研究的重要转向，媒介化生存和媒介化社会成为理论研究关注的重点，形成了新的问题域和解释框架，能够使得研究者在面对不断迭代的新技术时，开始以新闻传播学特有的"学科意识"发现问题，意识到应该"从何谈起"。同时，研究者逐渐开始从技术哲学、技术现象学等层面理解新媒体技术与现实的形塑关系，认识到表面上作为工具和手段的技术，更是主导新时间秩序并汇聚新社会关系的互动空间。诸如移动互联网、人工智能等带来的远不仅是技术的"升级"，更是深刻而复杂的社会结构变迁，甚至颠覆人对自身的认知的预设乃至引发新媒体研究的"知识转向"。

自 2016 年以来，中国新媒体发展呈现出明显的社交化、多元化、智能化和规范化的发展势头。与此相适应，新媒体时代的场景交叉、人机互动以及真实与虚拟、公共领域与私人空间、生产与消费之间的边界交融，传媒实践和行业发展发生的革命性变化也极大地拓展了研究领域之间的学科疆土，网络链接和知识连接逐渐消解人为圈定的学科边界。与此同时，人类学、社会学、计算机等专业背景的学者也逐渐介入新媒体时代的传播研究场域。新媒体时代的传播已不再是新闻传播学的专属躬耕地。目前多学科进入传播研究已经是事实，尤其是在微博、微信等社会化媒体的学术成果中，明显表现出共融式的知识生产进程。[①]传播学、人类学、社会学相互渗透和影响下的微信研究成为新媒体研究"消融"式的典范表征，比如传播学者孙玮提出微信开启人类崭新的新媒体化方式，呈现公域与私人、现实与虚拟、线上与线下互嵌的新场景[②]；人类学者姬广绪提出以微信为代表的新媒体推动了社会团结机制正在实现从"社会"向"群"的变换，重建人际交往格局[③]；社会学者刘谦发现大学生和农民工两个群体不同的微信实践与实践感受方式，构成其数字鸿沟的现实逻辑。凡此种种，不同学科的研究者进入诸如"微信"等曾经被天然认为是传播学研究的专业领域，带来多元的理论视野和分析框架，丰富中国新媒体传播研究内涵。与此同时，传播学者对于诸如微信等传播的研究，也在有意或无意地向其他学科延伸，比如林枫基于社会学的研究方法，针对不同年龄群体之间微信使用的数字代沟议题展开研究。[④]除了微信，其他社会化媒体的研究也日趋多元，表现为跨学科研究或向其他领域的拓展，比如新媒体研究积极引入信息科学、计算机科学的最新研究成果。《国际新闻界》就曾编发一组文章：王秀丽等基于对国内外社会化媒体传播效果研究的成果，构建了用于测量与评估效果的指标

① 苏涛、彭兰：《"智媒"时代的消融与重塑——2017年新媒体研究综述》，《国际新闻界》2018年第1期。

② 孙玮：《微信：中国人的"在世存有"》，《学术月刊》2015年第12期。

③ 姬广绪、周大鸣：《从"社会"到"群"：互联网时代人际交往方式变迁研究》，《思想战线》2017年第2期。

④ 林枫等：《同一个家庭不同的微信：大学生VS父母的数字代沟研究》，《新闻大学》2017年第3期。

体系。① 自2016年以来的新媒体研究也表现出了边界模糊、学科交融的学术脉络，反思之声渐高。

当前，关于中国新媒体传播研究之研究的全面梳理，尚未见到系统而中肯的成果出现，本书使用的阶段分期策略，和备受诟病的线性历史观没有必然联系。本书的划分方法，力图传达一种发展的历史感，当然，本书的阶段划分方法仅是一种分析策略，目的是便于提出一系列历时性的问题，比如不同阶段的技术、社会、经济环境如何影响研究议题，但这并不意味着中国新媒体传播研究进程中存在着以上三个泾渭分明的不同阶段。

第三节　技术变化带来的新视域与控制动机形成的连续性

媒体研究史是邀约不同时代、不同媒体形态的历史过程，历时视域下的中国新媒体传播研究逐渐走向深入。中国新媒体传播研究（1994—2019年）作为媒体研究进程中的一个重要片段和组成部分，其必然具有媒体研究的共性特点，但同时又具有自身的发展特色，是连续性和断裂性的统一。“连续强调传统与同一，断裂则强调范式革命与相对性”②，具体表现在两个层面。

一、新媒体：基本概念演变的连续与断裂

新媒体的概念演进具有连续性和断裂性，每一种媒体刚刚出现的时候

① 王秀丽等：《社会化媒体效果测量与评估指标研究综述》，《国际新闻界》2017年第4期。

② 刘海龙：《连续与断裂：传播思想史的叙事问题》，《中国社会科学报》2014年11月19日。

均被视作新媒体。据考证，“新媒体”概念最早出现在麦克卢汉于1959年发表的一篇论文中[①]，直到1967年，美国NTSC电视制式的发明人正式提出了“新媒体”概念，但那时的新媒体主要是指基于电子应用的新媒体，而当下则主要指向以互联网应用为基础的新媒体。新媒体概念至今未能达成共识。有人按照其历史进程，把新媒体分为前后相继的两个阶段，第一阶段是史前史，比如报纸、广播等分别是工业革命、电子时代的新媒体；第二个阶段则是新媒体史，主要是指互联网为基础的PC网络、移动互联网、手机等。“新媒介是一个相对的时间概念，也是一个发展的概念，形式不断更新，不会总结在某一个时间节点”[②]，所以新媒体的“新”具有相对性。新媒体的概念有广义和狭义之分，广义的新媒体概念是一个适用于不同历史时期的概念，具有一般性的概念，统指不同时期新出现的媒体形态中具有稳定性的特征；狭义的新媒体则是指特定时期出现的媒体形态，比如本书研究的新媒体主要是指基于互联网基础的媒体形态。

同新媒体的概念一样，新媒体发展亦具有连续性与断裂性的统一。新媒体的出现总是在“旧媒体”的演进基础之上，彼时的“新”媒体变成此时的“旧”媒体，此时的“新”媒体产生是在旧媒体的基础上演进而来，并与旧媒体在功能和特点上具有共同点，体现着媒体发展一脉相承的特点，但是从具体媒体形态和功能来说，新媒体往往也是对旧媒体的超越和断裂。新媒体的出现往往造成了旧媒体的日渐式微，比如广播是相对于报纸的新媒体，电视是相对于广播的新媒体，网络是相对于电视的新媒体。综上所述，新媒体的发展史就是技术推动下媒体形态的不断演进和超越。

---

① Mcluhan, M., *Understanding me: Lectures and e Interviews*, Cambridge: MIT Press, 2004, P.271.

② 熊澄宇：《对新媒体未来的思考》，《现代传播》2011年第12期。

二、核心议题："用"和"道"之间的连续与断裂

认识的深化是一个循序渐进的过程。在历史视域下考察中国新媒体传播研究进程中重要事件、关键成果以及发展脉络，为洞悉其研究的内部机理打下坚实基础。正是有了对25年期间整个研究进程的回顾、梳理和分析，才可能在文献呈现的连续性和断裂处中洞若观火，以现有研究成果立论，夯实研究基础，从而考察其研究进路。

中国新媒体传播研究是媒体研究史进程中的一个重要片段，其深入研究必将丰富媒体研究的整体视野，推动媒体史发展。技术发展、应用拓展、政策关注、产业布局共同推动中国新媒体传播研究走向繁荣。与此同时，中国新媒体传播研究历经"引进""摸索""反思"三个阶段，第一个阶段属于在借鉴国外研究成果基础上对媒介现象初步认识和摸索的探讨阶段，各种声音相互激辩，主要围绕网络的冲击、传统媒体转型与网络控制等议题展开；第二阶段在延续第一阶段的冲突、控制研究基础上，核心议题演变为社交媒体、媒体融合、网络治理等研究议题；第三阶段在前两个阶段研究的基础上，展开对新媒体技术、应用等的反思与批判，其中对媒体融合、互联网控制研究的反思成果占比较高。但总的来说，不同阶段核心议题演变呈现出的总体特点为追随技术和媒体发展，传统媒体转型、媒体发展、新媒体技术应用、网络治理等成为不同阶段的共同核心议题。由此可以看出，尽管新媒体研究还处于发展阶段，正在逐步摆脱理论研究滞后行业实践的窘境，开始关注技术和行业发展背后的学理本质，同时拥有一批从事本领域研究的研究者队伍、高质量的学术成果、刊载新媒体研究成果的学术期刊。多学科和跨学科的新媒体学术研究团队和个人，逐渐推动中国新媒体乃至媒体史研究的深入，体现了中国新媒体传播研究与媒体史研究的连续性。

但是通过历时梳理也可以清晰地看到研究进程中的断裂之处。每个阶

段所重点关注的媒体形态、媒体发展研究则明显不同，呈现出一定的断裂性。中国新媒体传播研究的发展并非是线性的，其创新性并非贯穿始终，演进历程具有福柯所谓“断裂的历史”意味，一定程度上否定了媒体研究史中“总体化可能性”与“聚合和完成的主体”①。至今在有据可查的中国新媒体传播研究成果中，研究议题、观点、方法的简单重复比较常见，同时由于文献数量较大，但总体上创新成果的分布集中度较低，很难找出纵贯始终的明显线索，不同研究向度之间缺乏必要的互动，很难把全部研究成果作为一个整体来观察、评述。本书尽管采用了阶段性的分析策略，但仍然无法全方位勾勒出其研究连续性的现实图景，而只能抽取有代表性的研究成果剖析其演进历程，同时碎片化现状势必会加深研究的断裂性。除此之外，国内 25 年期间的新媒体研究多着力于应用层面，比如具有中国特色的舆论研究与媒体经营研究在不同阶段均保持较高热度，体现了研究的连续性，但是与之相适应的新媒体理论建构却明显创新不足。理论创新是断裂的，以至于发展和对策话语泛滥下的应用研究由于没有理论创新的支持而往往学术价值甚微，注定成为学术成果中的“过客”，在研究成果纪念册上转瞬即逝。中国新媒体传播研究连续性和断裂性的矛盾广泛地存在于控制研究与技术引发的新研究视域等议题中。

作为媒体研究史片段中的中国新媒体传播研究，连续性与断裂性俱在，表现出明显地在断裂中连续，在连续中断裂的发展态势。在连续和断裂中考察中国新媒体传播研究进路，不仅需要历时视野的回溯和追踪，亦需要共时层面的横向爬梳，探究与发现新媒体研究进路需要在共时和历时的断裂与连续中实现。

本章通过对大量文献资料的梳理，以历时性阶段分析策略来考察中国新媒体传播研究的演进历程，并从社会语境、研究论域和研究特点三个层

① ［法］米歇尔·福柯：《规训与惩罚》，刘北成等译，生活·读书·新知三联书店 2003 年版。

面洞悉不同阶段学术研究的发展脉络，通过对阶段性高频关键词、年度议题和高被引论文的综合分析，力图在不同阶段的新媒体研究与社会语境互动中洞察新媒体研究的学术互动、研究议题及其知识扩散规律，为呈现研究进路打下坚实的文献和立论基础。

综上所述，历时视域下中国新媒体传播研究阶段性及其核心议题演变的主要特点为技术主导，同时深受社会语境影响，具体表现为第一阶段（1994—2004年）的冲击与控制研究，核心议题为新媒体冲击下的传统媒体转型发展以及网络舆论管控研究，并成为中国新媒体传播研究不同阶段共同关注的重要话题；第二阶段（2005—2015年）的社交媒体、媒体融合与网络治理研究，核心议题为博客、微博、微信等新媒体形态、应用的使用和影响研究，媒体融合研究以及基于网络舆论引导的互联网治理研究。社交媒体成为本阶段核心议题关注的重点内容，尤其是微博、微信等不同媒体形态、应用的属性、功能、发展、使用与影响等研究成果数量占比最高，媒体融合与网络治理研究在第一阶段的现象描述基础上逐步走向深入；第三阶段（2016—2019年）的反思与批判研究，核心议题为发展与治理话语下的新媒体技术、新媒体发展、网络治理、学科发展等的反思与批判。核心议题演变呈现出紧跟技术发展，着力于新技术应用的研究趋势，尤其是舆论控制与媒体发展研究继续占据研究的重要位置，但与前两个阶段明显不同的是，本阶段研究继续深入，更加关注其本质的传播实践改变、传播关系层面，逐步实现理论突破与创新。从阶段性以及核心议题演变的轨迹可以看到，中国新媒体传播研究不同阶段的研究逐步深入推进，核心议题演变基本与新媒体技术和行业的发展保持同步，并深受不同阶段的社会语境影响，至今积累了大量研究成果，逐步建构起坚实的学术基础，学术创新不断实现，但是总体来看，不同阶段核心议题的演变呈现出典型的连续与断裂并存的局面，基础理论建构不足，从而一定程度上导致了大量的应用研究因缺乏理论观照和学理追求而丧失其应有的学术价值。

通过历时视角的纵向回溯策略，本章将整个研究历程划分为三个阶段并将其置于历史进程中进而识别不同阶段研究的特性和共性，凸显技术指导下的连续性和断裂性特征，为研究进路呈现打下坚实的研究史基础。当然，历时分析呈现其纵向发展进程的变化，缺乏学术版图中不同研究面向与主题的横向梳理，中国新媒体传播研究进路考察需在历时和共时视域的交汇融合中方能厘清脉络并清晰呈现，从而共时性研究成为中国新媒体传播研究进路考察的必要维度。

第三章

中国新媒体传播研究版图的共时图谱

回溯过去是为了更好地把握现在，中国新媒体传播研究进路的历时性分析考察了其演进历程和不同阶段的核心议题演变特点，但是对研究主体、研究议题、研究方法、基础理论创新等的学术版图缺乏横向分析。历时性分析之后的共时性文献爬梳则可以实现对学术版图的空间布局研究，从而为研究进路的呈现积累更丰富的立论基础。

厘清中国新媒体传播研究版图的共时图谱是一个系统工程。主要关涉分析维度确立和研究设计两个方面，具体为：

一是学术版图共时分析维度的确立。回溯中国新媒体传播研究 25 年来的演进历程，无论是著述数量、研究者队伍、研究领域以及学术水平都有了很大发展。著述方面，教材、专著和译著成倍增长；研究队伍方面，老中青三代，具有博士学位的研究者逐渐增多，专业化程度不断提高；研究领域方面，议题更加多元、融合，研究体系不断完善；学术水平方面，理论的深度和广度方面都有较大进步。然而总的来说，目前新媒体研究理论创新相当匮乏，一定程度上呈现出“内外交困、越走越窄、自说自话”的危险局面①，或将被众多学科的传播研究所淹没②，那么当下的新媒体研究的学术版图主要包括哪些维度呢？

根据知识生产规律以及社会研究实践的构成要素学说，学术版图的四个基本构成要素为研究主体、研究议题、研究方法、理论创新，所以笔者拟从以上四个维度进行中国新媒体学术版图的空间分布研究。研究主体研究分为研究者群体研究、研究者个人研究与研究机构研究三部分，主要解决的问题有：25 年来国内参与新媒体研究的主体分别有哪些？不同研究主体分别和共同呈现出哪些特点？研究议题研究主要是对 25

① 谢新洲、李冰：《新媒体研究的困境及发展》，《新闻与写作》2016 年第 2 期。

② 孙玮：《从新媒介通达新传播：基于技术哲学的传播研究思考》，《暨南学报（哲学社会科学版）》2016 年第 1 期。

年来中国新媒体传播研究成果中的研究内容进行分析，并从新媒体与人和社会关系的角度出发，进行研究内容的分类和梳理，主要解决的问题有：25 年来中国新媒体传播研究关注了哪些议题？不同议题分布的共同特点是什么？研究方法研究主要关注国内 25 年来新媒体研究中研究方法的使用情况，从方法论、研究取向与研究方法三个方面展开研究，主要关注的问题有：25 年来中国新媒体传播研究中方法论、研究取向与研究方法的分布特点是什么？研究方法的探索与使用呈现出什么特点？理论创新主要关注 25 年来中国新媒体传播研究在理论创新方面取得的进展和存在的不足，主要从理论批判与理论创新两个角度进行研究，解决的主要问题有：25 年来中国新媒体传播研究理论创新的突破有哪些？目前存在的问题是什么？

二是样本选择与研究方法。样本文献的选择主要包括两个方面：研究主体研究、研究议题研究与理论创新研究部分的样本文献主要以基于关键词搜索策略所收集到的 9880 篇文献为主，而研究方法部分的样本文献则主要是从 9880 篇文献进行分层抽样所得的 1072 篇文献。以上样本文献均兼顾著述、项目、研究报告等其他类型的成果。

在研究方法的使用方面，文献研究法是本书开展研究的基本方法，所以几乎被广泛地应用于论文的每一章节，另外深度访谈的内容多是对论文研究的整体思路和研究结论进行校验和补充，访谈所得的知识被融入各个相关章节，以上两种方法均不再一一标注。除此之外，不同章节的研究方法主要为：研究主体研究的主要方法为文献计量法等；研究议题研究的主要方法为内容分析法等；研究方法研究的主要方法为分层抽样、内容分析法等；研究理论创新研究的主要方法为历史分析法等。

第一节　研究主体的众多与离散性

一、群体、个体、机构：研究主体的构成要素

研究主体是学术生产的核心要素，直接决定研究内容选取、研究方法的选用和最终的研究水平。“所以在科学研究中，人们始终很关心本学科的研究人员和研究机构的情况，尤其是知名的学者和研究机构，更成为人们关注的焦点。”① 纵观任何学术议题的研究，都是既有大师巨擘，生产出鸿篇巨制，亦有更多默默无闻慢耕细耘者，力争学术圈的一席之地，两种研究者客观存在于任何研究领域。学术研究一般被视为个人行为，但是随着科学社会化的程度越来越高，个人学术贡献日渐式微，群体状的学术共同体开始出现。库恩（Kuhn）曾经说过：虽然科学是个人研究的，它却本质上是集体的产物，不提及产生它的那些集体，它的特殊效力和怎样发展起来的方式都将不会被理解。② 研究主体是个体的，也是群体的，这也给研究主体研究提供了两种视角：一个是宏观的群体考察，一个是微观的个体深描。中国新媒体传播研究的直接主体为个体研究者，间接主体为研究机构、研究共同体。

综合以上考量，笔者把中国新媒体传播研究主体界定为对新媒体进行研究的个人、群体和机构，拟分为研究群体、个人研究者、研究机构三部分，研究群体和个人研究者主要包括高等院校教师、各级科研机构的研究人员、高校研究生、业界人员以及管理人员。研究机构主要包括各大高校、科研院所以及传媒机构。本书重点研究对本领域具有重要推动作用的

① 段京肃、白云：《新闻学与传播学学者、学术机构和地区学术影响研究报告(2000—2004)——基于 CSSCI 的分析》，《现代传播》2006 年第 6 期。

② 转引自曾琼、张金海：《中国广告学知识生产的“科学共同体”尚未形成——基于期刊论文的文献计量学分析》，《新闻与传播研究》2015 年第 6 期。

高产作者、核心作者、重点研究机构及其学术共同体的建设情况。作为研究主体的研究者与研究机构的数量变化、分布结构是学术研究演进的重要表征①。作为群体的研究者势必会同时受到时代的影响，但这并不意味着研究者个人就会完全受制于外在社会环境和内在学术圈惯性而失去个性和独立性。相反，学术独立自主是学术繁荣的前提和核心，所以本书研究主体研究以群体研究为线，以个体研究为点，勾勒中国新媒体传播研究主体分布图以及有代表性的研究者，并基于研究者所具有的共性和个性，把握研究者的基本状况。本书“谁在生产”研究还将有助于进一步考察“为何生产”以及“如何生产”等的知识生产问题②。与此同时，研究者往往与其所在机构实力密切相关，研究机构对研究者产生一定程度的集群效应，一方面造诣深厚的师资队伍能够更好地培养更多的学术接班人，实现学术传承，另一方面，更多的学术研究项目和资助能够激发更多的学术成果产出。

中国新媒体传播研究的研究者和研究机构分别呈现出什么特征？研究者和研究机构分布之间有什么联系？以上问题的答案是基于样本文献分析结果的客观呈现，而非主观评价。本书力图提供一些有趣和有用的见解，用以推进中国新媒体传播研究进路的探究和发现，当然本书没有进行“学术排名”的初衷和能力，更何况学者和研究机构的影响力和学术地位根本不是所发表论文的数量能够决定的。

二、研究设计

研究主体分析最直接也是最常用的办法是统计期刊论文研究者的学科

---

① 刘丽芳、孙艳：《近10年全国教育科学规划立项课题评估》，《高教发展与评估》2013年第5期。

② 苗伟山：《中国新闻传播学海归学者的学术实践与身份认同》，《新闻与传播研究》2018年第12期。

背景、发文数量、学历、职称、被引数量等信息。关于中国新媒体传播研究者分析，目前尚未发现有专门的著述，主要散见于新媒体研究的综述类论文中：刘宏斌提出核心作者多来自传媒院校、媒体单位等，部分研究者只是把新媒体研究作为快速积攒成果的捷径，研究者缺乏合作①；邓备基于CNKI的关键词和高被引论文的分析发现，目前缺乏核心作者，以个人“单打独斗”为主，研究水平和质量待提高②；孙燕青等基于共被引分析发现，中国大陆学者比较倚重国内学者的观点，国内权威且核心的学者圈尚未形成，明显呈现出植根于新闻传播学的特点③；张小强等绘制了1998年至2015年间中国新媒体传播研究及其合作网络的知识图谱，发现合作者和机构共现网络多以双人合作为主，尚未形成稳定、紧密的研究团队，机构之间不存在或存在极弱的合作关系④。

通过梳理已有成果发现，研究者分别基于引文分析、发文篇数等展开核心作者筛选、合作方式等方面的研究，对于认识我国某一时期新媒体研究者具有参考价值，但是由于文献主题、研究篇幅所致，以上研究较少涉及对学术生产影响因素的综合分析，另外较少有专门刊发新媒体研究的期刊，一定程度上限制了样本数和样本框的选择，比如上述研究中抽样范围多集中在新闻传播学的部分期刊，研究的时间跨度往往仅为1年、5年或10年，最多样本数1000多篇。实际上，经过搜索发现，中国新媒体传播研究主体的分布具有长尾理论的分散性，仅统计几本或几年的某一或某些新闻传播学期刊，无法全面分析和客观评价其研究主体分布。

研究主体研究需要从中国新媒体传播研究的整体情况进行深层透视，

① 刘宏斌、张守珩、孙琳婧：《我国新媒体传播研究：现状、特点与趋势——基于CNKI相关期刊文献的统计分析》，《青年记者》2018年第26期。

② 邓备：《新媒体研究的高被引论文分析——基于CNKI的关键词途径》，《编辑之友》2010年第12期。

③ 孙燕清、高敬：《新媒体研究学术圈的引文分析》，《国际新闻界》2010年第4期。

④ 张小强、杜佳汇：《中国大陆“新媒体研究”创新的扩散：曲线趋势、关键节点与知识网络》，《国际新闻界》2017年第7期。

不能以偏概全，所以笔者拟对以往研究做出如下拓展：一是拓展样本文献选择的时间广度，系统梳理1994至2019年期间中国新媒体传播研究的相关论文；二是引入更多考察指标，在分析研究者、研究机构的发文量、合作情况的基础上，引入普赖斯定律、H指数测算等科学方法确定核心著者、高影响力作者，同时考察核心研究者学科背景等维度，研究者学科背景的采集以最高学位所属学科为依据。另外，由于学术发表的规范程度所限制，许多研究者学术背景需借助网络搜索，因此存在数据缺失的问题。当然，量化分析必须要面对的问题就是样本采集过程中的缺失值的处理。按照惯例，对于无回答的比例较小的变量（小于5%），处理的方法是根据统计类型的不同，可以简单地采取“无视”或“删除”的办法。研究主体研究中有可能存在缺失值的是研究者的学科背景。个别研究者的学科背景无从考证，但总的来看缺失值占比极低，属于可忽视或删除的范围；三是扩大样本文献的选择范围，突破以往引文分析中的以某几本或一本期刊的选择范围，选取中国知网全文数据库中“信息与传播”门类下所有CSSCI相关论文，时间跨度为1994—2019年。扩大样本量能够有助于深描研究者和研究机构的分布特点。

在样本文献处理方面，若采用传统的文献阅读方法分析已经收集到的9880篇文献，容易落入主观判断的窠臼，更难以全面概括出其中的研究者、研究机构、关键词等信息，而CiteSpace等可视化计量分析工具的应用，则简化了之前烦琐的传统文献翻阅形式。通过样本文献中研究者，研究机构和关键词的可视化呈现与分析，以探寻本研究领域演化的关键路径及知识转折点①，以主观判断与客观计量相结合的方式进行文献梳理。为了提高样本文献的准确性和规范性，笔者对“研究者”②“研究机构”③和

① 李杰、陈超美：《CiteSpace：科技文本挖掘及可视化》，首都经济贸易大学出版社2016年版。

② 每篇论文只统计第一作者。

③ 统计发现，发文机构主要为科研院所和媒体机构。同一作者名下列出多个单位的，

"关键词"① 三个字段进行数据清洗，人工逐篇验证样本文献的主题相符程度，通过计算机自动转录和人工录入相结合的办法自建样本文献数据库。文献数据主要包含论文标题、作者姓名、关键词等信息，数据下载后对"研究者""研究机构"和"关键词"三个类目进行了数据清洗②和聚类分析，然后转换成为 CiteSpace 可以识别的格式，并通过节点大小、网络链接度等呈现情况，考察中国新媒体传播研究的空间布局和知识流动。

三、研究主体分布的整体特征呈现

一是研究群体分析。在数据处理方面，把最终确定的 9880 篇样本文献导入到 Excel 中，进行研究者统计，同时对比中国知网的分析数据，研究发现如表 3-1 所示。

表 3-1　中国新媒体传播研究群体概览表（1994—2019 年）

	分类	频数	百分比
合作情况③	独著	5852	59.23%
	合著	4028	40.77%
学科背景	文科	5914	95.94%
	理科	121	1.96%

只计算第一单位；另外由于科研院所的合并，研究机构出现更名的情况。数据清洗的办法为以二级学院为基准，以 2019 年的名称进行标准化处理，同时将挂靠学院的研究机构归入院系，如清华大学新媒体研究中心等归入清华大学新闻与传播学院。对于新闻机构，有集团的，以集团为口径进行归并（如：解放日报社及各部门、新闻晨报、支部生活等归入解放日报报业集团）；没有的，以报社、广播电视台为口径进行归并（如：中央电视台各部门、各中心、各栏目归入中央电视台）。

① 主要对意指相近的关键词进行了合并，如："网络媒体""网络媒介""网络传媒""互联网媒体"等统一为"网络媒体"；"BBS""电子公告栏""电子论坛""网络论坛"等统一为"网络论坛"。

② 廖圣清等：《中国大陆新闻传播学研究十五年：1998—2012》，《新闻大学》2013 年第 6 期。

③ 以论文署名作者的人数表征合作情况，单个作者的为独著，其余为合著。

续表

	分类	频数	百分比
学科背景	缺失	129	2.09%
篇数分布	20 篇以上	11	0.11%
	10—19 篇	46	0.47%
	5—9 篇	176	1.78%
说明	统计样本为期刊论文的作者，合作情况既包括个人合作，也包括项目组、调查组等集体合作方式。		

在中国新媒体传播研究历程中，对研究者（仅限第一作者）进行统计分析发现，共有6164个作者发表了9880篇研究论文。合作情况分析显示，独著比例远高于合著比例，二者相差将近20个百分点；在研究者学科背景方面，新闻传播学及其他文科专业背景的研究者占比为95.94%，来自计算机、信息管理专业为1.96%，学科背景存在2.09%的缺失值，小于5%(在可忽视的误差率范围之内)。随着中国新媒体传播研究视域的拓展，新媒体研究者已经不仅仅局限于新闻传播学科，逐渐有更多计算机等理工科背景的研究者加入，从而不同领域的学者同时发力，推动了新媒体研究队伍的壮大和研究的深入；对发文篇数进行分析发现，发文量大于等于20篇的研究者占比仅为0.11%，发文量大于等于5篇的研究者仅有233位，占全部作者的2.36%，由此说明高产作者数量少，研究者较为分散。

二是研究者个体及其合作特点分析，学术界存在显性的等级分层现象，主要以科学产出率（即学术生产能力）和学术影响力为衡量标准对学术地位、经济收益等进行等级化评判，用以表征学术产出率以及等级分配标尺的则为不断被等级化的学术奖励。① 当然，在等级化的科学界中，核心研究者和高影响力研究者一直都是研究主体研究的中心。

首先是核心研究者测算和分布，核心研究者是指在某研究机构或领域

① ［美］乔纳森·科尔、斯蒂芬·科尔：《科学界的社会分层》，赵佳苓等译，华夏出版社1989年版。

内，科研能力和工作业绩表现突出的研究者①，一般来说，核心研究者具有较强的科研能力，同时占据较多的研究资源，其研究成果代表了所在领域或机构的研究风向标和水平，所以测算研究领域或机构中的核心研究者对于洞察研究进展具有重要意义。

根据普赖斯定律的测算公式，“核心著者”的最低发文数计算公式为 $M=0.749\ (N_{max})^{1/2}$，其中，M 代表核心著者发文量的最小值，N_{max}代表单个作者发文数量的最高值②。通过统计，中国新媒体传播研究中单个作者的最高发文量为 132 篇，即$N_{max}=132$，M 取邻近最大整数为 9，则得到中国新媒体传播研究发文量 9 篇及以上的研究者为“核心著者”，以此标准，核心著者共有 67 人，占总研究者的（6164）的 1.09%，核心著者发文量为 1112 篇，占总文献量（9880）的 11.26%，中国新媒体传播研究中“1.09%的核心著者与 11.26%的发文量”与普赖斯定律指出的“10%的作者与 50%的论文”③之数据分布模式相距甚远，说明我国新媒体研究的核心著者数量偏少，核心著者群仍处于形成阶段，极大地影响了研究成果的产出数量与质量。

其次是高影响力作者的测量，文献计量领域常以发文量来衡量研究者的学术成就，但大量研究实践证明，高发文量并不总是意味着高影响力。本书没有采用沿袭发文量决定影响力的传统方法，而是通过 H 指数测算来实现对高影响力作者的判断。H 指数是当下国内外广泛用于评价学者学术水平的新指标，其测算方法为：在一定期间内所发表的论文至少有 N 篇的被引频次不低于 N 次，那么他的 H 指数就是 N。④H 指数与论文影响力

---

① 盛立、孙宇、刁天喜：《识别核心研究者文献计量方法比较》，《科技与出版》2014 年第 3 期。

② 赵红州、蒋国华：《普赖斯与科学计量学》，《科学学与科学技术管理》1984 年第 9 期。

③ 张志安、贾鹤鹏：《中国新闻传播学研究的国际发表现状与格局——基于 SSCI 数据库的研究》，《新闻与传播研究》2015 年第 5 期。

④ Hirac He JE, *An Index to Quality an Individual's Scientific Research Output*, Proceeding of the National Academy of Science of the USA, 2005(46), pp.16569-16572.

成正比，兼顾学术成果的质量和数量，有机地将研究者的发文量（数量）和被引频次（质量）结合在一起，实现了对研究者更客观的评价[①]，弥补了以往单纯依靠发文量或者被引用频次作为考量核心研究者的局限性，比较客观地评价研究者的科研生产力和学术影响力，其提出后得到普遍认可，并被广泛应用于信息计量学和图书情报学等科学人才学术评价中，由最初的对个人学术成就进行评价[②]，发展到对研究群体的学术绩效评价[③]以及学术期刊评价、专利评价[④]，甚至被拓展应用到世界五百强企业的评价中[⑤]。H指数的测算主要考察以下两个指标：研究者发表的论文数量和单篇论文被引用的频次。H指数的测算步骤为：第一是正确排列论文顺序，按照被引频次从高到低的顺序，把研究者发表的论文进行排列并标上1、2、3等序号，同时标清其被引频次；第二是观察论文顺序与被引频次的关系，从前往后观察论文的序号和被引频次的关系，找到两者数量相等或论文序号第一次大于被引频次的论文，做好标记；第三是确定研究者的H指数，如果两者数值相等，则序号为其H指数，如果不相等，则论文序号减去1即为H指数。根据影响力论文的分布规律，同时也为了提高研究

① 许鑫、徐一方：《H_t指数——基于时间维度的H指数修正》，《情报学报》2014年第6期。

② 张学梅：《用H指数对我国图书情报学界作者进行评价》，《图书情报工作》2007年第8期；邱均平、缪雯婷：《文献计量学在人才评价中应用的新探索——以“H指数”为新办法》，《评价与管理》2007年第2期；徐新军：《H指数在人才评价中的应用——以经济学领域高被引学者为例》，《情报杂志》2008年第10期。

③ Van Rean AFJ, *Compariso of the HiracH-index with standard bibiliometric indication and with peerjudgement for 147 chemistry research goups*, Scientometrics，2006(3), pp.491-502; Mugnaini R, PackerAL，Meneg HiniR, *Comparison of scientists of the Brazilian Academy of Sciences and of the National Academy of Sciences of the USA on the basis of the H-index*, Brazilian Journal of Medicaland Biological Research, 2008, pp.258-262.

④ 万锦堃等：《H指数及其用于学术期刊评价》，《评价与管理》2006年第3期；刘银华：《H指数评价期刊的有效性分析》，《情报理论与实践》2007年第6期；郑惠伶：《运用H-指数评价期刊影响力——以图书馆学情报学期刊为例》，《情报科学》2008年第3期；官建成等：《运用H-指数评价专利质量与国际比较》，《科学学研究》2008年第5期。

⑤ 次仁拉珍等：《世界百强企业H指数探析》，《大学图书馆学报》2009年第2期。

的针对性，本书对高发文量前20的学者进行H指数测算，统计结果表明，H指数大于等于10的研究者仅有10位，且高发文量作者多具有博士学位和教授职称，说明在新媒体研究中，高影响力作者数量偏少。引入H指数研究我国新媒体研究者，弥补了以往单纯以论文数量或被引次数来测度和评价研究者或研究机构学术影响力的不足，增加了其评价维度，也有利于全面认识我国新媒体研究学术共同体的发展格局。

当然，任何评价方式都难以做到尽善尽美，比如H指数较低的作者，其单篇引用量可能会大大超过H指数较高的作者，另外H指数使用的引文频次没有排除自引，一定程度上影响测算结果的客观性，所以后续研究中还要增加新的考量维度，比如增加最高被引频次、作者自身最高被引频次等指标的研究。

然后是研究者的合作分析，打开CiteSpace软件，将整理后的9880篇文献信息数据转换成Text格式后导入其中，网络节点选择作者“Author”，阈值设置为（3，2，20），点击“运行”进行分析，通过可视化功能绘制了1994—2019年间中国新媒体传播研究者合作网络的知识图谱，图谱中节点的大小代表着发文量的多少[①]（如图3-1所示）。

根据可视化分析规范，网络密度大小反映各节点之间联系的紧密程度，也就是其网络的密度越大，表示该网络构成对行动者的态度、行为等产生影响就越大。从图3-1中可以看出，网络的整体密度较低，说明中国新媒体者之间的合作度较低，联系不强；局部形成小规模的科研团队，但是整体网络结构分布较为松散，无益于研究者之间的知识创新和扩散。基于以上对研究者合作关系的可视化呈现，可以发现相关合作节点并逐一进行核对审视，进而判断中国新媒体传播研究场域中研究者之间的合作关系和合作程度，通过图3-1中研究者及其合作关系的可视化呈现可以发现：

---

① 吴锋、王学敏：《我国新闻传播学国际发表的最新进展、知识图谱及研究热点——基于2018年新闻传播学SSCI论文的大数据分析》，《新闻与写作》2019年第6期。

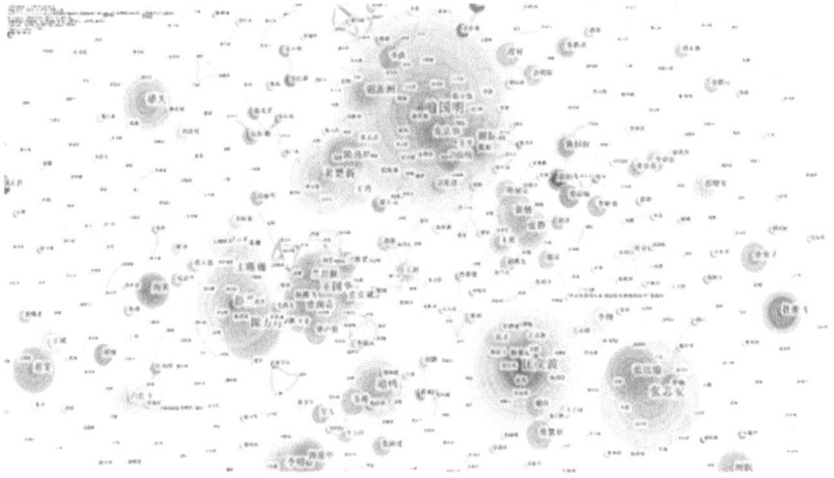

图 3–1　中国新媒体传播研究者合作网络的可视化呈现（1994—2019 年）

数据来源：根据 CiteSpace 软件分析结果绘制。

第一，总体上呈现分散状态。大多数节点孤立存在，不存在合作共现关系，说明在中国新媒体传播研究进程中，大多数研究者孤军奋战，作者共现网络存在合作关系的节点大多以双人合作为主，仅有少数等于或大于 2 人的合作，与数据分析的结论基本一致。第二，研究者之间的合作多是基于师生关系，尤其是同一科研院所之间的合作，而跨科研院所或者学界和业界的跨界研究非常少见，合作范围相对狭窄。跨学校、跨学科、跨地域和跨国的研究所占比重很低，可见中国新媒体传播研究者尚未形成若干稳定的学术共同体，目前中国新媒体传播研究形成了以喻国明、张志安、彭兰、匡文波等为核心的研究团队，另外分析其团队人员构成，可以看到研究团队多是由师生关系尤其是博士生导师和博士生之间形成基于特定研究方向的辐射关系，比如喻国明团队更多关注传媒经济、张志安团队更多关注传媒转型，但是师生合作也往往随着博士生毕业，师生合作关系变得松散甚至断裂。第三，核心研究者和高影响力研究者分别居于前 20 位的研究者之间几乎没有合作关系呈现，同时核心研究者与高影响力研究者（排名前 20）的重合度不高。

三是研究机构及其合作特点分析，研究机构是学术研究最重要的支撑和保证，是中国新媒体传播研究场域的重要行动者。借助 CiteSpace 软件，节点类型勾选“Institution”，运行软件后可以获得整体的研究机构网络图谱，获得高产研究机构图谱，如图 3-2 所示，图中圆半径大小和发文数量为正比例关系。

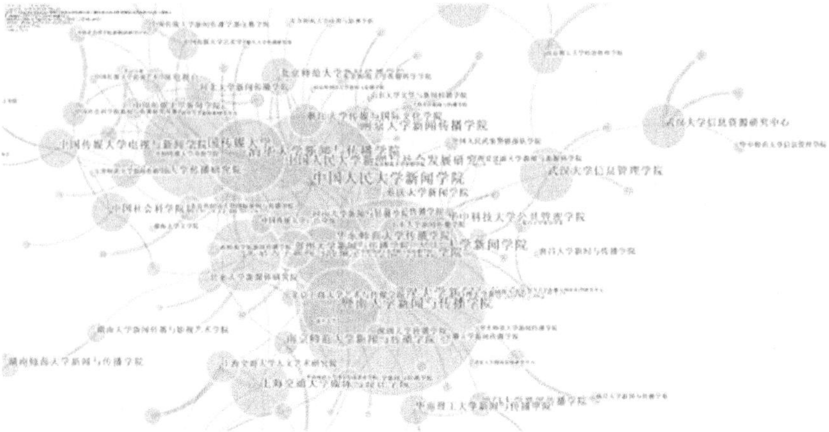

图 3-2　中国新媒体传播研究机构的可视化呈现

学术产出丰富的研究机构往往对研究群体具有集群效应。[①] 经过统计和对比，我国新媒体研究机构大多是高校和相关科研机构。根据统计，共有 506 个机构发表了 9880 篇样本文献。发文量前 10 的科研院所主要是中国人民大学、复旦大学、中国传媒大学、武汉大学、暨南大学、清华大学、华中科技大学、四川大学、南京大学和中山大学。其中，中国人民大学发文量最多，其丰硕成果的取得，与其强大的新闻传播学科基础密切相关，另外陈力丹、蔡雯等资深学者均工作于此，同时喻国明、彭兰等学者也在中国人民大学长期工作过。除此之外，通过不同阶段研究机构的统计

① 吴飞、丁志远：《中国传播学研究群体特征分析》，《国际新闻界》2011 年第 1 期。

看出，2002 年以前研究机构多为中国社会科学院或权威媒体，这是因为最早接触使用新媒体的为中国社科院以及新华社、人民网等权威媒体，也是他们最早开始新媒体研究实践，后来研究成果的集聚则逐渐转向高校中新闻传播学院及专门的科研机构。近些年来，中国新媒体传播研究机构更加多元，学界和业界联合，跨学科、跨领域甚至跨国合作逐渐增多。

以上统计数据表明，排名前 10 位的研究机构共发表 1754 篇论文，约占总发文量（9880 篇）的 17.75%，说明我国新媒体研究中单一机构的研究能力待提高，同时研究机构同研究者分布一样，大多数研究机构都呈现为孤立的节点，不存在或存在较弱的合作关系，说明中国新媒体传播研究机构间未形成持续、稳定的跨机构合作关系。另外根据上文中同一机构内部也缺乏合作的研究现状可以推断，长此以往的孤军奋战，不利于优质学术资源的共享、交流以及学术创新的实现。

综合以上研究群体、研究个体以及研究机构的统计分析可以看出，中国新媒体传播研究吸引了众多研究者和研究机构参与其中，研究主体分布广泛，但是研究者之间、机构之间均缺乏积极的互动与合作，中国新媒体传播研究网络明显表现出离散性特征。

第二节　研究议题的多元与表征性

为了清晰呈现 25 年来中国新媒体传播研究内容，本节在历时性分析基础之上，引入内容分析法，构建内容分析的不同类目，进行研究议题的横向梳理。呈现不同分支领域在横向构成上的分布特征，透视其学术面向。

一、类目构建与分析单元确定

内容分析法的关键是类目的构建。类目建构需要同时遵从互斥性、穷尽性和可靠性三个基本原则。互斥性要求每个分析单元具有唯一的所属；穷尽性要求任一分析单元都有对应类目可归属；可靠性则要求不同编码员之间具有较高信度。[①] 规范的学术成果都有明确的问题意识和研究焦点[②]，成为内容分析中类目构建的重要依据。从整个样本文献的构成来说，大多数都有一定的问题意识和明确的类目归属。尽管早期的一些中国新媒体传播研究样本文献不够规范，描述性居多的研究特点给类目建构带来了困扰，不过数量不多，不会影响到类目构建整体的准确性。研究议题类目构建的方法为关键词聚类，也就是通过对所收集到的 9880 篇样本文献中的关键词进行统计，抽取其中的高频关键词进行类团划分。在收集和统计样本文献的高频关键词时，合并意义相近的关键词，比如将互联网和网络合并为互联网，社会化媒体和社交化媒体合并为社会化媒体，媒体融合和媒介融合并为媒体融合，新媒体环境和新媒体时代合并为新媒体时代等，合并处理后的高频关键词如表 3-2 所示。

表 3-2　中国新媒体传播研究关键词词频表（1994—2019 年）

序号	关键词	序号	关键词	序号	关键词
1	新媒体（新媒介）	18	公信力	35	媒介素养
2	网络媒体	19	网络新闻	36	网络治理
3	新媒体时代 （新媒体环境）	20	影响力	37	功能
4	媒体融合 （媒介融合）	21	主流媒体	38	对策
5	网络传播	22	受众	39	路径
6	传播效果	23	舆论	40	三网融合
7	传统媒体	24	互联网 +	41	大数据
8	新媒体传播	25	媒体使用	42	意见领袖

① ［美］罗杰·D. 维曼等：《大众媒介研究导论》，金兼斌等译，清华大学出版社 2005 年版。

② 也可以叫作研究主旨、研究主题或研究方向。

续表

序号	关键词	序号	关键词	序号	关键词
9	传媒产业	26	融媒体	43	网络时代
10	社会化媒体（社交媒体）	27	网站	44	数据新闻
11	互联网（网络）	28	大学生	45	媒体转型
12	话语权	29	移动互联网	46	电子网络
13	新兴媒体	30	智能媒体	47	转型
14	微信	31	网络舆情	48	互动
15	媒介化	32	自媒体	49	社交网络
16	微博	33	互联网思维	50	网民
17	创新	34	传播模式		

首先把以上高频关键词全部导入 SATI 软件并生成共词矩阵，然后利用 SPASS22.0 将共词矩阵格式转换为 Spearman 相关矩阵，以消除词频差距的影响。其中为了避免相关矩阵中零值干扰造成分析误差，选择用“1”减去对应矩阵中的单元数据，构建相异矩阵，以此表征不同关键词的差异化。为了保证结果的科学性，同时使用 SPASS22.0 软件的多维度分析和系统聚类两种方法进行关键词聚类，结果均显示中国新媒体传播研究可以分为 4 个类团，且不同类团关键词重合率均达到 96%，表明了研究结果的有效性和准确性。因此综合以上统计结果和逻辑分析，建构新媒体自身、新媒体与人的关系、新媒体与社会的关系、其他四个分析类目①，基于此爬梳中国新媒体传播研究的内在纹理，架构不同学术发现之间的理论穿梭与对话，结果见表 3–3。

① 需要说明的是：第一、对于一些难以区分类目的研究文献，都划入“其他”；第二、所谓类目构建，均是后来的研究者基于一定的研究目的从而人为建构的认识方法，而不是研究文献作者事先设定的明确类目。类目构成都是一定概率基础上的主观判断，所以对研究文献进行归类时候要以研究的侧重点作为划分标准，但是也不排除一篇论文有多个侧重点，给编码员进行类目划分带来困扰，所以在编码时候需对样本文献做出甄别和判断。

表 3-3　中国新媒体不同研究类团关键词及类目构建一览表

类别	关键词	类目构建
类团一	新媒体、媒体融合、传统媒体、社会化媒体、新兴媒体、微博、微信、网络媒体、手机媒体、互联网、微信、融媒体、移动互联网、自媒体、主流媒体、网站、智能媒体、互联网 +、功能等	新媒体自身
类团二	受众、大学生、媒体使用、媒介素养、网民等	新媒体与人
类团三	社交网络、影响力、舆论、传播效果、新媒体时代、传媒产业、话语权、媒介化、公信力、网络治理等	新媒体与社会
类团四	发展、创新等	其他

其中，各类目下的划分范围具体如下：新媒体自身研究主要包括概念溯源、形态演进、功能特点、未来发展和行业应用等；新媒体与人研究主要包括新媒体使用、受众理论研究等；新媒体与社会研究主要包括新媒体对政治、经济、文化等的影响研究。本书所指向的中国新媒体传播研究是基于特定历史阶段和发展时空里的概念，研究对象并不局限于媒体形态和技术，也同时指向“用来交流或传达信息的制品或设备；传播或分享信息的活动和实践；围绕上述设备和实践形成的社会安排或组织形式”①。作为历史演进过程中的产物，新媒体串联着历史，形塑着社会结构，嵌入个人的媒介化生活，因此本书的中国新媒体传播研究更应关注新媒体、人和社会的交互作用，以此构建新媒体的产生、演进、趋势和影响的研究框架。诚如米尔斯（Mills）所说，在历史、社会结构和个人之间形成理解的连接和培养社会学想象力的心智能力。以上统计结果从新媒介、人和社会关系的角度思考新媒体研究的传承和发展，可视为一种脱离了技术决定论和媒介中心主义的审视视角。德布雷（Debray）提出的“媒介学”或可为这种研究思路提供理论参照：媒介学不是媒介社会学，它不聚焦孤立的个体，论据和论述来源包括历史和信息传播理论②，同时关注文化领域和技术领域的互动研究。

① L.A.Lievrouw & S.Living stone, *Handbook of New Media: Social Shaping and Consequences of ICTs*, London: Sage Publications Limited, 2006.

② 陈卫星、雷吉斯·德布雷：《媒介学：观念与命题——关于媒介学的学术对谈》，《南

因此综合以上统计结果、理论观照和逻辑分析，本章将从新媒体自身、新媒体与人的关系、新媒体与社会的关系、其他四个类目，爬梳中国新媒体传播研究进路的内在纹理，架构不同学术发现之间理论穿梭与对话的可能性，以便在宏观时空里更深刻理解新媒体、人与社会之间的互动关系。

二、新媒体自身、新媒体与人、新媒体与社会等研究

（一）新媒体自身研究

新媒体自身研究以其媒介形态的演进为关注重点，具体表现为前后相继的概念溯源、形态演进、功能特点、传播内容、未来发展及其在不同领域的应用等方面。

1. 新媒体概念溯源

概念是研究的起点，亦是思维的基础工具①，“是学科内部和学科之间激烈论争的焦点”②。概念随着社会发展和知识积累而不断演变。技术驱动下的新媒体形态变动不居，学界对其概念争议颇多，仁者见仁，智者见智，做出了不同的规定性研究，但至今还未能达成一致，代表性说法具体见表 3-4。

表 3-4　新媒体概念一览表

概念	时间	研究文献
以数字技术为基础，以网络为载体进行信息传播的媒介。	2001 年	陶丹、张浩达：《新媒体与网络传播》，科学出版社 2001 年版。

京社会科学》2015 年第 4 期。

① 单波、侯雨：《思想的阴影：西方传播学古希腊渊源的批评性考察》，《新闻与传播研究》2017 年第 12 期。

② 朱丽丽：《学术的环流：叙事、地方知识与主体性——对一场学术讨论的学理反思》，《新闻与传播研究》2017 年第 4 期。

续表

概念	时间	研究文献
新媒体即网络媒体，是建立在计算机信息处理技术和互联网基础之上，发挥传播功能的媒介总和。	2003 年	熊澄宇、廖毅文:《新媒体——伊拉克战争中的达摩克利斯之剑》,《中国记者》2003 年第 5 期。
社会信息传播领域在技术发展背景下出现的能提高传播效率的新型媒体。	2006 年	蒋宏、徐剑:《新媒体导论》，上海交通大学出版社 2006 年版。
概念的关键词为数字化、将语言环境的碎片化进行传播、舆论信息的阅读和分享、全民出版。	2006 年	喻国明:《解读新媒体的几个关键词》,《广告大观（媒介版）》2006 年第 5 期。
信息发出者向广大人民即时交流互通的以传播特色性的数字综合消息的传播平台。	2008 年	景东、苏宝华:《新媒体定义新论》,《新闻界》2008 年第 3 期。
依赖数字媒体而产生的新兴媒体的方式，也就是利用数字进行相互沟通，从而对其进行固定或者移动的多媒体终端，让客户获取有用的消息和服务类的传播态势。	2008 年	廖祥忠:《何为新媒体?》,《现代传播》2008 年第 5 期。
借助计算机（或具有计算机本质特征的数字设备）传播信息的载体，互动性是新媒体的本质特征。	2008 年	匡文波:《“新媒体”概念辨析》,《国际新闻界》2008 年第 6 期。
基于数字基础的非线性传播，能够实现交互，具有互联传播特性的传播方式和交互传播的组织机构。	2008 年	杨继红:《谁是新媒体》，清华大学出版社 2008 年版。
主要是指门户网站、搜索引擎、虚拟社区、电子邮件、网络文学和网络游戏等。	2010 年	宫承波:《新媒体文化精神论析》,《山东社会科学》2010 年第 5 期。
利用全新的技术理念来实现前所未有的传播功能，或者根据已经存在的媒介，利用传统的技术和功能，表达出某种质的飞跃性平台。	2018 年	吴信训:《媒体：文化艺术创新的引擎、杠杆和本体》,《西南民族大学学报（人文社科版）》2018 年第 1 期。

从上可见，新媒体的研究者大多是从时间维度、传播技术、功能特点三个维度去定义新媒体，一致认同数字化、互动性、个性化是新媒体的共同特征，共同指向以互联网为基础的传播平台。其中基本达成共识的是新媒体概念演进大致经历以下三个前后相继的发展阶段：以互联网为代表的网络媒体、以博客为代表的自媒体、以手机为代表的移动新媒体，当

然，随着技术的发展，智能媒体也应该位列其中。① 当下研究者看到了新媒体概念规定性方面存在的问题，并通过对概念演变的历史考证来进行辨析和修正，概念溯源和研究推进对于新媒体研究范围的确定具有重要意义。

2. 媒体形态演进研究

所谓媒介形态，泛指传播媒介形式的改变，包括"媒介的生存状态、生存依据、媒介的传播方式方法以及由此展示的媒介功能与特征"②。媒介形态的演进本质是媒介关系不断调适的过程。③ 随着传播技术的日新月异，新媒体的形态也一日千里，研究热点随技术发展如影随形进行着。从早期的门户网站到网络媒体、社交媒体、移动媒体、智媒体等交互性大大增强的新媒体形态，不断重新定义着新媒体研究的边界以及与此相关涉的连接和关系。互联网是新媒体中的"高维媒体"，尤其以当下以"沉浸"的"泛众"传播时代为特征"第三媒介时代"，颠覆人类以往传授信息、社会生产和生活方式。④ 互联网时代的媒体形态经历了内容媒体、社交媒体、场景媒体的三次划时代变革⑤，区块链媒体成为依托先进技术应用为内容产业带来革命性变化的新媒体形态⑥；5G的广泛应用将颠覆主流媒体的规定性⑦。以互联网、手机媒体为标志的新媒体正式成为主流媒体，并且手机媒体成为新媒体的中心和主流。⑧

---

① 周茂君、彭铁鑫：《新媒体概念辨析》，《中国媒体发展研究报告》2014 年第 0 期。

② 蔡凯如、黄勇贤：《穿越视听时空——广播电视传播论》，新华出版社 2003 年版。

③ 于海飞、张成良：《关系嵌入下融媒体形态的系统范式研究》，《中州学刊》2019 年第 6 期。

④ 李沁：《沉浸传播：第三媒介时代的传播范式》，清华大学出版社 2013 年版。

⑤ 罗昕、李怡然：《互联网时代的媒体形态变迁与商业模式重构》，《现代传播》2017 年第 10 期。

⑥ 欧阳日辉：《区块链媒体：任重道远的新媒体形态》，《新闻与写作》2019 年第 7 期。

⑦ 匡文波：《5G 将彻底颠覆主流媒体的概念》，《编辑之友》2019 年第 7 期。

⑧ 匡文波：《新媒体是主流媒体吗？——基于手机媒体的量化研究》，《国际新闻界》2011 年第 6 期。

在手机媒体研究方面，手机从单纯的通信技术演变为被广泛使用的新媒体，形成了移动新媒体这一新的媒体形态①，开始作为传播大众话语的新载体②。手机媒体已经成为影响力最大的新媒体。③3G真正的前景在于以手机的发展为主攻方向来探索最有个性的产品和服务。④手机报的广泛接受让业界将其称为"第五媒体"⑤，但也有研究者提出不同看法，认为将手机媒体冠之以"第五媒体"为时尚早⑥。手机媒体的传播内容以新闻和娱乐为主，传播方式为定向化和互动性。⑦研究者也关注到手机媒体的负面信息泛滥问题⑧，短信诈骗等成为近年来新的犯罪形式，⑨手机媒体"双刃剑"的悖论引起研究者反思⑩。与此同时，手机电视、手机应用、手机广播、手机短信等研究议题得到研究者关注。手机电视有可能是"技术的高地"或是"技术的漩涡"⑪，将成为传统电视的移动化接收手段⑫，标准化是手机电视发展的前提⑬，用户对手机电视的认可是关键⑭。手机报应重点以内生性收入为主，并通过内容和资本两方面来提高"报偿的保证"。⑮在全球许多典型社会运动中，手机短信发挥了积极的动员、组织和协调作

① 李青青：《空间、地域、流动：移动新媒体研究的三个视角》，《南京邮电大学学报(社会科学版)》2013年第4期。

② 王澜：《手机短信：传播大众话语的一种新载体》，《当代传播》2008年第6期。

③ 林振辉：《手机媒体化对媒体影响力格局的影响》，《中国记者》2007年第6期。

④ 彭兰：《3G元年的困惑与思考》，《中国记者》2010年第6期。

⑤ 杨春兰：《手机与他媒体谁是待嫁的新娘》，《传媒》2005年第12期。

⑥ 胡忠青：《第五媒体辨析》，《新闻界》2007年第1期。

⑦ 孙珉：《论手机媒体的大众传播特征》，《新闻界》2007年第6期。

⑧ 侯迎忠、陶杜鹃：《手机媒体传播信息状况探析》，《当代传播》2008年第1期。

⑨ 党东耀：《新媒体：理性与非理性的博弈——以2007年视频网站的演进为例》，《当代传播》2008年第4期。

⑩ 黄鸣奋：《位置媒体：赛伯化的回归》，《现代传播》2008年第5期。

⑪ 王荣：《手机媒体：如何开辟阅读视听新时代》，《中国记者》2005年第9期。

⑫ 王虎：《中国手机电视发展若干问题研究》，博士学位论文，华东师范大学，2008年。

⑬ 雷霞：《中国手机电视发展前景探析》，《中国广播电视学刊》2007年第7期。

⑭ 刘江华：《我国手机电视产业竞争驱动力探析》，《当代传播》2008年第4期。

⑮ 武文颖、江南：《手机报未来发展趋势探讨》，《新闻战线》2009年第2期。

用，改变了当代世界的政治局势①。

在交互网络电视（IPTV）和数字电视研究方面，电视用户的快速增长极大拓展传媒产业的价值链②，为我国民营电视制作业发展创造出新契机③。IPTV用户可以根据自身需求自由选择收视不同节目④，但政策上、技术上、经营上的瓶颈仍然显性存在⑤，同时用户的经济能力决定数字电视发展前途⑥，其发展一定程度上受到政策监管、产业运营甚至理论探讨层面的影响⑦，创新型盈利模式⑧、数字付费推广的USP（unique selling proposition）发展模式⑨、多种价格套餐⑩等解决方案被提出。

在博客研究方面，博客是Web2.0最具代表性的应用，统合人内传播、人际传播和大众传播三种具有不同属性的传播形式⑪，所构建的拟态环境和现实之间呈现出趋向真实的态势⑫。博客作为虚拟的个人空间，显性发挥公共信息交流的重要功能，有可能成为公众网络信息代言人⑬，为

---

① 胡春阳：《全球新政治：手机与公共治理》，《新闻大学》2009年第3期。

② 李岚：《数字电视政策：促进传媒产业价值链转型》，《中国广播电视学刊》2005年第5期。

③ 郑建丽：《IPTV：我国民营电视制作业发展的新契机》，《新闻界》2006年第5期。

④ 曾凡斌：《IPTV：与传统媒体共同成长》，《中国记者》2005年第12期。

⑤ 陈玉霞：《中国数字移动电视的瓶颈与发展》，《新闻战线》2007年第3期。

⑥ 葛进平等：《来自用户的声音——数字电视收费的杭州城区有线电视用户调查分析》，《中国广播电视学刊》2005年第12期。

⑦ 黄升民、周艳、王薇：《发展·冲突·创新（上）——解析中国广电数字新媒体的发展演变》，《现代传播》2008年第5期。

⑧ 顾成彦、胡汉辉：《我国数字电视产业盈利模式创新研究》，《现代管理科学》2008年第9期。

⑨ 陈相雨、李桂芹：《数字付费电视推广的USP发展模式》，《中国广播电视学刊》2005年第5期。

⑩ 江虹、卓俏青：《有线数字电视收费模式的经济学分析》，《现代传播》2008年第2期。

⑪ 赵高辉：《博客传播中传者浅析》，《当代传播》2005年第3期。

⑫ 殷俊、汤莉萍：《播客与新拟态环境构建分析》，《国际新闻界》2009年第4期。

⑬ 李琦：《博客：传统新闻界的梦魇亦或救星?》，《新闻界》2005年第2期。

博客影响力提供了关系密度等测评指标①，需进一步加强对博客潜力的认识②。

在微博研究方面，微博具有“迷你型、即时性、草根性、碎片化、社交性等文化特性及传播价值”③。嵌套性是微博产品开发的基本逻辑，也是彰显微博影响力的核心要素④；微博传播的底层结构为广泛存在的社会网络，而话语权力构成其传播网络关系中的重要节点⑤；微博空间更多表现出公共空间而非娱乐化空间的特性⑥；微博在网络环境中具有自我认同的复杂性⑦，以及微博外交的针对性和人文指向⑧。

在播客研究方面，播客主要是指自行录制广播作品并进行网络发布的人⑨。如果把博客比作新时代的报纸，那么播客就是新时代的广播⑩，以更加本真的形式颠覆与解构了传统媒体的表达特权，甚至极大重构了其所代表的文化价值⑪，实现了传播形式从文字传播到音频、视频传播的转变，促进了不同媒介形式之间的互动与融合⑫。

在微信及微信公众号研究方面，微信是一种关系偏向型媒体，呈现出

---

① 陈先红、潘飞：《基于社会网理论的博客影响力测量》，《现代传播》2009 年第 1 期。

② 金兼斌：《博客——个人网络出版的理想、现实与未来》，《新闻与传播研究》2004 年第 4 期。

③ 李林容、黎薇：《微博的文化特性及传播价值》，《当代传播》2011 年第 1 期。

④ 喻国明等：《微博：从嵌套性机制到盈利模式——兼谈 Twitter 最受欢迎的十大应用》，《青年记者》2010 年第 21 期。

⑤ 巢乃鹏：《中国网络传播研究》，浙江大学出版社 2011 年版。

⑥ 郑雯、黄荣贵：《微博异质性空间与公共事件传播中的“在线社群”——基于新浪微博用户群体的潜类分析》，《新闻大学》2015 年第 3 期。

⑦ 陈华明、李畅：《微博中的个体认同：静态“内观”与动态分裂》，《四川大学学报（哲学社会科学版）》2011 年第 4 期。

⑧ 包雪琳、刘昶：《试论公共外交的针对性和人文指向——以美、英、法驻华使馆的“微博外交”为例》，《现代传播》2012 年第 6 期。

⑨ 刘毓洁：《播客的传播特点浅析》，《当代传播》2005 年第 6 期。

⑩ 代平平：《传统广播与播客之比较》，《新闻爱好者》2009 年第 6 期。

⑪ 刘镇：《播客：自媒体的扩张与挑战》，《传媒观察》2007 年第 2 期。

⑫ 朱红媒：《“播客”现象与传播学观照》，《中国传媒报告》2005 年第 3 期。

一种公域与私域、现实与虚拟、线上与线下互嵌的新传播样态①，微信“红包”在社会资本集聚上起着特殊作用②，同时微信空间一定程度上放大了主客体二元对立的政治传播模式的风险，从而建构“视域融合”下的微信政治传播③。

在社会化媒体研究方面，互动性、用户贡献内容是其显著特点④，社会化媒体营销要打通线上和线下、虚拟和现实之间的连接通道⑤。研究者基于社交网络的分布特点，分析了全球的信息传播格局⑥、科学论文的传播机制⑦、舆论信息如何借助社会化媒体进行发酵和传播⑧、社会化媒体营销的不同类型、不同营销目标和形式上的差异⑨等研究议题。

3. 新媒体业务研究

随着新传播技术日益渗透到新闻生产机构的核心环节，新媒体重新定义媒体和公众的关系，新闻生产只有重新定义新闻和新闻业，再造个性化的新闻生产和形式各异的生产流程⑩，才能适应当下的新传媒生态。同时

---

① 孙玮：《微信：中国人的“在世存有”》，《学术月刊》2015 年第 12 期。

② 彭兰：《微信红色中的社会图景》，《山西大学学报（哲学社会科学版）》2017 年第 4 期。

③ 陈华明、冯月季：《文本诠释学视野下微信政治传播功能建构研究》，《西南民族大学学报（人文社科版）》2018 年第 11 期。

④ 田丽、胡璇：《社会化媒体概念的起源与发展》，《新闻与写作》2013 年第 9 期。

⑤ 崔瑜等：《文化创意产业中社会化媒体营销的运作模式》，《经济与管理研究》2014 年第 3 期。

⑥ 韦路、丁方舟：《社会化媒体时代的全球传播图景：基于 Twitter 媒介机构账号的社会网络分析》，《浙江大学学报（人文社科版）》2015 年第 6 期。

⑦ 王贤文等：《科学论文在社交网络中的传播机制研究》，《科学学研究》2013 年第 9 期。

⑧ 赵剑华、万克文：《基于信息传播模型——SIR 传染病模型的社交网络舆情传播动力学模型研究》，《情报科学》2017 年第 12 期。

⑨ 朱明洋、张永强：《社会化媒体营销研究：概念与实施》，《北京工商大学学报（社会科学版）》2017 年第 6 期。

⑩ 刘义昆、赵振宇：《新媒体时代的新闻生产：理念变革、产品创新与流程再造》，《南京社会科学》2015 年第 2 期。

新闻生产在新媒体语境下形成社会化、职业化与智能化并存的状态，网络作为新闻生产主体使得传统的“我—他”传播转向“我—你”和“你—我”传播，从而实现新闻生产主体的主体间性①。媒体正在进入智能化时代，但是智能化媒体能否带来更好新闻业的决定因素是人，所以坚守专业主义、扩展公民素养、优化人与人的连接、人与机器的协同等，成为创造更好新闻业的必选路径。②

新媒体环境下新闻是相对模糊、集成和过程的概念③，三种叙事方式分别为蜂巢型、菱形和钻石型④。新媒体言论成为民意表达的新出口，促进多元价值和参与主体的深度交互⑤，逐渐成为公民参与公共事务的重要载体⑥。作为新闻传播新样态的新闻游戏，需注重新技术运用，加强品牌建设。⑦未来非虚构写作平台将在融合媒体呈现、产业主动权方面大有可为。⑧公民新闻有利于公众形成理性的判断⑨，当前财经媒介发展的重要趋势分别为新应用出现、垂直媒体兴起等⑩。数据新闻、机器人新闻、传感器新闻、网络视频直播和虚拟现实新闻等成

---

① 曾庆香、陆佳怡：《新媒体语境下的新闻生产：主体网络与主体间性》，《新闻记者》2018 年第 4 期。

② 彭兰：《更好的新闻业，还是更坏的新闻业？——人工智能时代传媒业的新挑战》，《中国出版》2017 年第 4 期。

③ 谭天等：《新媒体语境下的“新闻”界定》，《新闻界》2012 年第 12 期。

④ 曾庆香：《新媒体语境下的新闻叙事模式》，《新闻与传播研究》2014 年第 11 期。

⑤ 殷俊、孟育耀：《论新媒体言论的基本特征及传播转型》，《国际新闻界》2012 年第 12 期。

⑥ 涂光晋、吴惠凡：《表达 · 交流 · 争论 · 整合——新媒体时代新闻评论的变化与反思》，《国际新闻界》2011 年第 5 期。

⑦ 姚静：《新闻游戏：新媒体环境下的互动性新闻叙事模式》，《传媒》2016 年第 15 期。

⑧ 曾润喜、王倩：《从传统特稿到非虚构写作：新媒体时代特稿的发展现状与未来》，《新闻界》2017 年第 2 期。

⑨ 陆佳怡、仇筠茜、高红梅：《零度控制与镜像场景：公民新闻的透明性叙事》，《国际新闻界》2019 年第 5 期。

⑩ 胡泳、任玲：《新媒体平台环境下财经内容生产的方式与特征》，《中国编辑》2019 年第 9 期。

为新媒体实践领域备受关注的重要议题。数据新闻加速形成融合报道机制，但在实践中遭遇认可度偏低以及记者数据素养缺乏等困境①，所以新闻记者在数据媒体的挑战中必须调适和充实数据素养②。随着物联网技术的进步和新闻生产对多样化数据需求的提升，传感器新闻应运而生并进入新闻生产过程，传感器新闻生产成为可能，重新定义新闻传播的反馈环节并使其上升到心理和生理层面。③ 人工智能全方位改变新闻传播的生产流程和生产方式，"机器新闻"是人工智能技术在新闻传播实践中的现象级呈现④，机器人新闻极大影响新闻生产方式，预示着新闻工业化生产时代的来临⑤，但担忧机器新闻代替人工新闻为时尚早。新传播技术环境下的新闻实践在信息源获取、新闻生产规则确立以及社会认可期待方面都与传统新闻生产一脉相承，传统新闻生产的"结构性特征"仍然主导当下的新闻生产。⑥

4. 新媒体传播特征研究

新媒体在技术、传播和应用三个层面上的特征分别为"数字化""交互性"和"社交性"，网络社会是其理论视域。⑦ 新媒体传播情景具有模糊新闻定义和边界、出现公共传播和彰显信息消费性等特性。⑧ 新媒体是最冷的"冷媒介"，其冷媒介的意义在于人人参与生产的"集体智慧"的

---

① 陈虹、秦静：《数据新闻的历史、现状与发展趋势》，《编辑之友》2016 年第 1 期。

② 金兼斌：《数据媒体与数字泥巴：大数据时代的新闻素养》，《新闻与写作》2016 年第 12 期。

③ 许向东：《大数据时代新闻生产新模式：传感器新闻的理念、实践与思考》，《国际新闻界》2015 年第 10 期。

④ 喻国明：《"机器新闻写作"带动传媒新变局》，《新闻采编》2015 年第 6 期。

⑤ 邓建国：《机器人新闻：原理、风险和影响》，《新闻记者》2016 年第 9 期；陈小晰：《机器人新闻与记者稿件的对比》，《新闻记者》2016 年第 9 期。

⑥ 王辰瑶：《结构性制约：对网络时代日常新闻生产的考察》，《国际新闻界》2010 年第 7 期。

⑦ 丁贞栋、王攀：《新媒体的本质特征及社会影响》，《新闻与写作》2019 年第 4 期。

⑧ 原平方：《情境即信息：兼论新媒体传播情境的三重特性》，《现代传播》2015 年第 6 期。

方式[①]，新媒体传播呈现出流动性变化的特点[②]，正在"大众媒介"之外形成"公用媒介"并推动社会结构变迁[③]。新媒体成为社会风险放大的新型场域，导致风险放大并衍生其他社会风险。[④]

当下，新媒体传播呈现出从以技术为导向的线性传播模式到以关系为主线的对话式全息传播模式的转变，关系转换是信息传播背后更本质的内容[⑤]。新媒介时空观表现为迅猛、扁平和微小的特点[⑥]；网络知识传播具有"主体融合""全民参与""渠道融合"和"即时互动"等特点[⑦]，逐步实现从"传递观"到"社会互动观"的研究视域转变[⑧]。新媒体传播的互动模式表现出传播主体日益模糊化和网络化的特点[⑨]，信息发布者、传播者和接收者的界限逐渐模糊[⑩]。有研究者分别基于微博、微信等新的媒体样态，提出了六度传播模式[⑪]、议题升级模式[⑫]、"三明治型"模式(即信息技术网民、社交网络、信息流三层结构)[⑬]等一系列新型传播模式。新媒体技术变革带来伟大历史时刻的转折点，一些学者从并不新鲜的技

① 余志为:《新媒体：最"冷"的"冷媒介"》，《编辑之友》2014年第8期。

② 彭兰:《新媒体传播：新图景与新机理》，《新闻与写作》2018年第7期。

③ 周笑、傅丰敏:《从大众媒介到公用媒介：媒体权力的转移与扩张》，《新闻与传播研究》2009年第5期。

④ 蒋晓丽、邹霞:《新媒体：社会风险放大的新型场域——基于技术与文化的视角》，《上海行政学院学报》2015年第3期。

⑤ 谭天:《新媒体经济是一种关系经济》，《现代传播》2017年第6期。

⑥ 何镇飚、王润:《新媒体时空观与社会变化：时空思想史的视角》，《国际新闻界》2014年第5期。

⑦ 谢新洲、赵珞琳:《网络知识传播的沿革与新特征》，《编辑学刊》2017年第1期。

⑧ 韦路、丁方舟:《论新媒体时代的传播研究转型》，《浙江大学学报（人文科学版）》2013年第4期。

⑨ 邓香莲:《新媒体环境的信息传播特征》，《编辑学刊》2011年第2期。

⑩ 李兴衡:《新媒体的定义及传播形式研究》，《新媒体研究》2016年第13期。

⑪ 孟庆兰:《网络信息传播模式研究》，《图书馆学刊》2008年第1期。

⑫ 顾明毅、周忍伟:《网络舆情及社会性网络信息传播模式》，《新闻与传播研究》2009年第5期。

⑬ 张瑜、欧阳沁、王光海:《新媒体环境下大学生信息传播结构变化研究——基于北京市15所高校的实证调查》，《清华大学教育研究》2016年第1期。

术视角[①]重新打量由来已久的传播媒介，认为传播技术是有偏向的，总是与特定的社会环境联系在一起，媒介技术是一种文化[②]，人类和社会是媒介的终极目的，新的媒介道德要保障人的全面发展和社会和谐[③]。突发事件中的谣言传播既有信息传播的快速多元，也有内容的鱼龙混杂。[④]

5. 新媒体未来发展研究

传媒形态发展的趋势为整合、融合和汇聚[⑤]，未来媒体将会实现虚拟与真实的相互渗透与融合，“深度沉浸媒介”成为人们基本生存方式，媒介共生的新形态将是嵌套式平台[⑥]。未来媒体表现出明显的“智能化”趋势，万物皆媒、人机共生和自我进化是其典型表现，未来传媒业态边界消融[⑦]，中国新媒体发展新布局为“智能+”与全媒体[⑧]，万物皆媒、人机合一、自我进化已成为未来媒体发展的真实场景[⑨]，新版图将形成，专业

---

① 早在几十年前已有英尼斯的“传播的偏向”、麦克卢汉的“媒介即讯息”、梅罗维茨的“媒介是社会场景”等著名论断。

② 潘祥辉：《论媒介技术演化和媒介制度变迁的内在关联》，《北京理工大学学报（社会科学版）》2010 年第 1 期。

③ 沈蔚：《新媒介技术之伦理张力——以网络传播等为例》，《理论月刊》2010 年第 6 期。

④ 陈虹、沈申奕：《新媒体环境下突发事件中谣言的传播规律和应对策略》，《华东师范大学学报（哲学社会科学版）》2011 年第 3 期。

⑤ 熊澄宇：《整合传媒：新媒体进行时》，《国际新闻界》2006 年第 7 期。

⑥ 喻国明、吴文汐、何其聪：《传媒的进化趋势与未来可能》，《北方传媒研究》2016 年第 3 期。

⑦ 彭兰：《智媒化：未来媒体浪潮——新媒体发展趋势报告（2016）》，中国电子学会有线电视综合信息技术分会、中国新闻技术工作者联合会多媒体专业委员会、国家新闻出版广电总局科技委员会战略专业委员会：《第 25 届中国数字广播电视与网络发展年会暨第 16 届全国互联网与音视频广播发展研讨会论文集》，中国电子学会有线电视综合信息技术分会、中国新闻技术工作者联合会多媒体专业委员会、国家新闻出版广电总局科技委员会战略专业委员会：国家新闻出版广电总局科学技术委员会秘书处 2017 年第 14 期。

⑧ 唐绪军等：《“智能+”与全媒体：中国新媒体发展的新布局》，《新闻与写作》2019 年第 6 期。

⑨ 彭兰：《新媒体导论》，高等教育出版社 2016 年版。

价值在传媒生态重构中仍然发挥重要作用①。新媒体逐渐走向人性化②，呈现出多样化、智能化的全息、全知、全能趋势③。

纵观以上关于新媒体定义、特点等方面的研究，成果数量众多，并且以描述性为主。每一种新媒体技术应用都会引发大量相似的论文产出，并且其共同路径一般都是先简单介绍其新技术和应用，然后概括特点，最后分析其作用、潜力和未来。当然根据科学研究的递进规律，描述性研究是研究的起点，但是如果新媒体研究的旨归只是在不断介绍和追随技术发展下的新媒体应用，那么新媒体传播势必会走入穷途末路，类似研究中研究成分远远小于说明部分，或者以工具性视角分析新技术的影响，往往沉寂于“正确的废话”中而不产生任何知识贡献。

（二）新媒体与人研究

1. 新媒体受众研究

诚如麦克卢汉所说，每一次媒介形态改变都会拓展人们之间互相感知和交往的新尺度。随着传播技术迭代进程的加快，社交媒体等新媒体形态在改变着人们的媒介行为和生活方式的同时，其媒介化生存中的“传受”关系也在不断改变，后数字时代的虚拟现实新闻最大程度激发用户的在场感、关联感和情感共鸣。④与此对应，研究者对网民、网络群体与社区的研究也在不断加强。受众（audience）构成新媒体与人关系研究的重要面向，进一步关注受众就是强化对媒介化社会中被受众化的我们的理解⑤。

互联网时代的第一批受众是网民，目前中国网民数量位列世界第一，

---

① 彭兰：《未来传媒生态：消失的边界与重构的版图》，《现代传播》2017年第1期。

② 蒋宏：《新媒体传播技术发展趋势研究》，《上海交通大学学报（哲学社会科学版）》2008年第6期。

③ 向安玲、沈阳：《全息、全知、全能——未来媒体发展趋势探析》，《中国出版》2016年第2期。

④ 张昱辰：《跨学科视野中的媒介融合研究：多重维度与范式》，《新闻记者》2018年第6期。

⑤ Dickinson, R, HarinfranatH，R.&Linne, O., *Approaches to audiences: A Reader*, London: Arnold, 1998.

网民身份影响其新媒体使用，因此网民特点成为研究者关注的重点。我国网民的特征源于现实社会，而不单纯由网络决定①，未来中国网民的增长点将是高龄群体和农村人口，互联网在中国的扩散与网民的年龄存在一定程度的对应关系②。新媒体时代“多数”的群体开始演变为需求个性化的“用户”，并能随时根据关系、内容与服务需求，进行信息的生产和消费。③受众正在经历从“他者赋予”的“被时代”到“集体突围”的“我时代”的身份革命，受众实现主体性身份的建构需要多种因素的涵化进程。④新媒体时代的用户是决定媒介生态的根本性力量。⑤新媒体要针对受众“媒体使用”的需求特点聚焦特定的“受众构成”⑥，响应受众并与之对话是提升传播效果的关键⑦。作为信息化社会的新产销者，受众走向了“表演的前台”，以“新媒体与人”关系为核心的受众研究不断诠释和完善着受众研究的新理论。

新媒体发展也激发了赛博主体的强势崛起，重构了观念电子人、功能电子人与植入电子人的观念和行为⑧；新媒体用户兼具主动性和被动性⑨。此外，新媒体的广泛使用使得受众接收信息表现出明显的碎片化、“圈子化”、个性化和群体化的特点，要增强受众责任意识。⑩与此相反，也有

① 彭兰：《现阶段中国网民典型特征研究》，《中国网络传播研究》2009年第1期。

② 吴世文、章姚莉：《中国网民“群像”及其变迁——基于创新扩散理论的互联网历史》，《新闻记者》2019年第10期。

③ 彭兰：《新媒体导论》，高等教育出版社2016年版。

④ 刘文辉：《从“被时代”到“我时代”：新媒体语境下受众身份的重构与异化》，《上海交通大学学报（哲学社会科学版）》2013年第5期。

⑤ 张勇军：《新媒体时代媒介用户需求的人性之维》，《现代传播》2018年第7期。

⑥ 童清艳：《受众构成：新媒体巨大利润空间的基点》，《新闻记者》2009年第7期。

⑦ 聂磊：《新媒体环境下大数据驱动的受众分析与传播策略》，《新闻大学》2014年第2期。

⑧ 黄鸣奋：《新媒体时代电子人与赛博主体性的建构》，《郑州大学学报（哲学社会科学版）》2009年第1期。

⑨ 彭兰：《新媒体用户：更主动还是更被动》，《当代传播》2015年第5期。

⑩ 朱志勇：《论新媒体环境下受众规范与媒体发展》，《学术交流》2014年第6期。

学者提出网络信息消费同时表现出个性化与社会化两种倾向，人们变得越来越没个性。[①] 还有研究者提出新媒体造成人格倾向由内控转向外控、内在人格的紧张与分裂、自我认同的毁灭以及培训社会化的“金钱”人格。[②] 新媒体建构全新的参与式文化体系，应培养受众的辩证和思辨思维[③]，同时建构和结构“积极受众”共存的洞见[④]。

在媒介技术与个体生活高度互嵌的语境下，“新受众研究”需从社会理论的实践中探寻其理论渊源，进而围绕其媒介实践展开研究。[⑤] 新媒体环境下受众心理和行为范式发生改变，有研究者分析了新媒体环境下景观表演范式和社会网络分析范式的理论和实践意义。[⑥] 新媒体时代受众研究基于从“消极受众”到“积极受众”转变的事实，但也清醒地认识到多种语意下受众自主选择和参与生产能力仍然有限，并提出应该分别从领域、层次、影响力等方面提高受众的积极性。[⑦]

2. 新媒体使用研究

新媒体环境的常态化，对人类的信息传播行为和媒体使用产生深刻影响。[⑧]

首先是新媒体使用特征研究。网民在网络媒体的内容、表达、形式和传达民意方面高于传统媒体。[⑨] 对于微博用户来说，线上身份鼓励而线下

---

① 彭兰：《个性化与社会化：Web2.0 时代信息消费的双重旋律》，《国际新闻界》2008 年第 3 期。

② 徐尚青、顾雨霏：《移动新媒体对当代人格心理的负面影响》，《当代传播》2013 年第 4 期。

③ 蔡骐、黄瑶瑛：《新媒体传播与受众参与式文化的发展》，《新闻记者》2011 年第 8 期。

④ 葛自发：《新媒体对“积极受众”的建构与解构》，《当代传播》2014 年第 1 期。

⑤ 李青昱、王琛元：《新媒体语境下“新受众研究”的实践转向》，《社会科学战线》2018 年第 11 期。

⑥ 幸小利：《新媒体环境下的受众研究范式转换与创新》，《国际新闻界》2014 年第 9 期。

⑦ 王少南：《对新媒体时代“积极受众”的冷思考》，《编辑学刊》2018 年第 2 期。

⑧ 付玉辉：《2010 年新媒体传播研究》，《国际新闻界》2011 年第 1 期。

⑨ 张志安：《上海市民使用网络媒体的特征、动机及评价》，《新闻大学》2010 年第 2 期。

身份抑制情感的表达，个人身份释放而机构身份约束情感的表达，呈现出一种双重结构的状态。① 在影响新媒体采纳和使用的诸多因素中，感知流行因素扮演着重要角色，权衡需求因素显著影响使用行为，但无法影响采纳实践。②

其次是新媒体使用影响研究。无处不在的新媒体形塑着新的思维、交往和生活方式。新媒体赋予用户主动权的同时，也在强化其被动性。③ 新媒体使用对生活满意度的解释能力是极其有限的④，同时显著负向影响用户的社会责任、回报取向及公平取向⑤。基于信息与社交需求的微信用户与生活满意度呈现正相关关系，娱乐与消遣的使用模式能够提高生活满意度。⑥ 新媒体给人们日常生活带来的负面影响为时空紧张感的增加，因此，使用者需警惕技术异化，基于批判思维提升驾驭媒介能力。⑦ 互联网连接个体的人和社会文化，重构人的知识体系，在审美、生活、技术和经验方面产生异化。⑧

除此之外，有关新媒体使用者参与政治、公共事件、获得阶层认同方面的研究也成为新媒体使用影响研究中的重要组成部分。有研究表明新媒

① 陈安繁等：《奖赏与惩罚：社交媒体中网络用户身份与情感表达的双重结构》，《新闻界》2019 年第 4 期。

② 周葆华：《Web2.0 知情与表达：以上海网民为例的研究》，《新闻与传播研究》2008 年第 4 期。

③ 彭兰：《新媒体用户：更主动还是更被动》，《当代传播》2015 年第 5 期。

④ 金兼斌、谭晓、熊澄宇：《媒介使用与生活质量之间的关系》，《新闻与传播评论》2005 年第 1 期。

⑤ 薛可、阳长征、余明阳：《新媒体使用特征与用户利他价值取向关系研究》，《上海交通大学学报（哲学社会科学版）》2015 年第 6 期。

⑥ 郭羽、伊藤直哉：《基于使用与满足理论的微信使用行为与效果研究》，《新闻界》2016 年第 8 期。

⑦ 陈力丹、毛湛文：《时空紧张感：新媒体影响生活的另一种后果》，《新闻记者》2014 年第 1 期。

⑧ 张骐严、舒敏：《论新媒体对人类情感认知的异化作用》，《现代传播》2018 年第 6 期。

介使用对公共事务参与积极性影响不大①，媒体使用对参与政治生活的影响分别表现为直接的认知效果与社会资本的中介效果，新媒体使用与对中央和地方政府信任呈现负相关关系②，新媒体在“培养”公众政治信任方面会对传统媒体政治传播产生一定的“挤迫效应”③。新媒体技术在改变民族主义运动表达方式的同时，还使得“民资粉丝主义”出现④，新媒介接触强度尽管在动员线上公共事务参与方面有重要作用，但是影响了其参与公共事务的积极性⑤。在新媒介使用中，互联网使用促进主客观环境知识的获取⑥，新媒介使用与客观环境认知有显著的正相关关系。互联网与手机的采纳与使用（即“新媒体资本”）影响着居民的阶层地位感知，尤其是文化阶层认同⑦，使用者的自我效能及其认同信任与自我展示高度相关，另外自我展示程度与资本获取表现出明显的正相关关系⑧。

然后是新媒体使用的影响因素研究。新媒体使用强度与社会个体社会环保活动参与的积极性成正比关系，获取信息渠道与个体参与环保行为与讨论环保议题无关⑨；与新媒体用户持续使用意愿表现出正相关的因素有

---

① 张蓓：《媒介使用与农村居民公共事务参与的关系研究——基于 CGSS2012 数据的实证分析》，《江海学刊》2017 年第 3 期。

② 卢春天、权小娟：《媒介使用对政府信任的影响——基于 CGSS2010 数据的实证研究》，《国际新闻界》2015 年第 5 期。

③ 张明新、刘伟：《互联网的政治性使用与我国公众的政治信任——一项经验性研究》，《公共管理学报》2014 年第 1 期。

④ 刘海龙：《像爱护爱豆一样爱国：新媒体与“粉丝民族主义”的诞生》，《现代传播》2017 年第 4 期。

⑤ 李天龙、李明德、张志坚：《媒介接触对农村青年线下公共事务参与行为影响的实证研究——基于西北四省县（区）农村的调查》，《新闻与传播研究》2015 年第 9 期。

⑥ 周全、汤书昆：《媒介使用、信息认知能力与公众的环境科学知识获取——基于全国代表性数据的实证研究》，《科学学研究》2017 年第 4 期。

⑦ 周葆华：《新媒体使用与主观阶层认同：理论阐释与实证检验》，《新闻大学》2010 年第 2 期。

⑧ 郭羽：《线上自我展示与社会资本：基于社会认知理论的社交媒体使用行为研究》，《新闻大学》2016 年第 4 期。

⑨ 金恒江、余来辉、张国良：《媒介使用对个体环保行为的影响——基于中国综合社

功能满足、心理满意等内部作用力，外部作用力几乎没有影响①。权衡需求不是阐释新媒体采用实践的独立自变量，而是显著受到个体差异性影响的中间变量。②

最后是特定群体的新媒体使用研究。研究者主要关注青少年、大学生、农民工、女性、老人等特定人群的新媒体使用特征和影响。大量关于青少年新媒体使用的研究表明，青少年网络游戏玩家的主要行为倾向为实现玩家的社会互动和自我提升③，青年微博使用中呈现出知识沟和数字鸿沟融合的趋势和泛娱乐化等特征④。青年群体的“微政治心理”演化机制与媒介情景变化相互影响⑤；老年群体的新媒体使用行为的研究表明，老年群体微信采纳率、使用时长和频率都较高，主要使用微信的社交功能⑥；另外老年人数字化生存现状⑦、新媒体优化老年群体生活方式等问题⑧也引起了研究者的关注；大学生的新媒体使用研究表明，大学生基于媒体尤其是社交媒体互动频繁，依赖网络和手机，对媒介信息判断多基于自主性思考⑨；新媒体因其赋权、场景生产现象而成为大学生的“移动

会调查（CGSS2013）数据的实证研究》，《新闻大学》2017 年第 2 期。

① 巢乃鹏、薛莹、姚倩：《功能满足、心理满意、主观规范：新媒体持续使用意向研究——以中国 3G 业务的持续使用为例》，《新闻大学》2014 年第 5 期。

② 王晓华、严丽娜：《决定受众选择互联网的因素研究—对权衡需求理论的再检验》，《国际新闻界》2007 年第 3 期。

③ 黄少华：《网络游戏意识对网络游戏行为的影响—以青少年网民为例》，《新闻与传播研究》2009 年第 2 期。

④ 黄炎宁：《新媒体知识沟与数字鸿沟的融合》，《当代传播》2012 年第 6 期。

⑤ 李春雷、李巍霞：《青年群体“微政治心理”的过程、表征与风险传播研究——基于 PX 百度词条修改的实地调研》，《国际新闻界》2019 年第 7 期。

⑥ 周裕琼：《数字弱势群体的崛起：老年人微信采纳与使用影响因素研究》，《新闻与传播研究》2018 年第 7 期。

⑦ 丁卓菁、沈勤：《城市老年群体的新媒体使用与角色认知》，《当代传播》2013 年第 6 期。

⑧ 吴信训、丁卓菁：《新媒体优化老年群体生活方式的前景探索——以上海城市老龄群体的新媒体使用情况调查为例》，《新闻记者》2011 年第 3 期。

⑨ 邢虹文：《新媒体环境下大学生的媒介使用与媒介信任——基于上海 11 所高校相关

自留地”，从而在新媒体场景中“被娱乐”，同时也表现出较强的自主性和抵抗行为[①]；大学生的微信采纳率和接触强度都较高，主要使用微信的朋友圈功能，心理变量对其使用行为影响较大[②]，另外大学生的社会心理因素与朋友圈自我呈现策略选用具有高度相关性[③]；大学生在新媒体使用中表现出明显的国家和族群归属感[④]，中国留欧学生使用最频繁的新媒体类型为社交媒体，其缓解了留学初期阶段的文化冲突等不适，但是也导致了与东道主文化疏离的问题[⑤]。新媒体对大学生思想观念的积极影响与消极影响并存[⑥]；博客极大影响了大学生的交往途径、情感体验和表达方式[⑦]，网络聊天影响其现实社会交往[⑧]等议题引发研究者的关注与思考。

通过对农民工、城市新移民及农村地区新媒体使用行为的研究发现，其新媒体使用的覆盖率和评价均超过传统媒体，该类人群使用新媒体的目的主要是人际交往、休闲娱乐[⑨]；城市移民的新媒体传播技术采纳与使用与其社会网络密切相关，并强化了多重身份认同[⑩]；社交媒体使用能够极

状况的分析》，《新闻记者》2013 年第 8 期。

① 肖荣春、白金龙：《移动的自留地：知识青年、新媒介赋权、场景生产与媒介素养——以大学生的新媒介使用实践为观察》，《新闻与传播研究》2011 年第 1 期。

② 王玲宁：《采纳、接触和依赖：大学生微信使用行为及其影响因素研究》，《新闻大学》2014 年第 6 期。

③ 李耘耕、朱焕雅：《朋友圈缘何而发：社会心理视阈下大学生微信自我呈现策略及影响因素研究》，《新闻记者》2019 年第 5 期。

④ 金玉萍、王婧：《维吾尔族大学生新媒体使用与身份认同》，《新疆大学学报（哲学·人文社会科学版）》2014 年第 5 期。

⑤ 章宏、胡颖琛：《当代中国留欧学生新媒体使用与文化适应研究》，《华侨华人历史研究》2019 年第 1 期。

⑥ 毕红梅、付林溪：《新媒体语境下高校思想政治教育话语转换探析》，《思想教育研究》2015 年第 5 期。

⑦ 张苑琛：《博客对当代大学生心理影响初探》，《新闻记者》2008 年第 4 期。

⑧ 李晓静：《网络聊天对大学生社会交往的影响》，《新闻与传播研究》2008 年第 2 期。

⑨ 周葆华、吕舒宁：《上海市新生代农民工新媒体使用与评价的实证研究》，《新闻大学》2011 年第 2 期。

⑩ 雷蔚真：《信息传播技术采纳在北京外来农民工城市融合过程中的作用探析》，《新闻与传播研究》2010 年第 2 期。

大促进城市新移民的社会融入过程，对获取社会支持或参与社会活动等方面的影响不大①，但能够扩大农民工的社交网络，并成为其获取就业信息的主渠道，实现相对的信息赋权②；新媒体使用在改变农民工社会资本的同时，也形塑着农民工工作的匹配程度，并且以上影响在代际、性别方面呈现出差异性③；云南普米族乡村年轻人微信使用的民族志研究发现，年轻人借助微信实现个体在生活空间和虚拟空间的随机切换，村民实现村落内、外更紧密和多元的互动④；中国西部汉藏羌民族混居区的新媒体使用⑤、新媒体在农民工信息化进程中的作用⑥等议题也得到研究者关注。

听障者、出租车司机、家庭、新闻从业者、科研工作者的新媒体使用行为也得到了研究者的关注。对浙江省听障者的媒介使用情况研究发现，互联网对知识沟的作用明显，互联网信息类功能可以明显预测知识沟的出现与范围⑦；对出租车司机的媒介使用研究揭示了农民工社会关系的结构形态及演变过程⑧；儿童使用新媒体明显表现出了低龄化、娱乐化的特点，父母的介入方式主要是限制使用时间，父母在引导方面更多关注网络的负面功能⑨；对同一个家庭不同的微信使用研究发现，不同年龄群体之间的

---

① 韦路、陈稳：《城市新移民社交媒体使用与主观幸福感研究》，《国际新闻界》2015年第1期。

② 郑欣、王悦：《新媒体赋权：新生代农民工就业信息获取研究》，《当代传播》2014年第2期。

③ 何军、黄昊舒：《新媒体能给农民工带来更匹配的工作么？——基于长三角四市的调查研究》，《南京大学学报（哲学·人文科学·社会科学）》2018年第5期。

④ 孙信茹：《微信的“书写”与“勾连”——对一个普米族村民微信群的考察》，《新闻与传播研究》2016年第10期。

⑤ 李苓：《中国西部城乡网络与手机等新媒体使用研究》，《中国出版》2013年第19期。

⑥ 何晶：《新媒体与农民工的信息化路径分析》，《现代传播》2015年第2期。

⑦ 王蔚：《听障者的媒介使用与知识沟关系研究》，《新闻界》2017年第4期。

⑧ 丁未、田阡：《流动的家园：新媒介技术与农民工社会关系个案研究》，《新闻与传播研究》2009年第1期。

⑨ 陈青文：《新媒体儿童与忧虑的父母——上海儿童的新媒体使用与家长介入访谈报告》，《新闻记者》2019年第8期。

数字代沟成为社会问题，影响家庭成员间数字代沟的因素主要有受教育程度、年龄、家庭所在地等，新媒体介入影响家庭信息场景建构与家庭成员的互动关系，剥夺信息垄断地位，模糊“家”的框架以及儿童、成人阶段化边界，进而对家庭成员间的互动行为产生明显影响，能够重塑家庭内部的群体感，缩短儿童社会进程以及更替家庭权威①；基于新媒体使用的“工作运用”“常规表达”“后台披露”的分析维度，中国新闻从业者的社交媒体使用动机最多的为工作运用，最少为后台披露。影响社交媒体使用最重要的因素为互联网功效的认知、机构鼓励等，新闻从业者使用社交媒体不仅表现为技术的扩散，而且是个人、组织、职业理念等在特定社会场景中的互动②；新媒体使用解构了科研人员的网络关系结构，事件的多次极化讨论可能会降低各方对相关议题的关注与参与程度③。

3. 新媒体与人的融合研究

“对于人类来说，没有技术的生存只是一种抽象的可能性”④，这表明技术与人一直如影随形。在由技术发展引发的反思中，“技术与身体”这个若隐若现的议题得到重视。技术与人类的具身关系源远流长，传播技术不仅仅是视觉、听觉到触觉等器官的延伸，而且逐渐与人的身体融为一体⑤。有研究者把“身体”作为洞悉麦克卢汉理论的关键，认为身体在麦克卢汉媒介研究的研究假设中居于中心地位，开辟观察人—技术、身体—媒介议题的新视角⑥；

---

① 何志武、吴瑶：《媒介情境论视角下新媒体对家庭互动的影响》，《编辑之友》2015年第9期。

② 周葆华：《中国新闻从业者的社交媒体运用及其影响因素：一项针对上海青年新闻从业者的调查研究》，《新闻与传播研究》2014年第12期。

③ 李杨、金兼斌：《网络舆论极化与科研人员对科学传播活动的参与》，《现代传播》2019年第3期。

④ 唐·伊德：《技术与生活世界》，韩连庆译，北京大学出版社2012年版。

⑤ 张昱辰：《跨学科视野中的媒介融合研究：多重维度与范式》，《新闻记者》2018年第6期。

⑥ 刘婷、张卓：《身体—媒介/技术：麦克卢汉思想被忽视的维度》，《新闻与传播研究》2018年第5期。

身体的研究会影响到传播学研究的未来价值①，离身观念为具身性进入传播研究提供了理论观照，具身性则为反思传播观念及新媒体技术实践提供了新的逻辑起点，为离身的技术神话和传播研究去魅②；随着沉浸传播时代的到来，“身体在场”是理解当下新媒体环境下人与媒介关系的核心，而人机交互过程呈现出“双向驯化”的趋势③。传统的媒介技术演进史是一部身体缺席传播的历史，新兴的人工智能、可穿戴设备等新媒体技术正重塑人的身体和其在传播实践中的地位，并以新媒体传播实践中的“具身性在场”为内在逻辑，勾连传播与人类存在的根本性关联，拓展新传播研究的新维度④；媒体融合不仅仅是媒体与社会之间的融合，更是物与人的融合，其创造出的新型传播主体“赛博人”正在成为一个可以实现无线连接的终极媒介，新媒体不仅仅是社交工具，更是人类的存在方式⑤；自拍行为成为接合着“个体自我”“关系自我”“集体自我”三重自我的冲突与调适、建构与解构，自拍在社交互动日益频繁的今天已经成为一种新的规训力量⑥。一些学者关注到互联网时代受众的数字化生存问题，提出要平衡人与技术的关系，平衡互联网文化教育功能与文化产业功能的关系，平衡情感传播与理性把关之间的关系。⑦人机关系已经成为新信息传播系统中的基本关系，表现出极大智能化、价值耦合、融合互嵌等典型特征，带动了社会体系与结构的巨大改变，加速了媒介化社会的进程。⑧

① 刘海龙：《传播中的身体问题与传播研究的未来》，《国际新闻界》2018 年第 2 期。

② 刘海龙、束开荣：《具身性与传播研究的身体观念——知觉现象学与认知科学的视角》，《兰州大学学报（社会科学版）》2019 年第 2 期。

③ 曹钺等：《“身体在场”：沉浸传播时代的技术与感官之思》，《新闻界》2018 年第 7 期。

④ 谭雪芳：《图形化身、数字孪生与具身性在场：身体—技术关系模式下的传播新视野》，《现代传播》2019 年第 8 期。

⑤ 孙玮：《赛博人：后人类时代的媒介融合》，《新闻记者》2018 年第 6 期。

⑥ 彭兰：《自拍：一种纠结的“自我技术”》，《新闻大学》2018 年第 5 期。

⑦ 周海宁：《论互联网时代受众的数字化生存能力》，《出版发行研究》2018 年第 12 期。

⑧ 赵渊：《人机关系与信息传播变革》，《现代传播》2019 年第 6 期。

4. 新媒介素养研究

传播技术的飞速发展以及受众角色的转变，极大挑战传统媒体专业化生产的“媒介素养”。新的信息传播环境亟须新媒体素养的养成。[①]随着新媒体影响的日益加深，新媒介素养缺失会引发信息侵权、过度依赖媒介等诸多弊端，因此需要建立政府、学校、家庭多位一体联动的立体化教育系统，实现快乐教育和终身教育两者之间的融合发展模式。[②]同时新媒介素养教育应将重心转移到“信息管理能力”方面，提升新媒体使用者的筛选、甄别和整合能力。[③]新媒介素养分为媒介安全素养、媒介交换素养等四个由高到低的层次，每个层次均以知识、技能、能力和态度为学习目标。[④]

在特定人群的新媒介素养研究方面，高校新媒介教育需要尽快设置新媒介素养相关课程，利用校园新媒体平台引导大学生自觉养成良好的新媒体使用习惯，提高大学生新媒介素养[⑤]；农村地区新媒体媒介素养教育应引入多元组织结构[⑥]；青少年新媒介素养的提高需要政府、学校等多方面努力[⑦]；要重点关注老年群体的新媒介素养教育，根据其媒介使用情况确定教育内容，关注与群体内外的数字鸿沟，提高其社会交往能力[⑧]。

新媒体与人研究面向的研究议题主要集中在受众观研究、新媒体使用行为特征研究和新媒体使用影响研究。此外，由于政治制度、经济环境等影响，新媒体与人的关系还有更多的研究面向，比如网络参政议政、网络民主、网

---

① 芮必峰、陈夏蕊：《新传播技术呼唤新“媒介素养”》，《新闻界》2013 年第 14 期。

② 余秀才：《全媒体时代的新媒介素养教育》，《现代传播》2012 年第 2 期。

③ 蔡骐、李玲：《信息过载时代的新媒介素养》，《现代传播》2013 年第 9 期。

④ 卢峰：《媒介素养之塔：新媒体技术影响下的媒介素养构成》，《国际新闻界》2015 年第 4 期。

⑤ 曹艳：《大学生新媒介素养教育的途径》，《当代传播》2011 年第 4 期。

⑥ 甘险峰、张成良：《中国农村地区新媒体使用的自组织研究——以山东农村为例》，《东岳论丛》2016 年第 10 期。

⑦ 黄楚新：《论新媒体环境下的青少年媒介素养》，《中国青年政治学院学报》2010 年第 1 期。

⑧ 丁卓菁：《新媒体环境下老年群体媒介素养教育探讨》，《新闻大学》2012 年第 3 期。

络维权、舆情研究、城乡网民等的研究不断贡献着中国的实践和理论智慧。

纵观新媒体人与人关系层面的国内研究，其关注领域主要为受众研究、人机融合研究、新媒体素养研究以及媒体使用研究，其中受众研究和新媒体使用研究是新媒体与人研究的重要面向。受众研究主要关注新媒体环境下受众角色和受众观的改变，而新媒体使用研究关注到特定人群或领域，特定地市①、时段②的新媒体使用行为，以上研究议题共同构成新媒体与人关系研究的理论体系。但经验研究占多数，要么分析不同人群的新媒体使用特征及其影响因素，要么分析新媒体使用对不同人群及其参与社会互动的影响。当然，如果不做这种基于媒体或传播层面的分析，似乎也没有其他专业知识可以关联两者之间更深层次的研究，以致论文最后的结论都会大同小异，要么媒介中心论，要么有限效果论或者使用满足论。更严重的问题是，随着经济学、政治学等其他学科研究者倚重专业知识进入新媒体研究，对各自领域的传播问题当然有更独到、深入的见解，从而传播学视角的新媒体使用研究任重道远。

（三）新媒体与社会研究

新媒体作为一种新的泛在形态被重新定义，并以一种全新形态重新编织着媒介历史③，传播研究的核心关怀是新媒介和社会的关系。回顾传播学的学科谱系，洞悉新媒体与社会之间的同构关系，是传播学研究的重中之重。新媒体研究不仅关注微观层面的媒介现象、中观层面的新媒体实践，而且更要关注宏观层面的社会情境，着力文本性和情境域的互文性发展，调节整个社会的构成与转变④。

---

① 郭良：《2003 年中国 12 城市互联网使用状况及影响调查报告》，中国社会科学院社会发展研究中心，2003 年。

② 柯惠新等：《互联网使用及网民形态的变迁——2000 ~ 2005 年中国五城市互联网发展趋势探析》，《2006 第四届亚洲传媒论坛—大众传媒与和谐社会论文集》，2006 年。

③ 杜智涛等：《融合与跨越：近 10 年来新媒体研究的多维视域》，《信息资源管理学报》2019 年第 3 期。

④ 马杰伟、张潇潇：《媒体现代：传播学与社会学的对话》，复旦大学出版社 2011 年

1. 新媒体与社会变迁研究

作为新生产力的代表，新媒体颠覆了人们的思想观念、行为方式乃至社会的生产关系、社会结构[①]，原有的意识形态和上层建筑也要随之做出与之相适应的调整[②]。新媒体如何形塑社会、如何改变社会权力的分配、制衡？与此同时，新媒体自身如何受到所处社会环境尤其是政治、经济等的影响？以上均是思考新媒体与社会关系的重要切入点。技术发展推动数字化媒体日益渗透到社会发展的各个层面并悄然影响到社会变迁[③]，新媒体通过重构人类信息传播实践进而作用于人类社会的政治、经济和文化等诸多层面，甚至再造人类的思维与生活方式[④]，传媒本身亦构成和创造着空气般存在的社会环境，并不断地改变社会结构[⑤]，同时对社会权力进行新的分配，重构新媒体时代的权力结构[⑥]。网络社会研究起源于尼葛洛庞帝（Negroponte）的《数字化生存》和比尔·盖茨（Bill Gates）的《未来之路》，进而有研究者提出我国已经步入网络社会的初始阶段，具备了形成网络社会的基本条件[⑦]，而作为一个重要历史事件，汶川地震从侧面反映了中国网络公民社会建设进程及其影响[⑧]，也有研究表明在新媒体与农村社会发展的关系方面，新媒体发展拓展了农村社会的交往内容和空间，

版，第 109 页。

① 熊澄宇：《新媒体思考：我国网络传播的现状与趋势》，《中国广播电视学刊》2008 年第 8 期。

② 程曼丽：《从历史角度看新媒体对传统社会的解构》，《现代传播》2007 年第 6 期。

③ 陈积银、刘颖琪：《国外新媒体研究 16 年发展脉络分析——基于 SSCI 期刊〈New media & society〉1999 年至 2014 年的实证研究》，《新闻大学》2015 年第 6 期。

④ 周海英：《从媒介环境学看新媒体对社会的影响》，《兰州学刊》2009 年第 6 期。

⑤ 陈力丹：《传媒形态如何影响我们的生活——传播学研究的一个新视角》，《新闻记者》2003 年第 11 期。

⑥ 郝雨、路阳：《媒介权力运演及社会权力结构嬗变——新媒体发展对社会权力结构的冲击与重塑》，《新闻大学》2014 年第 5 期。

⑦ 张福全、曲生：《论网络社会的负面影响及文化矫正》，《现代情报》1997 年第 6 期。

⑧ 杜骏飞：《汶川地震周年祭：中国网络公民社会的有效测评》，《当代传播》2009 年第 3 期。

改变农民的个人地位和权威，促进其公民意识的觉醒，推动农村社会的新陈代谢进程，但是新媒体在农村较低的普及率、城乡数字鸿沟等影响新媒体对农村社会新陈代谢催酶作用的发挥①。

在新媒体与社会关系研究方面，新媒体的社会动员能力加速了不同阶层分化，阶层边界逐渐清晰和固化。②公共空间与私人空间的边界消融使得个人情感和公共利益均可以成为社会动员的手段③，新媒体在建构公民社会中发挥了巨大作用④。有研究者基于地球脑学派的理论，分析网络与人工智能对社会进化的作用机制。⑤在新媒体与社会的相互作用方面，西部地区网络传播发展的落后局面加剧“知识沟”的扩散，但政府宏观经济政策一定程度上减缓了区域性“知识沟”的形成。⑥

2. 新媒体与政治研究

一是新媒体舆论引导和监督研究。新媒体对政治的影响始于网络舆论研究。中国新媒体舆论研究分为综合性研究、经验主义研究两种研究视域，表现为量化研究、网络信息的内容分析、案例研究（案例库）、对策研究等不同研究取向。⑦国外网络舆论研究成果数量众多，但能进入三大引文索引的屈指可数，其内容主要聚焦于“网络舆论引导”，研究面向多以和谐社会建构为主。⑧在新媒体舆论特点研究方面，新闻舆论的生产力

---

① 李卫华：《新媒体发展与农村社会的新陈代谢》，《河南大学学报（社会科学版）》2011年第5期。

② 陈力丹：《加速我国互联网的发展与普及》，《人民日报》2015年12月7日。

③ 卢嘉、刘新传、李伯亮：《社交媒体公共讨论中理智与情感的传播机制——基于新浪微博的实证研究》，《现代传播》2017年第2期。

④ 严功军：《新媒体在构建公民社会中的独特作用》，《当代传播》2009年第4期。

⑤ 张雷：《从“地球村”到“地球脑”——智能媒体对生命的融合》，《当代传播（汉文版）》2008年第6期。

⑥ 石屹：《我国西部网络传播分析研究》，《当代传播》2008年第1期。

⑦ 匡文波：《论新媒体舆论的生命周期理论模型》，《杭州师范大学学报（社会科学版）》2014年第2期。

⑧ 王凤仙：《国外传播学领域网络舆论研究现状——基于ISI三大引文索引数据库的文献计量分析》，《暨南学报（哲学社会科学版）》2015年第2期。

要素分别为传播力、引导力、影响力和公信力，四力之间相互作用，共同构成新闻舆论传播理论体系。[①] 任何新媒体舆论都会经历从无到有的周期规律，新媒体舆论研究的模型为蝴蝶效应的生命周期理论模型。[②] 中国新闻传播舆论形态和生态在新媒体时代发生巨变，“双轮驱动”的舆论引导和监督战略开辟舆论工作新纪元。[③] 媒介技术是舆论生态演变的直接推动力，移动互联网已成为主要舆论场[④]，尤其是作为复杂网络的微信平台，其基于节点关系远近形成的异质性网络具有典型的“无标度”特性，表现出明显的“层级互动”和“圈层区隔”，应从整体、动态和关系视角，同时在关系网络和生态特征的逻辑关联中研究微信舆论的内在机理，以此洞察微信舆论的生成与演化机制[⑤]。在新媒体舆论影响研究方面，新媒体时代网络普通民众的意见表达和信息传播渠道增多，获得更多参与社会事务的权力，社会权力结构随之发生变化。[⑥] 网络舆情事件传播是社会民意的表达形式，有利于推动社会公平正义。[⑦] 自媒体发展对于社会重大公共危机事件的舆论发酵并广泛传播发挥巨大助推作用[⑧]，网络舆论成为监督司法公正、引导司法依法规制的重要途径[⑨]。在新媒体舆论引导和监督研究

① 沈正赋：《新媒体时代新闻舆论传播力、引导力、影响力和公信力的重构》，《现代传播》2016 年第 5 期。

② 匡文波：《论新媒体舆论的生命周期理论模型》，《杭州师范大学学报（社会科学版）》2014 年第 2 期。

③ 沈正赋：《新媒体时代中国特色新闻传播的舆论监督与舆论引导》，《内蒙古社会科学（汉文版）》2019 年第 4 期。

④ 喻国明：《当前社会舆情的结构性特点与分析性发现——基于 2014 年中国社会网络舆情的大数据分析》，《江淮论坛》2015 年第 5 期。

⑤ 张志安、束开荣：《微信舆论研究：关系网络与生态特征》，《新闻记者》2016 年第 6 期。

⑥ 王冬冬：《新媒体时代网络舆论对社会权利结构的影响研究》，《暨南学报（哲学社会科学版）》2018 年第 1 期。

⑦ 廖声武：《网络舆情事件传播与社会公平正义的实现》，《新闻前哨》2016 年第 1 期。

⑧ 丁柏铨：《自媒体对重大公共危机事件舆论影响研究（下）》，《中国出版》2015 年第 2 期。

⑨ 徐磊、张骏德：《从“吴英案”论司法独立和网络舆论监督的关系》，《新闻记者》

方面，新型媒体打破原有信息格局，使公众回归舆论监督主体地位，需建构适合传媒生态的舆论监督模式。① 个人行为演变为公共事件的关键是行动动员和社会控制，政府要主导舆论议题的发展进程，提高政府的信息引导力。② 有研究者基于网络舆论信息的逆转传播规律，构建了相应模型进行分析③，并提出了舆论引导模式④。在舆论监督方面，网络揭黑成为新媒体环境下舆论监督研究关注的新议题，能够揭发真相，引发政府对公共事件的关注，网民缺乏必要的专业精神和媒介素养问题等问题需要引起相关方面的重视。⑤ 对于重大事件中微信传播的舆论引导议题，要通过媒介生态净化、舆论把关机制健全等方法，提高微信传播的舆论引导力⑥，同时要通过媒介融合等多种载体、多管齐下的方法⑦，加强网络信息传播过程的透明化和公开化，并与传统媒体相互补充，形成合力，同时要提高各级政府的舆情研判力和行动力⑧，比如报纸要与网络实现真正融合，用报纸引导网络舆论⑨，同时加大行政主体对网络舆论的监管强度，积极寻求化解冲突的有效路径⑩。建立科学的微博舆论引导机制，搭建对话新思路和

2013 年第 2 期。

① 王梅芳、赵高辉：《新媒体生态下的舆论监督》，《南京社会科学》2011 年第 5 期。

② 李阳：《新媒体事件运行的多重机制及治理策略》，《中国社会科学院研究生院学报》2018 年第 4 期。

③ 吴越等：《基于新曝光冲突性消息的网络舆论逆转研究》，《物理学报》2016 年第 3 期。

④ 魏超：《新媒体技术发展对网络舆情信息工作的影响研究》，《图书情报工作》2014 年第 1 期。

⑤ 吴廷俊：《新媒体时代中国舆论监督的新议题：网络揭黑》，《现代传播》2011 年第 1 期。

⑥ 陈燕：《重大事件中微信传播的舆论引导》，《新闻界》2014 年第 13 期。

⑦ 丁柏铨：《新媒体语境中重大公共危机事件舆论触发研究》，《新闻大学》2012 年第 4 期。

⑧ 张姝、璩静：《网络传播与网络舆论的特征与应对》，《中国出版》2012 年第 20 期。

⑨ 石翠仙、黄晓雪、靳兰：《从近期网络事件看纸媒如何引导网络舆论》，《中国报业》2011 年第 20 期。

⑩ 郭莉：《网络舆论监督权与行政管理权冲突的化解——以行政自制为解决思路》，《江淮论坛》2013 年第 4 期。

新平台，拓展新传播策略。① 在新媒体赋权下，新闻生产出现了“协作性新闻策展”模式，倒逼传统舆论引导理念和实践，在关系建立和培养基础上关联网络的构建、交往效能的提升等路径。② 突发事件舆情场域要重点关注不同舆情场域间的互动，在不同资本因素的分析中把握其建构社会共识的价值所在。③ 新媒体技术的广泛使用改变了舆论的形成机制，同时影响到舆论引导与表达之间的动态博弈关系，任何舆论参与者都要积极维持舆论引导与舆论表达之间的良性互动局面。④

二是新媒体事件研究。主要包括其传播特点、传播机理和社会影响等方面的研究。新媒体事件是“新”媒体事件，而非“新媒体”事件，与传统媒介事件截然不同：一是草根阶层拥有更多的话语权和表达机会；二是新媒体事件结果往往是挑战社会主流意识形态及其权力结构。⑤ 随着新媒体的社会影响日益扩大，新媒体事件研究成为中国新媒体传播研究中的重要议题，把其置于“新媒体与社会”的视域中考察，强调事件生成与发展的特征，既能“桥接”中国社会的当下情景，又能勾连交叉学科的理论资源。⑥

三是新媒体事件的生成和传播机理研究。新媒体事件并未改变传统话语权的分布⑦，但随着新媒体事件不断引发公众关注和多方介入，其更具制度变迁和社会导向作用⑧。大学生群体更易形成“新媒体事件”的集体

---

① 陈华明：《基于微博的政府形象传播研究》，《新闻界》2014 年第 23 期。

② 赵前卫、李劭强：《新媒体赋权背景下舆论引导的新进路》，《中国编辑》2019 年第 4 期。

③ 于德山：《新媒体舆情场域互动与社会共识建构》，《社会科学战线》2017 年第 11 期。

④ 夏德元：《新媒体时代舆论引导与舆论表达的良性互动》，《当代传播》2014 年第 1 期。

⑤ 许鑫：《新媒体事件的概念与类型辨析》，《天中学刊》2011 年第 1 期。

⑥ 吴世文：《转向新媒体事件研究：理论命名、研究视域与理论问题》，《现代传播》2014 年第 4 期。

⑦ 方洁：《被主导与被规制：从新媒体与大众媒体的框架建构看新媒介事件的消解》，《国际新闻界》2014 年第 11 期。

⑧ 蒋建国：《新媒体事件：话语权重构与公共治理的转型》，《国际新闻界》2009 年第 2 期。

记忆，其深刻程度与记忆普遍程度呈现正相关关系，并与事件重要性和相关性关系密切，新媒体事件的记忆具有“最近效应”。[①] 突发事件的生态是在新媒体与传统媒体的融合媒体生态系统中生发出来的，并表现出非利益相关者广泛参与的特点。[②]

四是新媒体事件的社会影响研究。很多研究者通过典型案例进行新媒体事件的社会影响研究，比如从 CNN 等西方媒体歪曲新闻事实事件看到了自下而上的舆论斗争模式所具有的巨大力量[③]；网络发起的家乐福事件证明了网络环境中多元化声音的重大作用[④]；艳照门事件说明网络媒体的自律行为需加强，[⑤] 网络与道德化建设刻不容缓[⑥]；华南虎事件表明网络世界中的“马太效应”，提升了网络传播对舆论引导的影响力[⑦]，媒体融合成为事件持续发酵的助推器[⑧]；“躲猫猫”事件表明，新媒体和传统媒体共同推动着我国信息公开转向常态化[⑨]；“绿坝”事件的管制说明政府与网民通过共同制定、遵守相关规则，助益于形成健康、可治理的网络社会[⑩]。新媒介事件与构建意识形态之间具有技术路径上的关联性。[⑪] 大多研究者认同新媒体事

① 周葆华、陈振华：《“新媒体事件”的集体记忆——以上海市大学生群体为例的经验研究》，《新闻界》2013 年第 14 期。

② 周葆华：《突发事件中的舆论生态及其影响：新媒体事件的视角》，《中国地质大学学报（社会科学版）》2010 年第 3 期。

③ 栾轶枚：《拉萨事件等突发事件中新媒体的表现》，《网络传播》2008 年第 5 期。

④ 陈力丹、吴薇：《网络语境下的情感与理智——以网上抵制“家乐福”事件为例》，《信息网络安全》2008 年第 6 期。

⑤ 杜骏飞：《网络社会管理的困境与突破——“艳照门”解析》，《传媒》2008 年第 4 期。

⑥ 陈华、杨乐：《“让我们做有责任的网中人！”——中国网络媒体“艳照门”事件自律行为回顾与思考》，《新闻战线》2008 年第 4 期。

⑦ 周勇：《网络传播中的“马太效应”——关于华南虎照片真伪事件的实证研究》，《国际新闻界》2008 年第 3 期。

⑧ 牛光夏：《由“华南虎事件”看新旧媒体的融合互动》，《青年记者》2008 年第 8 期。

⑨ 高钢：《网络传播与中国公民信息权利的实现》，《新闻战线》2009 年第 3 期。

⑩ 胡泳：《困境与共谋：中国网民权利分析——以“绿坝”事件为例》，《新闻记者》2009 年第 11 期。

⑪ 王一岚：《新媒介事件与当前意识形态构建新趋势》，《中州学刊》2016 年第 10 期。

件具有重大社会影响，但分别持乐观与悲观两种态度：乐观态度认为新媒体事件能够重塑社会权力和加快建设公民社会①，而悲观态度则认为其极易引发网络舆论暴力，从而容易成为中国民主化进程中的障碍之一②。

3. 新媒体治理及制度构建研究

发展和管理始终是一对矛盾，政府、新媒体和网民之间必然要展开一轮新的博弈，传统的监管模式将显得无所适从③，新媒体治理概念逐渐得到学者的重视。对网络治理的研究贯穿始终，议题主要涵盖互联网的国家治理与全球治理等方面，网络空间命运共同体逐渐成为共识。

在网络治理理念和方法研究方面，新媒体发展不可逆，其伴生现象无可避免，不能以传统的方法和手段来管理。④ 网络治理应转变观念，把网络看作发挥政府主场优势的最佳园地和发挥政府主场优势的空间。⑤ 互联网管理需要从单向命令转向协作和共同规定，管控相宜，建立起一个流畅有效的符合规制的系统。⑥ 将互联网治理纳入社会系统的整体运行中，是互联网治理的应有之义。⑦ 要将管理细化为党的领导、依法监管、科学监管、独立监管等⑧，逐渐以控制为主转向以开放为主的治理思维⑨，"监管"到"治理"观念的转变需要从治理主体到治理模式的全面改革⑩。

---

① 师曾志、杨伯溆：《网络舆论场与我国公民性的建构》，《北大新闻与传播评论（第二辑）》，北京大学出版社2006年版。

② 韩敏：《商议民主视野下的新媒体事件》，《新闻与传播研究》2010年第3期。

③ 陈绚：《数字化媒体传播内容管理限制式微》，《国际新闻界》2007年第11期。

④ 程曼丽：《换一个角度看新媒体》，《新闻与写作》2010年第10期。

⑤ 陈力丹：《谈谈网络管理的几个基本理念》，《现代传播》2010年第4期。

⑥ 支庭荣：《从"橄榄型"管理到"哑铃型"管理——新媒体发展呼唤管控新模式》，《新闻研究导刊》2010年第2期。

⑦ 曾润喜、徐晓林：《社会变迁中的互联网治理研究》，《政治学研究》2010年第4期。

⑧ 付玉辉：《试论数字媒体内容国家监管体系变革的现实可能性》，《国际新闻界》2007年第11期。

⑨ 陈力丹：《迎接信息公开时代——我们怎样走过〈政府信息公开条例〉施行一周年》，《新闻战线》2009年第4期。

⑩ 张卓、王瀚东：《中国网络监管到网络治理的转变——从"网络暴力"谈起》，《湘

许多研究者开展更进一步的网络治理研究，认为制定专门的信息保护法律是当务之急。① 政府既要重视倾听和引导网络民意，又要防止网民暴力破坏社会秩序②，适时维护好互联网中的集中节点，减少普通节点的感染系数，增加治理系数是治理互联网有害信息的有效途径之一③。国家安全构成新媒体语境下互联网治理的重要面向，形成对“总体国家安全观”的初步系统性解读。④ 关于网络社会的情感治理议题，需要从网民自律意识深化、新媒体传媒质量优化等方面的统筹分析。⑤ 对于网络传播伦理失范治理问题，要采取疏、堵结合的方法，通过建构公共传播的网络空间来舒缓社会焦虑和结构性紧张，发展社会中层组织并提高其在公共事务中的话语权⑥，对舆论进行泄洪；通过引入第三方事实核查机制，厘清社交媒体平台和政府的权力边界，进而构建倡导法制精神，尊重公民表达权的内容判断机制和网络管理体制⑦，堵塞不良舆论的出口。

在新媒体的行业治理和自我规制研究方面，数字媒体发展过程充满着各种各样的冲突，挑战了广播电视现有的管理思维和管理体制，改革势在必行。⑧ 融合监管、多管齐下将成为数字内容监管的不二选择。⑨ 要逐步

潭大学学报（哲学社会科学版）》2010 年第 1 期。

① 李显东：《制定法规惩治网络侵权》，《人民日报》2008 年 9 月 25 日。

② 李赢、刘真：《新媒体事件：网络、公民与社会权利的重构》，《时代文学（下半月）》2008 年第 7 期。

③ 申志伟等：《基于有害信息传播模型的互联网治理研究》，《北京邮电大学学报（社会科学版）》2010 年第 5 期。

④ 熊澄宇、张虹：《新媒体语境下国家安全问题与治理：范式、议题及趋向》，《现代传播》2019 年第 5 期。

⑤ 唐魁玉、王德新：《网络社会的情感治理》，《甘肃社会科学》2019 年第 3 期。

⑥ 李文冰、强月新：《传播社会学视角下的网络传播伦理失范治理》，《湖北大学学报（哲学社会科学版）》2015 年第 2 期。

⑦ 李丹林、曹然：《新媒体治理视域下的表达权规制研究》，《山东大学学报（哲学社会科学版）》2019 年第 4 期。

⑧ 黄升民等：《发展·冲突·创新（上）——解析中国广电数字新媒体的发展演变》，《现代传播》2008 年第 5 期。

⑨ 付玉辉：《我国数字媒体内容监管的演变特征》，《当代传播》2009 年第 4 期。

健全数字媒体的内容管控机制，注重平衡公共利益与个人权利、新媒体与老媒体、内容管理与基础设施管理之间的关系，同时要在实践中落实整合性、层次化、兼容性管理原则①。视听新媒体自我规制是政府规制的必要补充，要根据现实需要和内在逻辑，分别从企业文化自觉、行业公信力、品质内容评价、自我审核制度完善四个方面探讨自我规制路径②。

在新媒体治理的域外经验借鉴方面，有学者通过个案研究，透视美国司法在区分学生言论和政治性言论上适用的不同标准，以及数字时代对在线言论认定的最新司法进展③。网络中立原则论争及立法进程等因素将深刻影响新型的互联网传播格局和数字传播生态系统④。我国政府应避免重蹈美国的覆辙，制定相应的规范来保证互联网的自由和开放⑤。更多学者则基于英、美等国家的网络内容等方面的治理经验探究国内网络治理的实践路径。

在新媒体参政议政研究方面，网络言论多是社会中间阶层民意的表达，话语权结构不平衡成为当下诱发群体性事件的重要原因⑥，网络民意反映了不同圈层的利益诉求，是权衡公共政策利弊的重要参考⑦，要最大限度发挥新媒体在凝聚共识方面的重要作用，在坚守党管媒体底线的同时，尊重网民的主体性地位，重视“圈子”传播⑧。意识形态在新媒体语境下表

---

① 彭兰：《关于数字媒体内容管理体系建立原则的思考》，《国际新闻界》2007年第11期。

② 葛明驷：《视听新媒体自我规制：多重语境与路径选择》，《西南民族大学学报（人文社科版）》2018年第8期。

③ 张慎思：《一起校园博客引发的官司》，《国际新闻界》2009年第5期。

④ 付玉辉：《美国“网络中立”论争的实质及其影响》，《国际新闻界》2009年第7期。

⑤ 翟京京、付玉辉：《网络中立：塑造怎样的互联网未来？——美国“网络中立”论争的综述与思考》，《浙江传媒学院学报》2010年第3期。

⑥ 赵云泽、付冰清：《当下中国网络话语权的社会阶层结构分析》，《国际新闻界》2010年第5期。

⑦ 匡文波：《网络民意：拒绝疑虑与误解》，《中国教育报》2008年7月15日。

⑧ 谢新洲、李冰：《新媒体在凝聚共识中的主渠道作用与实现路径》，《新闻与传播研究》2016年第5期。

现出明显的话语建构日常化、传播载体平台化等特点，把握社会意识形态走向的重要手段是基于技术发展的数据进行整合分析，关键是构建社会主义核心价值体系等①。“网络问政”是政府和公众通过网络媒体得以形成良性互动关系的重要渠道，基于网络平台的双向性沟通模式已初见端倪。②新闻价值观的变革是隐藏在网络新闻中的政治和民生议题背后更本质的存在。③

4. 新媒体与文化研究

媒介技术发展同时解构与重构社会文化样态，虚拟文化、碎片文化、微文化等新的文化样态形成。④新媒体通过技术手段，驱动新亚文化圈的形成，推进不同文明之间的对话和融合。⑤新媒体技术改写时空及本地概念，构建新的文化形态和文化身份，但文化差异和文化冲突还将长期存在。⑥有研究者以文化研究学派的“抵制”概念为理论原点，洞察网络恶搞群体的身份建构方式，继而以观展／表演范式观照网络恶搞群体的文化心理，进而基于传播政治经济学派的理论视角诠释恶搞文化中受众主体性的结构性限制。⑦

随着网络新媒体的发展，其重构文化生态系统⑧，文化生态的变化

① 李京：《新媒体语境下意识形态传播的特征、挑战与对策》，《中国出版》2019年第10期。

② 李良荣、方师师：《“双转”：中国传媒业的一次制度性创新》，《现代传播》2010年第2期。

③ 杜骏飞、陈友华、巢乃鹏等：《网络新闻中的政治与民生（下）》，《当代传播》2010年第2期。

④ 付茜茜：《Web3.0时代媒介技术演进与文化形态变迁》，《当代传播》2015年第2期。

⑤ 张志君、张婧莹：《多重视阈多种力量多维创新——转型期本土新媒体资源配置的几个问题》，《现代传播》2008年第2期。

⑥ 梁虹：《互联网治理的挑战：技术与文化身份的视角》，《新闻与传播研究》2016年第1期。

⑦ 蔡骐、谢莹：《受众视域中的网络恶搞文化》，《新闻与传播研究》2008年第3期。

⑧ 董天策：《新媒体与文化生态的重构》，《西南民族大学学报（人文社科版）》2018年第1期。

也日新月异，然而洞穿现象背后本质性的规律是学界要面临的问题。随着媒介形态的不断演进，社会文化及媒介文化形态也不断演进，弹幕文化、“丧”文化、二次元文化、粉丝文化等相继出现并深刻影响社会变革。① 随着新媒体崛起，“养成系偶像”渐成我国偶像生产主流。有研究者从“偶像—粉丝”的关系视角出发，洞察新媒体时代养成系偶像粉丝社群的建构及其影响，并进一步分析现象背后的生成理念和文化逻辑。② 以英、美等国为代表的新媒体文化成为国际新媒体文化的引导者，当对此引起重视并采取措施③，要利用新媒体技术提升文化传播力④。新媒体文化现象是由于主流文化的生产中心地位被消解而形成，需辩证看待其积极影响和消极影响。⑤

基于对中国新媒体现有研究成果的梳理发现，中国新媒体传播研究突出了强烈的现实关照，表现在微观上对用户的影响、中观上对新闻实践的影响和宏观上对社会政治、经济、文化的影响，这成为新媒体研究的三个重要维度。媒介使用效果、媒介融合和互联网治理仍是当下学界和业界持续关注的重点议题⑥，以上研究路径清晰表明中国新媒体传播研究以“创新”和“治理”为主要话语，紧紧追随新媒体技术发展所引发的用户行为、业界实践和社会关系的相应变革，明显呈现出技术驱动下对策研究为主的研究取向。

5. 新媒体与社会研究的其他重要议题

首先是新媒体教育研究。新媒体发展引发传媒生态的巨大变革，冲击

---

① 沈玲：《从媒介形态变化看媒介文化发展》，《苏州大学学报》2002 年第 3 期。

② 郑石、张绍刚：《颠覆与创造：新媒体环境下我国的偶像生产与粉丝文化》，《新闻界》2019 年第 6 期。

③ 侯巧红：《国外新媒体文化发展的现状及启示》，《中州学刊》2014 年第 6 期。

④ 孙宜君、王建磊：《论新媒体对文化传播力的影响与提升》，《当代传播》2012 年第 1 期。

⑤ 付茜茜：《Web3.0 时代媒介技术演进与文化形态变迁》，《当代传播》2015 年第 2 期。

⑥ 曲飞帆、杜骏飞：《超越结构功能主义范式的中国新媒体传播研究——以 2015 年以来的研究文献为例》，《当代传播》2016 年第 5 期。

国内的新闻传播学教育，有学者提出要着力培养开放共享精神，改革课程体系①，基于云计算的全媒体新闻人才培养需要创新教育模式②；强化基本理念、强化人文精神和新闻理想，更新观念，深化教学改革，探索复合型全媒体人才新模式③。数字媒体教育应着重提升学生的实践能力和培养学生的创新思维，建构“产学研”相结合的培养模式。④同时国内外积极探索“双师制”改革，在教学理念上，坚持学术培养与职业训练相结合，学界和业界、文科和理科融合成为当下新闻传播教育发展的大势所趋。⑤新闻传播教育进入后喻时代，应当以学生为中心改革教学模式，搭建适宜学生自主成长的平台，并且传播类教育要实现侵入式跨学科教育。⑥与此同时，研究者积极借鉴国外的新媒体教育理念与模式，比如对美国新媒体专业高等教育的培养目标、专业设置、课程体系等的研究⑦，为中国新媒体专业发展提供他山之石，但我国新媒体教育应批判地吸收其全面融合的教学实验理念等做法⑧。

其次是媒体融合研究。在媒体融合不断深化的同时，学术界也顺势而为，积极投身于媒体融合研究之中。纵观国内现有的媒体融合研究成果，可

---

① 桂万保：《颠覆与重建：新媒体专业的教育理念与课程设置》，《现代传播》2015年第1期。

② 郝红霞、刘峰：《基于云计算的全媒体新闻人才创新培养模式探析》，《新闻大学》2014年第6期。

③ 胡德才：《媒介融合时代新闻传播人才培养的理念与路径》，《新闻大学》2015年第5期。

④ 鲍枫、王以宁：《英国高校数字媒体人才培养模式研究及其启示》，《外国教育研究》2011年第12期。

⑤ 刘明洋、袁晓川：《融通之道：解读新媒体环境下新闻传播教育的两大趋势》，《国际新闻界》2018年第9期。

⑥ 张小琴、陈昌凤：《后喻时代的新闻教育——清华大学新闻与传播学院的“清新传媒”实践教学模式》，《国际新闻界》2014年第4期；陈昌凤、张小琴：《融合时代的新闻传播教育》，《中国高等教育》2014年第2期。

⑦ 徐丽芳、曾李：《美国新媒体专业高等教育研究》，《中国编辑》2013年第3期。

⑧ 匡文波、孙燕清：《美国新媒体专业教育模式分析及对中国的借鉴》，《现代传播》2010年第8期。

谓众声喧哗，热火朝天[①]，至今相关论文高达2704篇[②]。媒体融合既是一场由技术革命带来的媒体转型，更是一场由国家层面谋划和推动的深刻变革[③]，相关研究主要关注概念厘定、发展演进、现状描述、策略分析、融合路径等方面。理解媒介融合概念的关键是技术、经济、组织和制度四个方面。[④]

一是微观层面的个案研究。在《日本经济新闻》新型融媒体平台转型经验中，其独特的知识付费模式、用户定制服务等举措对我国媒体融合具有重要的借鉴意义。[⑤]湖南经济电视台的个案呈现了跨媒体集团的资源共享策略[⑥]以及央视重大活动的网络新媒体传播策略[⑦]。浙报集团、上海报业集团、“超级女声”、凤凰新媒体、上海文广等媒体融合行为也成为研究者关注的对象。

二是中观层面的新媒体行业、产业发展或转型研究。在报业融合发展方面，学者们分别提出培植未来报纸读者、对接数字媒体、报业数字化转型等策略。[⑧]将其与便捷广播等音频媒介相关联，变专注性阅读为伴随性收听，在不同媒介形态融合中实现嬗变[⑨]；在广电媒体融合发展方面，广

---

① 韦路：《媒体融合的定义、层面与研究议题》，《新闻记者》2019年第3期。

② 基于中国知网中的CSSCI数据库，与全文文献收集方法保持一致，继续采用关键词搜索策略，以媒体融合、媒介融合为关键词，检索时间为2019年12月31日。

③ 刘珊、黄升民：《解读中国式媒体融合》，《现代传播》2015年第7期。

④ 陈映：《媒介融合概念的解析与层次》，《北京邮电大学学报（社会科学版）》2014年第16期。

⑤ 孙静冉：《〈日本经济新闻〉新媒体融合发展策略及启示》，《中国出版》2019年第15期。

⑥ 梁媛、石月平、赵悦：《论跨媒体集团的资源共享策略——湖南经济电视台跨媒体发展的思考》，《中国广播电视学刊》2007年第2期。

⑦ 王秀云：《央视重大活动网络新媒体传播策略分析》，《中国广播电视学刊》2007年第7期。

⑧ 樊巍：《新媒体挑战下报纸NIE工程的实践与思考——以新闻晨报为例》，《新闻记者》2006年第8期；郑强：《传统报业对接数字媒体的探索与思考》，《新闻大学》2006年第4期；尹明华：《报业转型，借力数字化战略》，《新闻记者》2007年第1期；袁勇：《数字化挑战与报业发展机遇》，《新闻记者》2007年第11期。

⑨ 张晓雪：《融合中嬗变——传统纸媒与音频媒介融合发展路径探析》，《出版发行研

电业发展的趋势为融合与突破①，要积极拓展新的管理思路和管理制度②，建立与市场接轨的企业制度安排至关重要③，同时也要纳入新技术，注入新资源，并构建新机制④。中国电视融媒体产业的发展方向为“互联网+电视”⑤，数字电视应着力拓展其具有互联性和非线性播出特征的服务功能⑥。传统电视要积极转变经营模式，自发、自觉地进行平台转移，从而实现电视传媒的涅槃重生⑦，因此传媒业今后发展的新趋势为传媒融合化、产业化、网络化和数字化⑧；在出版机构的融合发展方面，要着力构建多面向的供需平台，多层次的服务平台、个性化的社交自出版平台、辅助决策及实现智能出版平台⑨。微博客是传统媒体业务变革的试验区，媒体微博的角色正在从信息发布平台到公共交流平台延展，融合报道助推媒体融合形态升级⑩，而微博职业编辑应注重新技术应用，强化用户聚合，增强文化导向⑪。

究》2018 年第 4 期。

① 石长顺、石永军：《融合与突破：对广电业发展趋势的一种解读》，《中国广播电视学刊》2007 年第 3 期。

② 董年初、熊艳红、范洁：《视听新媒体与广电管理体制改革》，《中国广播电视学刊》2007 年第 12 期。

③ 高子华：《“网络电视风暴”背后——兼论数字新媒体开发制度安排的重要性与紧迫性》，《中国广播电视学刊》2005 年第 7 期。

④ 黄升民、宋红梅：《过去、现在与未来——广播媒体应对挑战与摸索转型的轨迹探析》，《现代传播》2006 年第 6 期。

⑤ 高红波：《“互联网+电视”：中国电视融媒体产业的场域空间》，《现代传播》2018 年第 9 期。

⑥ 杨继红：《新媒体格局下我国数字电视的机遇》，《国际新闻界》2007 年第 6 期。

⑦ 谢耘耕、倪握瑜：《重蹈覆辙还是自我突破——新媒体时代电视媒体的选择》，《新闻界》2007 年第 3 期。

⑧ 秦燕：《科学技术进步与传媒的演变》，《科技管理研究》2006 年第 11 期。

⑨ 张庆园、宋成：《纸质回归与平台建构：专业出版机构的新媒体融合与运营探究》，《出版发行研究》2018 年第 10 期。

⑩ 蔡雯：《媒体微博：新闻传播变革的试验区——从地方报纸两会报道中的微博利用说起》，《新闻记者》2011 年第 3 期。

⑪ 陈婷：《“大媒体”时代微博职业编辑能力的重构》，《中国编辑》2011 年第 1 期。

三是宏观层面的媒体融合研究。媒体融合的本质是不同传播实践之间的技术手段、功能结构和形态模式的边界改变和能量转换①，也是媒介再造，信息技术的快速发展形成新的复合媒介，实现再媒介化②。传统媒体与新兴媒体之间实现融合发展的基本条件是与平台、社群融合③，关键障碍为文化隔阂④，人工智能将重塑媒体融合新生态⑤，唤醒并发现入口价值是媒体融合的进阶关键⑥。顶层设计研究方面，国家要在传媒业转型发展的融合阶段履行其调控职责，推动媒体融合布局重构、媒体生产要素配置和媒体融合落地监督⑦，同时加强现代传播体系建设，适时孵化“体制内市场”，创造有序的竞争环境⑧。在媒体融合发展趋势方面，新媒体将取代旧媒体的最大推动力是人性需要和经济利益。⑨在当前诸多互联网平台中，关系正在逐步替代内容成为新的着力点，同时媒介融合进程中产业重组与流程再造的深层含义为多维度合作，全媒体实验改革需建立在市场需求和产业发展规律的基础之上。⑩中国媒体融合创新要着力提高传媒“四力”、构建自上而下三级贯通的“传媒电网”体系和建构全球网络空间命

---

① 高钢：《迎接媒介融合的时代》，《新闻与写作》2009年第7期。

② 党东耀：《媒介再造——媒介融合的本质探析》，《新闻大学》2015年第4期。

③ 嵇美云、支庭荣：《互联网环境下媒体融合的瓶颈及策略选择》，《现代传播》2016年第11期。

④ 彭兰：《文化隔阂：新老媒体融合中的关键障碍》，《国际新闻界》2015年第12期。

⑤ 沈浩、袁璐：《人工智能：重塑媒体融合新生态》，《现代传播》2018年第7期。

⑥ 苟凯东：《模型与路径：媒介融合的多元价值系统》，《当代传播》2019年第1期。

⑦ 王炎龙、邱子昊：《供给侧结构性改革视阈下媒体融合的格局重构》，《湖南科技大学学报（社会科学版）》2019年第5期。

⑧ 支庭荣：《我国媒体融合发展的内在逻辑与焦点问题》，《人民论坛·学术前沿》2019年第3期。

⑨ 朱光烈：《“不谋万世者无以谋一时，不谋天下者无以谋一域”——2006年再论“泡沫”》，《现代传播》2006年第5期。

⑩ 彭兰：《从“内容平台”到“关系平台”》，《新闻与写作》2010年第5期；彭兰：《如何从全媒体化走向媒介融合——对全媒体化业务四个关键问题的思考》，《新闻与写作》2009年第7期。

运共同体。[①] 传统主流媒体正借力现代传播技术，构建日渐完备的融合传播体系。[②] 未来，媒体融合的发展趋势为人文化、生态化与民主化。[③] 媒体融合的三个层次分别为互动、整合与大融合，内容和服务是媒介融合过程中最重要的关注点[④]，打造数字化媒体、全媒体是媒体融合的着力方向[⑤]，要适应用户的需求变化，以开发产品为导向，积极进行流程再造和组织重构，建构相互融合的机制体制是媒介融合的主要手段[⑥]。新老媒体融合中的关键障碍是文化隔阂，需进行文化性"转基因"[⑦]，重新认识、适应和引领新常态，改革创新方能实现真正融合[⑧]。用户才是未来媒体最重要的资源，重构媒体与用户关系，进而把媒介融合看作"内容生产 + 产品形态 + 渠道占有"的有机体。[⑨] 在媒体融合影响及评估的研究方面，媒体融合中的新闻生产要注意把握"高度""厚度"和"温度"，坚持移动优先[⑩]，新闻评价的标准应当与时俱进地做出改革[⑪]。媒介融合所引发的媒介的裂变与重组带来媒介

① 刘建华：《中国传媒融合创新四大突出问题与发展趋势》，《中国出版》2019 年第 4 期。

② 张金桐、屈秀飞：《媒体融合的演进逻辑、实践指向与展望》，《当代传播》2019 年第 3 期。

③ 吴文涛、张舒予：《技术创新视角下"媒体融合"动因、内涵及趋向》，《中国出版》2016 年第 14 期。

④ 许颖：《互动 · 整合 · 大融合——媒体融合的三个层次》，《国际新闻界》2006 年第 7 期。

⑤ 刘媛姗：《全媒体时代传统主流媒体的融合发展之道》，《新媒体研究》2017 年第 22 期。

⑥ 胡正荣：《传统媒体与新兴媒体融合的关键与路径》，《新闻与写作》2015 年第 5 期。

⑦ 彭兰：《文化隔阂：新老媒体融合中的关键障碍》，《国际新闻界》2015 年第 12 期。

⑧ 朱剑飞、胡玮：《唯改革创新者胜—再论媒体融合的发展瓶颈与路径依赖》，《现代传播》2016 年第 9 期。

⑨ 陈力丹、史一棋：《重构媒体与用户关系——国际媒体同行的互联网思维经验》，《新闻界》2014 年第 24 期。

⑩ 刘海贵、庹继光：《融媒时代新闻生产的"三度"》，《新闻记者》2019 年第 9 期。

⑪ 李亚军、弥建立：《媒体融合时代电视新闻评价标准的进路与方向——兼论中国新闻奖电视新闻评奖改革》，《编辑之友》2017 年第 3 期。

生产方式的革命，成为推动媒介化社会的核心动力[①]。有研究者以政府、广告商、观众等为评价主体，以覆盖率、社会评价为考评维度，构建出动态的传统媒体与新兴媒体融合指标体系[②]。有研究者基于大数据的研究方法，构建了传统媒体融合传播效果的评价指标体系并对其进行验证[③]，提出了媒体融合的评判标准[④]。

四是媒体融合理论研究方面，一方面是媒体融合概念研究。媒体融合概念最早起源于尼葛洛庞蒂（Negroponte），他提出计算机工业、出版印刷工业等正在趋向融合[⑤]，其后索勒·普尔(Sola Pool)、詹金斯(Jenkins)、博尔特和格鲁辛（Bolter&Grusin）等人不断对其进行完善。相比国外，中国新媒体传播研究者们多将其作为一个不证自明的概念，刘鹏、李良荣、宋建武、韦路等在媒体融合的概念完善上贡献了中国智慧，但是更多研究均采用了官方表述的概念："传统媒体和新兴媒体融合发展"[⑥]。另一方面是媒体融合的基础理论研究。媒介融合再理解的关键是从业态转向社会形态，将不同维度的媒体重新整合为一个相互连接的"网络社会"，不同的媒介组织成为其中的一个节点，依此重新理解媒介融合，"原来互相分割的社会交往语境和形态（比如私人与公共）模糊乃至坍塌，媒介产业的霸权地位已经不在，而另外一种形式的融合——社会融合（social convergence）悄然崛起[⑦]"。有研究者从关系的角度切入观照媒体、用户和社会

① 孟建、赵元珂:《媒介融合：粘聚并造就新型的媒介化社会》,《国际新闻界》2006年第7期。

② 孙光磊:《传统媒体与新兴媒体融合指标体系构建及评价分析》,《中国出版》2017年第2期。

③ 赵彤:《媒体融合传播效果评估的路径、模型与验证》,《新闻记者》2018年第3期。

④ 谢新洲:《我国媒体融合的困境与出路》,《新闻与写作》2017年第1期。

⑤ 宋昭勋:《新闻传播学中Convergence一词溯源及内涵》,《现代传播》2006年第1期。

⑥ 严三九:《媒体融合过程中传媒体制改革研究》,《新闻记者》2016年第12期；谢新洲:《我国媒体融合的困境与出路》,《新闻与写作》2017年第1期。

⑦ ［美］曼纽尔·卡斯特:《网络社会的崛起》，夏铸久、王志弘等译，社会科学文献出版社2001年版。

的关系结构之间的互动情况，搭建媒体融合转型的新行动框架，实现“以关系为纽带，以人为中心”的融合路径创新。① 媒介形态的变革与更迭是表象，融合转型是媒介形态变革的必然趋势，要回归到社会关系与社会结构的契合以及传播价值挖掘等层面。②

当下，基于互联网发展、新媒体形态演进的媒体融合仍在继续推进，研究热度持续保持，有研究者提出不同的看法，比如媒介融合并非是传统媒体转型发展的万能钥匙③；传媒业发展的趋势是分化而非融合④。

随着媒体融合国家战略的强势推进和媒体转型实践的逐步深入，“媒体融合”成为极具中国特色的研究议题，得到众多研究者关注。纵览与媒体融合相关的研究成果，明显呈现出如下特点：一是在研究内容方面，井喷式的国内期刊论文多属媒体融合实践研究，聚焦于应用研究和业务探讨⑤，是从传媒业门内的“业态”思维来分析融合实践⑥，且融合实践尚处在起步的艰难破题之时⑦，多为成功经验介绍，未来路径思考。自上而下推动媒体融合的力度如此之大，许多地方推动媒体融合之时又常面临无从下手的困境，以上激发学界、业界的研究热情，大量对策研究也就不足为奇。二是在研究方法方面，多通过个案分析等质化研究方法进行媒体融合相关议题的探讨，量化研究、质化与量化相结合的研究则明显不足。

从以上新媒体与社会维度下的新媒体与社会变迁、新媒体与政治、新媒体与文化等不同面向的分析可以发现，新媒体已经深度嵌入社会的各个层面，对社会变迁、政治、文化等层面发挥巨大影响力。分析已有成果的

---

① 张辉刚、朱亚希：《社会嵌入理论视角下媒体融合的行动框架构建》，《当代传播》2018 年第 1 期。

② 赵新宁：《媒介形态的更迭与行动逻辑》，《中国社会科学报》2019 年 9 月 5 日。

③ 张洪忠：《媒介融合热潮中的冷思考》，《新闻与写作》2015 年第 5 期。

④ 陈国权：《分化是传媒发展的趋势——“融合论”质疑》，《新闻记者》2010 年第 3 期。

⑤ 韦路：《媒体融合的定义、层面与研究议题》，《新闻记者》2019 年第 3 期。

⑥ 黄旦、李暄：《从业态转向社会形态：媒介融合再理解》，《现代传播》2016 年第 1 期。

⑦ 徐峰：《媒体融合仍处于艰难的破题阶段——黄楚新访谈录》，《新闻论坛》2015 年第 5 期。

研究路径及其内容可以看到，多数研究都是基于新媒体具有重要影响力的预设展开研究，结构功能主义研究倾向显性存在，多为描述现象和探讨对策方法。

综上所述，中国新媒体传播研究议题主要围绕各种新媒体现象与对策展开，新媒体自身研究类成果数量最多，且多是关于不同新媒体形态、应用特点、功能等的描述以及发展策略类的研究，止于新媒体发展的表象，缺乏有穿透力的成果出现，而新媒体与社会研究的成果，多是新媒体对政治、经济、文化、社会变迁等的影响描述和对策探究，缺乏深入的学理探讨。在以上两个维度的研究成果中，发展和治理话语下的现象描述和对策研究占据研究成果的大多数，表征性趋势明显。与此同时，在新媒体与人的研究方面，不同人群的新媒体使用和影响研究也多是现象描述和对策研究。从整体上可以看到新媒体研究议题日趋多元，但是表现出明显的表征性，多关注新媒体及新媒体现象、新媒体事件等表象层面，缺乏对其本质及其一般规律的论证和发现。以上统计结果从新媒介、人和社会关系的角度思考新媒体研究的传承和发展，可视为一种脱离了技术决定论和媒介中心主义的审视视角。德布雷（Debray）提出的"媒介学"或可为这种研究思路提供理论参照：媒介学有别于媒介社会学，不是以孤立的个体为中心，而是采用学科交叉的研究视域，论据和论述来源关涉历史和信息传播理论等不同学科①，关注文化领域和技术领域的互动研究。当然国内的媒介化研究尚在起步阶段，关注"现实的传播活动如何在特定的媒介进程中展现"，同时描述"某种媒介的具体特性对于社会文化现实的情景化影响"②，为"实践取向"的新媒体研究提供了新的理论框架。可以预料的是，媒介化理论与在地性的中国新媒体实践深度勾连，必将打开新的研究面向。

---

① 陈卫星、雷吉斯·德布雷：《媒介学：观念与命题——关于媒介学的学术对谈》，《南京社会科学》2015 年第 4 期。

② Couldry N, Hepp A., *Conceptualizing Mediatization: Contexts, Traditions*, Arguments, Communication Theory, 2013, pp.191-202.

第三节 研究方法的多样与描述性

“一个学科之所以称之为科学，是由于应用了科学方法，科学的成功是由于科学方法的成功。”① 社会科学研究需“客观地”体察行动者的行为和思想过程，同时还需借助研究者的“主观”来对其所负载意义进行判断②，所以从事社会科学研究要注意研究方法的使用。研究方法是一个综合系统，是从事研究的设计、策略、手段、步骤乃至过程的总和，是“研究者由已知的此岸到达未知的彼岸而必须经过的一座桥梁，是研究者的一种表达的可能性”③，其分为方法论、研究取向和研究方法三个层面。研究者使用何种研究方法关乎“此岸”怎么到达“彼岸”，关乎研究结果的适用性和精确性，也是衡量研究质量的重要维度④。在当下中国新媒体传播研究中，研究方法的使用多是人文—历史—哲学的思维方法，具有明显的经验描述特点。研究方法本身就是一门学问，加强中国新媒体传播研究方法使用的专门研究，有助于研究者洞察中国新媒体传播研究现象的本质和规律，推进学术研究的逐步深化。

西方社会科学中关于量化、质化研究的争论由来已久，国内的社会科学研究者虽较早关注到以上争论，但是其思辨传统根深蒂固，目前实证研究虽然得到逐步认可，但是尚未被广泛使用，所以国内量化、质化之争尚未形成规模。随着近年来新媒体研究热度的急剧扩散，一些学者关注到新媒体研究中的研究方法使用问题。李明不仅对 1999—2008 年运用量化分析的 SSCI 收录论文进行抽样分析，提出适合互联网内容分析的方

① 吕世伦、文正邦：《法哲学论》，中国人民大学出版社 1996 年版，第 610 页。

② 陈向明：《质的研究方法与社会科学研究》，教育科学出版社 2000 年版，第 4 页。

③ 劳凯声：《人文社会科学研究的问题意识、学理意识和方法意识》，《北京师范大学学报（社会科学版）》2009 年第 1 期。

④ 廖圣清等：《中国新闻传播学研究的知识谱系：议题、方法与理论（1998—2017）》，《新闻大学》2019 年第 11 期。

式、方法，着重分析了使用的常见问题及其对策①，而且采用内容分析方法，以6本期刊上运用量化内容分析的新媒体研究论文为分析对象，研究近10年来中国新媒体传播研究领域中量化内容分析方法的应用情况，发现量化研究方法应用日趋广泛，但很多论文缺乏严谨的操作规范②；周翔研究了内容分析法在网络传播研究中的抽样问题，提出需重视下载样本的及时性、时间编码的统一等问题③；范龙提出使用内容分析法应当实现研究方式从线性到交互式、控制研究从硬性到自由开放的转变④；曾照云等指出，在互联网内容分析中抽样框确定的局限主要在于网络数据库、网站和搜索引擎的选择，提出的对策为运用元搜索引擎⑤；沈荟等发现新媒体人际传播的研究方法主要以实证研究为主，人文和科学精神交融的研究成果不多⑥。除此之外，有研究者以6本CSSCI期刊中的127篇论文为例，研究微博研究中的研究方法使用，发现思辨方法占比近七成，内容分析和混合研究方法等实证方法使用较多，较少采用控制实验和田野调查等方法⑦；刘凯从互联网结构化的理论视角出发，研究社会网络分析法在新媒体若干研究议题中的应用现状⑧；卢章平基于对社会网络分析在社交媒

---

① 李明：《论量化内容分析法在互联网研究中的应用——以1999—2008年SSCI收录的相关论文为例》，《新闻与传播评论》2009年第1期。

② 李明、陈可薇：《量化内容分析法在中国大陆新媒体研究中的应用——以六本新闻传播类期刊为例》，《中国地质大学学报（社会科学版）》2016年第3期。

③ 周翔：《内容分析法在网络传播研究中抽样问题——以五本国际期刊为例（1998—2008）》，《国际新闻界》2010年第8期。

④ 范龙：《内容分析法在网络传播研究中的应用》，《情报科学》2010年第6期。

⑤ 曾照云、程安广：《网络内容分析法抽样的局限性及对策》，《图书情报工作》2012年第22期。

⑥ 沈荟、王学成：《新媒体人际传播的议题、理论与方法选择——以美国三大传播学期刊为样本的分析》，《新闻与传播研究》2015年第12期。

⑦ 杨喆、冯强：《微博研究回顾：主题、理论与方法——对6份CSSCI新闻传播类期刊相关文献的量化分析（2010—2012）》，《广东社会科学》2013年第4期。

⑧ 刘凯：《社会网络分析法在新媒体若干研究议题中的应用——互联网结构化研究视角》，《新闻界》2011年第9期。

体上的应用研究，指出其所存在的问题①。

综上所述，以上研究有利于加深对中国新媒体传播研究方法的认识，但是多是基于应用层面，研究某一研究方法在新媒体研究中的使用问题，但缺乏系统研究，从方法论层面进行系统归纳、演绎的研究成果较少，同时概念使用不规范的现象普遍存在。中国新媒体传播研究中方法论与研究趋向的分布呈现出什么特点？主要使用了哪些研究方法？研究方法使用对中国新媒体传播研究进路发挥什么样的作用？本节基于分层抽样与内容分析法，洞悉中国新媒体传播研究成果中的方法使用问题。

一、基本概念厘清

为了对1994年以来新媒体研究进路的研究方法有清晰的认识，澄清一些模棱两可的概念非常有必要。科学研究中的本体论主要指向“研究什么”，认识论主要指向“如何研究”，目的论则指向“为什么研究”②，研究方法属于认识论的范围，并随着新方法的出现而不断更新。本书主要以新闻传播领域采信度高的研究方法作为分析依据，当笔者试图梳理中国新媒体传播研究25年中的研究方法使用情况时，发现相当数量的研究对方法、方法论等概念认识模糊，所以首先澄清以下概念：一是方法论与研究方法，二是质化和量化。

一是方法论和研究方法。方法论即研究方法的基本假设、逻辑和原则，是指导学术研究的思想体系，关涉研究的逻辑与哲学基础，主要包括规范学术研究的原理、原则和方法等组成部分。③研究方法是指在科学研究中，用以洞察新现象、提出新观点或揭示新规律所使用的方法或

① 卢章平等：《社会网络分析在社交媒体上的应用研究》，《情报科学》2016年第12期。

② 廖圣清：《20世纪90年代西方大众传播学研究》，博士学位论文，复旦大学，2003年。

③ 参见风笑天：《社会研究方法（第五版）》，中国人民大学出版社2018年版。

工具。方法论与研究方法的不同之处在于，方法论是科学研究实践的概括以及科学方法的抽象化，属于形而上的哲学范畴，而研究方法则是研究过程所运用的技术和工具。方法论主要包括量化、质化和混合研究①，而研究方法则基于不同的分析标准呈现不同的分类标准，需具体问题具体分析。

二是量化和质化，对于社会科学研究中的方法论，学术界素有“质的研究”（qualitatve research）和“量的研究”（quantitative research）的分法和争论。“质”的研究需要研究者置身于社会现象中，通过具身的体验观察、洞悉研究对象的行为和思维，并基于大量一手资料建立极具“情景化”又富“主体间性”的意义诠释，而“量”的研究则需要在提出研究假设的基础上，将研究对象数量化，然后计算出不同变量之间的数量关系，并以此做出解释或判断，得出“科学的”“客观的”研究结论。以上两种方法论代表了不同的研究范式，方法论不同反映了更深层次上的本体论、认识论上的差异。纵观最近几年的新闻传播学研究成果，量化研究方法论在社会科学研究中更受重视。②使用量化或质化方法论的关键不是对多变量数据、深度访谈、李克特量表、问卷调查、实地调研和个案研究等具体方法的选择，而是体现在对研究对象的认知，如何研究则表征了“研究什么”的假设和解答。③量化、质化不能成为判断研究质量高低的标准，而使用何种方法论的主要依据为研究对象与核心议题，因此方法论要服务于研究的顺利开展和研究目标的实现。

---

① Walter, N., Cody, M.J., and Ball-rokeacH, S.J., *The Ebband Flow of Communication Research: Seven Dacades of Publication Trends and Research Priorities*, Journal of Communication, 2018(10), pp. 424-440.

② 周晓虹：《文法反哺：变迁社会中的代际革命》，商务印书馆 2015 年版，第 37 页。

③ Jean LSK, *Quantitative Versus Qualitative Research HmetHods-Two Approaches to Organisation Studies*. Asia Pacific Journal of Management, 1992, p.88.

二、研究设计

一是分析维度的确立，根据文献收集和分析可以发现，学术界目前并没有对新媒体研究方法制定出专门标准，本书基于国际通行的社会科学研究方法分类标准进行研究维度的设计。研究方法的测量，主要包括方法论、研究取向和具体研究方法三个层面①，其中研究取向分别为以下4种：实证、诠释、批判和其他②；方法论分别分为以下4种：量化研究、质化研究、混合研究和无方法③；具体研究方法分为以下9种：调查法、内容分析法、实验法、深度访谈法、话语分析法、网络分析、民族志、其他、无方法④。

一般来说，规范的学术论文往往在摘要中会对研究方法做出明确的说明，但是通过文献分析发现有部分论文并未明确标注所使用的研究方法，因此需要逐篇研读原文和谨慎判断。另外需要说明的是，通过观察抽样所得的论文可以发现，部分论文涉及多种研究方法的混合使用，所以在统计时候以研究方法的出现频次为计数标准，而不是以论文为计量单位，也就是研究方法出现1次，统计为1频次，因此在统计结果中，研究方法的总使用频次可能会大于样本文献的篇数。

二是样本文献的分层抽样，笔者拟采取分层抽样的方法，以年发文量所占总发文量的比例为抽取标准，每年抽取相应比例的文献作为研究方法

---

① 廖圣清等：《中国新闻传播学研究的知识谱系：议题、方法与理论（1998—2017）》，《新闻大学》2019年第11期。

② Potter, W.J.and Cooper, R.and Dupagne, M,“*The Three Paradigms of Mass Media Research in Mainstream Communicati on Journals*”, Communication Theory, 2006, pp. 317-335.

③ 王颖吉：《传播与媒介文化研究方法》，北京大学出版社2015年版，第64页。

④ Walter, N., Cody, M.J., and Ball-rokeach, S.J,”*The Ebb and Flow of Communication Research: Seven Decades of Publication Trendsand Research Priorities*”, Journal of Communication, 2008, pp. 123-156.

分析的样本文献。抽样框是在中国知网的 CSSCI 数据库中抽取到的 9880 篇文献，抽取到的文献中需要作者、摘要等信息完整。另外为了保证样本文献的学术性，在按照随机数表抽样的时候，如作者的署名单位为业界，则改抽其最近的上篇文献，以此类推，以保证样本文献的学术性。

首先样本数量的确定。按照统计学中分层抽样的操作规范，在重复抽样和无限总体抽样前提下，最小样本量的计算公式如下：

$$n=\frac{Z^2\partial^2}{E^2}$$

其中，Z 为标准误差的置信水平，置信水平越高，需要的样本数量越多。根据研究需要，本书选取置信水平为 95%，对应的 Z 为 1.96。∂ 为方差，表征样本之间的离散程度。当方差未知时，可取最大值 0.5，本次 ∂ 为 0.5。E 为误差，一般情况下，误差越小，所需样本越大，本次取误差率为 3%。这样所需最小样本量为 1067 篇，因此按照年发文量比例最终抽取 1072 篇样本文献。

其次是样本文献的抽取方法。本书采用分层抽样方法，首先在 Excel 中统计出每年的发文量，其次根据年发文量的占比情况计算出每年需要的抽样数量，然后进行逐年抽样，在 Excel 中使用 RAND 函数对应每篇文献生成一个不重复的小于 1 的六位随机数，然后将该列中的随机数使用 RANK 函数进行降序排列，并生成一个编号（每个编号对应一篇文献），从而根据各年需要抽样的数量从该列中选取相应数量的样本文献。历年的年发文数量、占比及抽样数量如表 3–5 所示。

表 3–5　年度样本文献数量分布一览表(1994—2019 年)

年份（年）	篇数	占比	抽样数	年份（年）	篇数	占比	抽样数
2019	1055	10.68%	114	2005	62	0.63%	7
2018	996	10.08%	108	2004	74	0.75%	8
2017	1087	11.00%	118	2003	63	0.64%	7
2016	1021	10.33%	111	2002	61	0.62%	7

续表

年份（年）	篇数	占比	抽样数	年份（年）	篇数	占比	抽样数
2015	1203	12.18%	130	2001	77	0.78%	8
2014	901	9.12%	98	2000	92	0.93%	10
2013	734	7.43%	79	1999	35	0.35%	4
2012	664	6.72%	72	1998	14	0.14%	2
2011	483	4.89%	52	1997	10	0.10%	1
2010	404	4.09%	44	1996	19	0.19%	2
2009	311	3.15%	34	1995	15	0.15%	2
2008	230	2.33%	25	1994	7	0.07%	1
2007	148	1.50%	16	合计	9880	1000%	1072

经过培训的三位编码员采用两两组合的办法，分别对编号为 1—357、358—714、715—1072 的三组论文进行编码，三组编码员之间的信度（Scott'sPi）分别为 0.927、0.956 和 0.963。

三是分析方法。首先统计 25 年来中国新媒体传播研究中 9 种具体方法的使用频次，以此横向比较不同研究方法的使用情况；其次是方法论分析，洞察量化、质化、混合法、无方法[①] 的分布情况；最后是研究取向分析，归纳实证、批判、诠释、其他等研究取向的分布情况。

三、渐受重视与现象描述：研究方法研究的基本特点

在随机抽取的 1072 篇论文中，统计结果如表 3-6 所示：在研究取向分布方面，实证、批判、诠释三种研究取向分别占比为 33.37%、0.84% 和 64.73%，诠释研究取向占比最高，批判研究取向占比最低，诠释研究取向占比明显高于实证研究取向和批判研究取向；在方法论分布方面，没有使用任何研究方法的论文占比高达 79.48%。量化研究占比为 14.18%，

① 此处的“无方法”是指方法使用不规范，没有明确的方法意识的论文。

质化研究占比 3.91%，混合方法论占比为 2.42%；在具体研究方法分布方面，使用研究方法的样本文献有 220 篇，其中使用最多的研究方法为调查法、内容分析法，占比分别为 9.70%和 5.69%。经过统计分析发现使用方法的论文数量有逐年增多之势。

表 3–6　1994—2019 年中国新媒体传播研究的研究取向和研究方法(n=1072)

项目	频次	百分比（%）	项目	频次	百分比（%）
研究取向			研究方法		
实证	362	3.77	调查法	104	9.70
批判	9	0.84	实验法	15	1.40
诠释	694	64.73	内容分析	61	5.69
其他	7	0.65	访谈	15	1.40
方法论			话语分析	14	1.31
量化	152	14.18	民族志	3	0.28
质化	42	3.91	网络分析	19	1.77
混合	26	2.42	其他方法	26	2.43
无方法	852	79.48	无方法	852	79.48

通过中国新媒体传播研究与新闻传播学研究的研究取向、研究方法等（见表 3–6）的对比分析可以看到：在研究取向方面，诠释研究取向均占比最高，批判研究取向占比最少，但新媒体研究中的实证取向高于新闻传播学研究；在方法论方面，量化方法论占比两者均是最高，但在新媒体研究中，量化、质化、混合方法论占比均高于其在新闻传播学领域的分布，尤其是新媒体研究中质化方法论和混合方法论表现突出；在研究方法方面，调查法和内容分析法是两者均使用较多的方法。在研究方法统计中，内容分析经常与社会网络分析、问卷调查等研究方法论一同使用，被归入混合研究条目中，客观上也成为以上研究方法单独使用较少的原因之一。抽样文献中较少使用的研究方法有社会网络分析、实验法、民族志等方法，可能与以上研究方法对研究者软件使用与统计分析有较高要求，且费时费力等因素有关；民族志、田野调查等研究方法则需要研究者具备扎实的研究

功底、访谈能力和物力、人力的支持，以上均从客观上制约了以上相关方法被使用的可能性。另外以上情况的存在与研究者的学术背景和学术训练密切相关，大多数研究者来自新闻传播学等人文学科，相对缺乏规范的学术方法训练。综合以上分析，从整体来看，新媒体研究中研究方法使用逐渐得到重视，但从整体上来看，使用研究方法的文献占比有待提高。

研究方法是科学研究和理论建构的重要条件之一，也是评判研究质量的重要标准。当然研究方法的使用主要根据研究需要来确定。研究方法在本质上没有优劣之分，方法的有用性在于它如何被使用，正如用能否切割来检验刀子一样，理论要紧随实践。① 研究方法的使用要以能否呼应研究需要和解决研究问题为准。回顾 25 年中国新媒体传播研究历程，不同时期对研究方法使用的认识有所不同，但自始至终都比较重视研究方法的使用。规范和科学的研究方法能够促进研究问题解决的认识，已经成为新媒体学术界的共识。当下，许多研究者已经放弃对“方法是否重要”的质疑而转向聚焦研究方法的规范使用。当然，对研究方法规范化的重视，并非是提倡“方法至上”，而是方法要为有理论贡献和现实价值的学术研究服务。②

当然，在开展中国新媒体传播研究方法的时候，也要注意避免陷入“为方法而方法”的极端。研究方法本身本没有“好”与“不好”，“对”与“不对”的区别，当研究议题及研究过程与其他影响因素相勾连时才能评判其是否“适合”，所以要时刻保持清醒，引起对研究方法必要的重视，不能只顾低头拉车而忘记抬头看路，与此同时，也要杜绝“唯研究方法”片面论，想当然地认为只要使用研究方法，研究结果一定是“客观的”。本书分析发现中国新媒体传播研究的研究方法得到了重视，研究方法使用频次有所增加，但研究方法大多用来描述新媒体自身、新媒体现象等，比如不

---

① ［英］H.P. 里克曼：《狄尔泰》，殷晓蓉、吴晓明译，中国社会科学出版社 1989 年版，第 123 页。

② 卜卫：《论社会调查方法的逻辑及价值》，《国际新闻界》1997 年第 1 期。

同人群新媒体使用特征、影响的调查等，基于特定主题的某新媒体平台的内容、框架分析等，某类新媒体平台发展的个案研究等，某类新媒体传播内容的文本、话语分析等，用于探索新媒体发展、使用、影响深层机制的研究方法使用较少。与此同时，经常可以看到新媒体研究中一些所谓的量化研究，实际上仅仅是基于小样本进行的问卷调查，然后经过程式化的比例统计，采用图表的呈现形式，其研究过程基本没有对变量之间关系进行研究，然后得出"常识"性的结论，研究方法的描述性很难产生任何知识增量。

综合以上统计和分析可以发现，中国新媒体传播研究具有注重使用研究方法的传统，较多研究者注意到研究方法的使用，多数研究者倾向于研究方法的使用并认为研究方法的使用一定可以提升研究质量，但是研究方法使用多局限在现象描述，缺少对新媒体现象与事件的原理探索和追问，对推动理论创新的作用有限，研究方法的滥用和研究成果的粗浅相伴而生，胡翼青所谓的"吊诡"①怪象显性存在于中国新媒体传播研究的方法使用中。

第四节　理论创新的积累与碎片化

基础理论具有高度的抽象性②，包含对于所诠释对象的科学认识和表达③，为概念和变量提供了分析框架，从而基于此解释其中意义④。理论

① 胡翼青：《传播实证研究：从中层理论到货币哲学》，《新闻与传播研究》2010年第3期。

② West, R.and Turner, L., *Introducing Communicati on Theory: Analysis and Application with Power* Web, 2000.

③ 李喜根：《新闻与传播学理论以及新闻与传播学科学研究》，《新闻与传播研究》2009年第1期。

④ ［美］肯尼斯·赫文、托德·多纳：《社会科学研究：从思维开始》，李涤非等译，

体系不仅助益于理解具体事物和社会万象，源于实践又高于实践，而且可以预测未来趋势，是学术研究深入发展的根本动力。理论建构是一个系统工程，分为单纯引用、作为全文研究框架、理论对比、理论评价、新理论提出、理论检验、理论完善和理论应用等方面。① 中国新闻传播学研究目前尚处于理论引进、理解和应用的初级阶段，鲜有新理论的提出、改进等创新性探讨②，那么中国新媒体传播研究的基础理论创新现状怎样呢？本节将对 25 年来其理论创新问题展开研究。

一、理论创新研究的文献回溯

研究者很早就关注到中国新媒体传播研究的理论创新问题，比如陈力丹提出要调整研究的框架与重心③；卜卫指出因特网的出现极大挑战了传统传播学的理论体系，如何突破现有传播学的研究范畴、实现理论创新就成为需要面对的新学术命题④。随着研究的深入，更多学者关注到新媒体的理论创新问题，比如刘洋等指出目前国内传播学视域下的新媒体研究所关涉的领域很广泛，但是多数停留在特征分析、现象描述和事件探讨的初级阶段，对于新媒体现象背后的影响因素及其理论内涵鲜有涉及，止于现象描述，缺乏理论关照下的分析框架以及深入探讨，提出以知识增量作为衡量新媒体研究的测评标准⑤；张涛甫认为新媒体的发展已经发展成为与现实空间高度相关的网络空间，此前新闻传播学现有理论以及外来增

重庆大学出版社 2013 年版。

① Bryant, J.and Miron, D., *Theory and Research in Mass Communication*, Journalism of Communication 54.4(2004), pp. 662-704.

② 廖圣清等：《中国新闻传播学研究的知识谱系：议题、方法与理论（1998—2017）》，《新闻大学》2019 年第 11 期。

③ 陈力丹：《大众传播理论如何面对网络传播》，《国际新闻界》1998 年第 1 期。

④ 卜卫：《互联网络对大众传播的影响（下）》，《国际新闻界》1998 年第 4 期。

⑤ 刘洋、李喜根：《新媒体传播研究及知识增量》，《国际新闻界》2012 年第 8 期。

量资源无法解释中国特色的新媒体难题，所以当下局限于传播研究现有范式的反思，无法实现理论创新①；谢新洲提出当下新媒体研究整体表现出“内外交困、自说自话”的尴尬境地，无法实现理论与现实、科学研究与社会需求之间的平衡，呈现出“旧问题尚无解，新问题又频现”的研究现状②；甘春梅等基于对海外54篇微信样本文献的实证研究，发现大多数研究已经打破单一理论检验与拓展的局限，进入到多理论整合从而建构新模型的阶段③，对深入研究中国新媒体有一定的借鉴意义。以上研究者从不同层面关注到中国新媒体传播研究理论创新性问题，认为中国新媒体传播研究需要夯实基础理论研究，当然理论创新实现的前提，是要找准当下制约理论创新的原因，有的放矢才能得以改变现状，实现质的突破。

对于新媒体的重要性和发展性问题，在目前研究中尚未发现很多突破性的新理论或解释框架，现有研究的逻辑起点和理论框架大多是基于传统的传播学理论，尚未形成一套具有穿越力和解释力的研究框架，具体表现为技术研究主导，理论创新欠缺，少有历时性的整体性研究，难以促成学术对话。在实现中国新媒体传播研究创新的反思声中，关注基础理论创新是共识，但是如何实现有赖于研究现状的深层分析，中国新媒体传播研究何以未能实现基础理论的突破和创新呢？学术观点的积累与碎片化考察或许能打开新的研究面向。

二、基础理论创新的现状考察

在1994年至2019年期间，中国新媒体传播研究成果不计其数，其基础理论建构是不是也与时俱进，实现质的飞跃呢？经过前期文献调研，笔

---

① 张涛甫：《新闻传播理论的结构性贫困》，《新闻记者》2014年第9期。

② 谢新洲、李冰：《新媒体研究的困境及发展》，《新闻与写作》2016年第2期。

③ 甘春梅、梁栩彬、李婷婷：《使用与满足视角下社交网络用户行为研究综述：基于国外54篇实证研究文献的内容分析》，《图书情报工作》2018年第7期。

者在此选择“理论批判和基础理论构建”作为进一步洞悉研究进路的入口，在基础理论体系建构的考察中厘清中国新媒体传播研究的知识地图，横向勾勒理论批判、创新的逻辑主线和演进图景，以此洞悉中国新媒体中理论创新的实现情况。

（一）批判不足：经典理论再审视与研究范式反思

卢曼（Luhmann）曾指出，社会学面临着理论（分析框架）危机。其实不单是社会学，社科研究各个领域的理论建构经常面临无法解释新现象的困境，所以也同样面临着理论创新危机。研究的逐步深入也就是不断提出和丰富新的理论体系以解释新现象、新问题的过程。传播学经典理论曾经对于中国新媒体传播研究具有很大的洞穿力和解释力，然而随着新媒体技术的发展和新媒体研究议题的多元化，新媒体的接入、采纳和使用过程势必激发新的研究议题或产生新的“效果”，正如牛津大学互联网研究中心的威廉·达顿（William Dutton）所说，互联网研究使我们质疑旧理论对于媒体和社会研究的内在价值。因此，考察中国新媒体传播研究的理论创新，理论批判成为重要考察维度，主要包括经典理论和研究范式的批判检视。

1. 对经典理论的再审视

经典理论再审视开启新的解释框架，很多研究者基于新媒体环境进行传统传播学理论假设和理论模型的反思和修正，主要包括“沉默的螺旋理论”“议程设置理论”“使用与满足理论”“第三人效果”等传统传播学的经典理论。

首先是“沉默的螺旋”（the spiral silence）。其被提出已经有 30 余年，思考“沉默的螺旋”应置于当下的网络传播语境中。[①] 至今新媒体研究中对其进行重新审视的成果数量较多，有代表性的观点主要有：一是认为新媒体环境中“沉默的螺旋”仍然存在。尽管沉默螺旋现象的表现形式发生

---

① 朱珉旭：《当代视域下“沉默的螺旋”理论的反思》，《国际新闻界》2014 年第 1 期。

变化，但影响沉默螺旋的心理机制仍然显性存在①，只是表现形式不同而已。社交媒体在高度政治化的社会环境中更易产生“沉默螺旋”现象，②“意见表达”，在新媒体生态中呈现出复杂性③，“沉默的螺旋”表现出一定程度的社会孤立与意见气候压力④；二是持截然相反的观点，认为“少数派”所发表的与舆论大相径庭的意见，能够激活受众的反向思维，从而使其“沉默的螺旋”作用机制迅速改变为“反沉默螺旋模式”⑤。“沉默螺旋”理论在新媒体时代表现出明显的水土不服，“反沉默螺旋现象”成为新常态，其出现原因为网络的交互性、匿名性以及中间分子存在等方面。⑥受众具有很强主见很难被媒介议程所影响或感化，沉默螺旋远非普遍规律，甚至在意识形态冲突中完全无能为力，从而出现代替沉默螺旋理论的“舆论背反模式”。⑦另外也有研究者发现其在网络群体传播时代出现倒置，导致传统大众传媒趋向沉默⑧；三是对理论的辨证思考。社交媒体使网络环境中虚拟与真实共存，匿名和实名同在，沉默螺旋理论表现出明显的复杂性⑨，所以既要看到“反沉默螺旋”现象客观存在，也要看到在某些特定时空中“沉默螺旋”现象仍然存在，“反沉默螺旋”与“沉默螺旋”基

---

① 刘海龙：《沉默的螺旋是否会在互联网上消失》，《国际新闻界》2001 年第 5 期。

② 周凯、刘伟、凌惠：《社交媒体、“沉默螺旋”效应与青年人的政治参与——基于25 位香港大学生的访谈研究》，《现代传播》2016 年第 5 期。

③ 黄京华、常宁：《新媒体环境下沉默螺旋理论的复杂表现》，《现代传播》2014 年第 6 期。

④ 宋红岩、曾静平：《新媒体视域下“沉默的螺旋”理论的检视与研究——以长三角农民工的 QQ 表达为例》，《新闻与传播研究》2015 年第 4 期。

⑤ 姚珺：《互联网中的反沉默螺旋现象》，《汉理工大学学报（社会科学版）》2004 年第 3 期。

⑥ 王国华、戴雨露：《网络传播中的“反沉默螺旋”现象研究》，《北京理工大学学报（社会科学版）》2010 年第 6 期。

⑦ 刘建明：《受众行为的反沉默螺旋模式》，《现代传播》2002 年第 2 期。

⑧ 龙小农：《I—crowd 时代“沉默的螺旋”倒置的成因及影响——以“PX 项目事件”的舆论引导为例》，《新闻与传播研究》2014 年第 2 期。

⑨ 黄京华、常宁：《新媒体环境下沉默螺旋理论的复杂表现》，《现代传播》2014 年第 6 期。

于不同的网络舆论形成过程，共存于新媒体传播环境中①。

其次是“议程设置理论”。议程设置理论已经历经五十余年的学术检视，互联网的出现彻底改变了大众传播的地位，受众与媒体之间权力关系以及对人类认知结构的深入均极大地冲击了议程设置理论的信度和效度，基于网络分析方法形成的网络议程设置理论也受到关注。② 理论发展的核心概念仍是“重要性的转移”，动力为网络分析法与心理学研究方法，理论自身至今仍具解释力和应用价值。③ 议程设置理论需在数字时代重新检验，媒体权力正在实现从垂直媒体到水平媒体的转移。社交化媒体经常借助传统媒体设置议题，设置第一层议题的传统媒体和设置第二层议题的社交媒体尽管在属性上存在差异，但可能在主题上达成一致④；新媒体背景下媒体为受众设置议程，而网络媒体、传统媒体之间则相互设置议程⑤。新媒体环境下议程设置理论研究的可能进路是把研究的视野前移，主要关注微观层面上的个体和社群议程之间的互动关系以及社群议程对大众媒体议程设置思维的影响，中观层面上的议程设置各层面的可控性、个体以及社群议程议题的显著性对大众媒体议程的补充机制，宏观层面上的个体、社群和媒体的关系、个体及社群议程对舆论的影响等方面的研究。⑥ 新媒介环境下议程设置理论的核心关怀转向微议程、媒体议程与公众议程之间

① 孟威：《新媒体语境下对“反沉默螺旋”现象的思考》，《中国广播电视学刊》2014年第8期。

② 史安斌、王沛楠：《议程设置理论与研究50年：溯源·演进·前景》，《新闻与传播研究》2017年第10期。

③ 赵蕾：《议程设置50年：新媒体环境下议程设置理论的发展与转向——议程设置奠基人马克斯韦尔·麦库姆斯、唐纳德·肖与大卫·韦弗教授访谈》，《国际新闻界》2019年第1期。

④ 袁潇：《数字时代中议程设置理论的嬗变与革新——专访议程设置奠基人之一唐纳德·肖教授》，《国际新闻界》2016年第4期。

⑤ 蒋忠波、邓若伊：《国外新媒体环境下的议程设置研究》，《国际新闻界》2010年第6期。

⑥ 高宪春：《新媒介环境下议程设置理论研究新进路的分析》，《新闻与传播研究》2011年第1期。

的互动关系研究，研究的新着力点为关注个体、群体的意见指向与大众媒体、社会公众议程设置的互动博弈。①

然后是“使用与满足”理论。新媒体深度嵌入并重塑日常实践，推动技术发展与人类生存关系的不断变化。“使用与满足理论”在新媒体环境下遭遇严重的范式转换危机，亟须从人与技术关系的新视角出发，重新反思“使用满足”的理论假设，从而提出新的预设与命题。② 获取信息、社会交往、体验功能是受众使用微信的主要动机，微信用户通过在线浏览新闻类信息提升其使用满足体验。③ 有研究者基于信息系统持续使用理论和对使用行为的调查，构建了用户连续使用意图的整合模型，填补既有理论中忽略“媒体采纳之后”的不足。④ 有研究者以“技术接受模型”为分析起点，结合“网络知识”概念体系，提出技术接受模型，认为知识沟研究和数字鸿沟研究之间存在高度的相关关系。⑤

接下来是“涵化理论”。涵化理论在新媒体环境下不断遭受质疑和挑战，只有把观众主动性、新技术和媒体形态转换等因素纳入分析框架，这样才能更具阐释力和宽容度。⑥ 另外，有研究者针对“第三人效果”“知沟”理论以及经典传播理论展开反思，分别如下：“第三人效果”理论在新媒体环境中仍然具有普适性⑦，受众网络的涉入度对“第三人效果”认知与

---

① 高宪春：《微议程、媒体议程与公众议程——论新媒介环境下议程设置理论研究重点的转向》，《南京社会科学》2013 年第 1 期。

② 潘霁：《恢复人与技术的“活”关系：对“使用与满足”理论的反思》，《国际新闻界》2016 年第 9 期。

③ 韩晓宁等：《内容依赖：作为媒体的微信使用与满足研究》，《国际新闻界》2014 年第 4 期。

④ 巢乃鹏等：《功能满足、心理满意、主观规范：新媒体持续使用意向研究——以中国 3G 业务的持续使用为例》，《新闻大学》2014 年第 5 期。

⑤ 韦路、张明新：《网络知识对网络使用意向的影响：以大学生为例》，《新闻与传播研究》2008 年第 1 期。

⑥ 石长顺、周莉：《新媒体语境下涵化理论的模式转变》，《国际新闻界》2008 年第 6 期。

⑦ 郑素侠：《网络环境中的“第三人效果”：社会距离与认知偏差》，《新闻大学》2008 年第 1 期。

后续行为有显著影响①；使用媒介获取知识利弊都有，需要重新界定其核心概念“知识”，引入“知晓性知识”和“正式知识”等新概念，需重新审视“知沟”②；研究者对网络传播模型研究经历了批判修正传统模式、构建新模型和社会网络分析三个阶段③，此议题也引发杜骏飞、彭兰、匡文波、薛可等多位学者的关注。比如杜骏飞基于“泛传播”概念提出了“泛传播模式”④；彭兰基于对网络新闻传播结构的判断，认为网络新闻传播内容有信息流和意见流两种类型⑤；匡文波认为网络传播呈现出散布型的传播结构，所有网络信息均可以以非线性方式进入网络⑥；薛可等基于社会网络分析的理论视角构建出新的传播模型，用以诠释网民多元的媒体选择行为，提出网络论坛影响网民行为的最根本原因为信息紊乱⑦。

经典理论遭遇再审视的根源在于新媒体传播中互动行为的无所不在，新媒体的接触、使用、网络社会点对点的新传播结构以及个体互动感的增强等激发新的研究框架，网民、网络文化、网络社区、网络时代的个人权利、互联网的影响等新媒体研究的“老”问题抑或经典问题得到持续关注，并有新的源头活水，引领学术研究持续走向深入。

2. 对中国新媒体传播研究范式的反思和创新思考

范式主要是指公认的科学成就在一定时间内为科学共同体建构的理论

---

① 禹卫华：《网络恶搞的“第三人效果”研究——以1772位上海市民为例》，《新闻与传播研究》2008年第4期。

② 王建峰：《新媒体语境下对“知沟”中知识概念的再考察》，《新闻爱好者》2019年第5期。

③ 杜骏飞：《1994年以来中国网络新闻传播理论研究进展分析》，《上海师范大学学报（哲学社会科学版）》2009年第4期。

④ 杜骏飞：《泛传播的观念——基于传播趋向分析的理论模型》，《新闻与传播研究》2001年第4期。

⑤ 彭兰：《网络新闻传播结构的构建与分析（下）》，《国际新闻界》2003年第3期。

⑥ 匡文波：《论网络传播学》，《国际新闻界》2008年第2期。

⑦ 薛可、梁海、余明阳：《基于信息平衡的网络论坛传播模式研究》，《上海交通大学学报（哲学社会科学版）》2008年第4期。

基础、规范、价值及行为规范的总称。[①] 通俗地讲，范式主要是指研究的方法、角度、技巧和途径，是研究中用于描述、诠释等的参考框架，接近于常用的研究框架或研究路径。对于社科工作来说，研究范式决定了研究论域的理论框架、价值取向和方法论。[②]

目前国内对于新媒体研究范式的批判逐渐增多，主要集中在对策话语泛滥下的结构功能主义范式的反思与批判。结构功能主义最早可以追溯至法国社会学家孔德（Comte），其思维逻辑是把社会作为一个独立于个体的先在存在，任何社会变革都要回归系统或社会自身去追根溯源。[③] 中国新媒体传播研究深受结构功能主义范式的教化，明显表现出偏倚工具性取向、系统平衡预设、“倒因为果”的循环进化论、功利主义主宰等思维惯性。未来新媒体研究应重新确立人与历史的地位，在学科交叉中深挖研究的合法性，树立泛媒介思维和丰富研究方法 [④]；有学者提出中国新媒体对策研究泛滥的本质是对结构功能主义范式的过度依赖，无视实践主体在社会建构中的能动作用，未来新媒体研究应着重“人的存在”的终极关怀，基于新媒体实践主体性的解释力能够弥补结构功能主义范式的不足 [⑤]。当然，必须明确的是，结构功能主义范式成就了主流传播学的合法地位，在新媒体研究中的不可替代性毋庸置疑，同时笔者也赞同刘海龙 [⑥]、吴予敏 [⑦] 等学者关于传播研究与结构功能主义关系的论述：囫囵吞枣、只见

① ［美］托马斯·库恩：《科学革命的结构》，金吾伦等译，北京大学出版社 2012 年版，第 12 页。

② 贾祥敏：《反思结构功能主义范式下的新媒体研究》，《浙江传媒学院学报》2018 年第 6 期。

③ 黄旦：《由结构功能主义向建构主义转化》，《新闻大学》2008 年第 2 期。

④ 贾祥敏：《反思结构功能主义范式下的新媒体研究》，《浙江传媒学院学报》2018 年第 6 期。

⑤ 曲飞帆、杜骏飞：《超越结构功能主义范式的中国新媒体传播研究——以 2015 年以来的研究文献为例》，《当代传播》2016 年第 5 期。

⑥ 刘海龙：《中国传播研究中的两种结构功能主义》，《新闻大学》2012 年第 2 期。

⑦ 吴予敏：《结构功能主义及其对传播研究的影响之审思》，《新闻大学》2012 年第 2 期。

树木不见森林，应该深入学习，“匆匆赶路”的新媒体研究需审慎对待结构功能主义范式所折射的问题。

研究范式作为一种分析视角和研究框架，随着研究对象、语境和取向的改变而变化，并且在继承与批判中实现创新，近些年超越结构功能主义逐渐得到新媒体研究者的关注。曲飞帆等提出未来新媒体研究要转向行动主体和社会互动的建构主义范式[①]；黄旦也提出了由结构功能主义向建构主义转化的研究取向[②]；孙玮提出新媒体拓宽了人与世界关系的新尺度，应当从公共领域、半公共领域转向日常实践的私人领域，同时关注行动主体的建构力量，以此克服结构功能主义范式的思维不足[③]，从而走出技术中心的范式，利用新媒体研究新媒体[④]。

3. 新媒体环境下的传播研究转型反思

知识生产方式转型经常受到技术发展、社会变迁等因素的影响。“不能孤立地看待思想和信仰，而是要将其视为一个整体中相互依赖的部分来把握。”[⑤] 传播学的诞生也正是由于现代传播技术和大众传播吸引学者对其传播现象进行考察才得以产生和发展。当前新的传播技术日益嵌入生活实践，创造新的社会互动和社会关系。新媒体研究所要面向的不能只是以往占据传播研究核心地位的文本、生产、受众等议题，而要关注新媒体在媒介、实践和社会层面的互动中的独特存在与影响。“新媒体研究”正在成为洞察信息传播实践乃至社会变迁的新维度，引发诸多学者关于传播学研究整体转型的批判性思考。

---

① 曲飞帆、杜骏飞：《超越结构功能主义范式的中国新媒体传播研究——以 2015 年以来的研究文献为例》，《当代传播》2016 年第 5 期。

② 黄旦：《由结构功能主义向建构主义转化》，《新闻大学》2008 年第 2 期。

③ 孙玮：《从新媒介通达新传播：基于技术哲学的传播研究思考》，《暨南学报（哲学社会科学版）》2016 年第 1 期。

④ 韦路：《新媒体研究何去何从?》，《中国出版》2010 年第 14 期。

⑤ ［德］卡尔·曼海姆：《卡尔·曼海姆精粹》，徐彬译，南京大学出版社 2004 年版，第 7 页。

中国传播学研究深受研究对象变化的影响，其聚焦新媒体的研究成果数量众多，但是许多成果在媒体认识论上还处于比较简单的“媒介融合”本体论基础之上，传播观念局限于离散一整合的二元结构，总体上比较保守和落后。① 新媒体研究只有重新面向传播及其技术如何介入日常生活，重新界定人的存在，才能发现真正独一无二的传播学理论 ②；有研究者基于文化社会学的研究视域，“深描”新媒体事件在中国情境中的特殊意蕴 ③，并运用跨学科视域考察传播现象，提出适应新传播环境的新理论假设，同时引入多元的研究方法 ④；回到传播本身的含义去探究传播与人的关系，实现范式创新 ⑤。

（二）创新不足：基础理论体系建构的中国智慧

随着新媒体研究的深化，理论创新逐渐成为研究者的共识。要建构新理论的基本概念及其体系，首先需要洞察现有概念存在的不足，厘清其边界及其含义是否模糊、研究对象的内涵与外延是否继续保持一致等问题。倘若不一致，厘清不符之处；其次分析既有理论是否能够诠释新现象或新问题。如果不能，则要清楚是概念的边界问题还是概念之间的关系问题？以此确定原有概念的指向是否科学，并基于此提出新的概念以及理论框架。

回溯中国新媒体传播研究的演进历程，研究数量和质量不均衡状况长期存在，研究成果数量的增加往往没能意味着知识总量的扩容。当然，本书并不是完全反对学界关于新媒体形态与功能等传播现象的描述，这些研究对于“初来乍到”的新媒体及其研究起到奠定基础的作用，帮助加深对

① 邱戈：《中国传播学新媒体研究理论的焦虑》，《当代传播》2009 年第 2 期。

② 胡翼青：《重塑传播研究范式：何以可能与何以可为》，《现代传播》2016 年第 1 期。

③ 韦路、丁方舟：《论新媒体时代的传播研究转型》，《浙江大学学报（人文社会科学版）》2013 年第 4 期。

④ 陈力丹等：《传播学面临的危机与出路》，《新闻记者》2016 年第 8 期。

⑤ 孙玮：《从新媒介通达新传播：基于技术哲学的传播研究思考》，《暨南学报（哲学社会科学版）》2016 年第 1 期。

新媒体及其对社会改变的认知。“科学研究并不是简单地回应疑惑，给出事物及其表象的浅层描述，而是要回答或洞察能解释因果关系以及可证伪的研究议题和研究假设。”① 因此随着新媒体研究的深入，如何走出结构功能主义范式下的困境，扩容知识增量，实现理论创新成为研究者普遍关心的问题。理论创新实践需按照“中国经验，西方理论”的二元框架展开，是一个“理论检验、修订、补充和发展的过程”②，接下来，笔者主要从已有学术概念的中国诠注、中国实践的理论诠释两个维度探讨中国新媒体传播研究的理论建构问题。

1. 已有概念的中国诠注

“概念是构造理论的砖石，是研究范围内同一类现象的概括性表述。”③ 基本概念及其理论体系的主要功能是框定研究对象与研究边界，为研究论域的理论建构提供基本的工具。科学研究的前进，通常体现在研究传统、研究范式等的变革中，但更基础的是基本概念及概念体系的解构和重构，之所以如此，是因为基本概念和概念体系是理论建构和创新的基石，也是理论观点或理论体系能否具有解释力的关键。不管是如拉瑞·劳丹所力主的关注反常的经验或概念，还是如托马斯·库恩（Kuhn）所谓的“解谜”论说，新的基本概念或概念体系的出现往往预示着新的研究发现、关注新的研究对象、采用新的研究方法或新的本体论或方法论。④“研究探索的最佳视角就是从概念出发，概念是建立这种联系的手段，也是建立这种联系的唯一手段，因为正是概念表述了那些经验实例（empirical instances），而理论主张也因之得以形成。”⑤ 何为“研究视角”，任何基本

① 刘洋、李喜根：《新媒体传播研究及知识增量》，《国际新闻界》2012 年第 8 期。

② 陈韬文：《理论化是华人社会传播研究的出路：全球化与本土化的张力处理》，中国传播学论坛：《中国传播学：反思与前瞻——首届中国传播学论坛文集》，中国传播学论坛。

③ 袁方：《社会研究方法教程》，北京大学出版社 1997 年版，第 73 页。

④ 欧阳景根：《核心概念与概念体系的建构理论》，《华中师范大学学报（人文社会科学版）》2006 年第 3 期。

⑤ Herbert Blumer, *What is Wrong with Social Theory*?, American Sociological Review, 1954, p.4.

概念或概念组合，都能够形成独特的研究视域与框架。① 任何研究议题都需要提出明确的研究对象，那么研究对象确定的主要依据是什么？任何概念都有其内涵与外延，而概念及其体系的外延之和界定了研究对象的所指范围。可以这样说，基本概念及其体系确定研究论域存在的适切性，而研究视角、研究对象、研究方法等研究论域的存在无不被概念及其体系所规定。

概念的界定是研究的起点。纵观25年来的中国新媒体传播研究，基本概念及其体系的出场，大多是基于西方的学术语境，而其中部分概念“遭遇”中国实践并出现“水土不服”的时候，研究者往往努力探索出不同于西方语境的中国解释，主要有“新媒体”“媒体融合”“新闻”“新媒体事件”等。基本概念再梳理打开新的认知视角。诸多学人对一些基本概念进行重新考量，试图厘清随着时间推进、技术发展、不同文化语境下发生演变的新概念或论域，以史立论，形成新的知识生产维度，同时对关键概念及其论域的再阐释，重新审视新媒体研究的历史演进。

“新媒体”是一个兼具共时性、历时性的相对概念，在不同时期有其约定的内涵与外延。基于本书的研究主旨，主要研究1994年互联网进入中国之后的新媒体。国内较早对新媒体概念作出界定的著作是《信息高速公路与大众传播》②，新媒体概念先后被以“信息高速公路”“第四媒体”“网络媒体”等名词来指称。2004年以后，“新媒体”概念在中国学界成为共识并被广泛使用。新媒体概念的表述可以说仁者见仁、智者见智，诸如熊澄宇、匡文波、王斌、吴征、彭兰等均对概念作出阐释，但更多的是对其进行功能化的解读。③ 基于此，彭兰指出新媒体概念界定的三条线索分别为：概念的演变、稳定的特征及其使用情景和指向。④ 尽管中国学者基于不

① 天魁：《史海拾贝：中国社会学概念体系的历史资源》，《社会学评论》2017年第5期。
② 明安香：《信息高速公路与大众传播》，华夏出版社1999年版，第73页。
③ 王建磊：《新媒体研究的理论困境与现实冲突》，《中国网络传播研究》2009年第1期。
④ 彭兰：《“新媒体”概念界定的三条线索》，《新闻与传播研究》2016年第3期。

同的研究取向，但是取得共识的是数字化、互动性是新媒体的本质特征。

“媒体融合”概念来源于西方，起初多指媒介之间介质形态的融合，体现媒体多功能一体化的发展趋势。之后不断被诠释和演进。自蔡雯较早把“媒体融合”概念介绍到国内之后，国内诸多学者开展对媒体融合的基本概念、理论内涵的研究，主要观点包括：媒体融合就是报纸、电视和网站之间的融合；媒体融合主要包括技术、组织和内容等方面的融合；媒体融合是对社会注意力和广告的整合；媒体融合是不同媒体形态实现信息能量传递的过程。此外，李良荣、宋建武、韦路、姜进章、王菲等均基于不同的研究视角或理论框架，分别提出了不同的“媒体融合”概念，而熊澄宇则对其进行了系统的阐释。① 韩立新另辟蹊径提出媒体“跨界融合”概念，认为跨界融合是媒体融合的高级阶段②，而周逵则提出了“反向融合”概念，用以探讨媒体融合进程中国家与市场之间关系的动态性和多向度性③。除此之外，也有学者基于新媒体语境和中国实践，丰富了诸如“新闻”④“新媒体事件”⑤ 等原有概念的所指意涵。

概念考证是理论研究的核心。⑥ 在文献梳理基础上，考证基本概念或术语的来龙去脉是学术研究的基本功。基本概念的厘清往往意味着理论问题的迎刃而解，许多学者针对“互联网”“网络治理”“被遗忘权”等概念进行考证，比如方兴东通过“互联网”概念演进历程的辨析，考察互联网的 50 年发展轨迹，认为其概念史是技术创新和扩散的历史，也是文化和

---

① 熊澄宇：《整合传媒：新媒体进行时》，《国际新闻界》2006 年第 7 期。

② 韩立新：《时空转移与智慧分流：媒体的分化与重构》，《新闻与传播研究》2016 年第 5 期。

③ 周逵：《反向融合：中国大陆媒体融合逻辑的另一种诠释》，《新闻记者》2019 年第 3 期。

④ 陈响园：《“新闻是新近信息的媒介互动”——试论新媒体传播背景下“新闻”的定义》，《编辑之友》2013 年第 11 期。

⑤ 许鑫：《新媒体事件的概念与类型辨析》，《天中学刊》2011 年第 1 期。

⑥ 张树剑：《从文献到学术史：针灸理论研究的立场与路径》，《中国针灸》2017 年第 3 期。

思想发展的历史[①]，同时他还对“网络治理”概念展开分析，提出有必要在更具包容性的研究框架内重新定义网络治理，另外，政府主导的互联网治理和多利益相关方的社会化网络管理同时并存，并呈现竞合状态[②]；胡泳等通过对“主权”到“网络主权”概念演进的考察，提出“网络主权”是互联网治理体系中的关键概念，指向国际关系的流动和实践[③]；“被遗忘权”是一个重要的法律概念，指向大数据时代的个人信息保护，同时也是颇具争议的个人信息权力。李涵在梳理其概念演进的基础上，提出既要兼顾“被遗忘权”和表达自由之间的关系，又要对“被遗忘权”中的特殊群体进行区别对待[④]；李艺提出通过立法来严格界定其内涵和边界，另外需谨慎制定其限制性原则[⑤]；董天策通过对“网络群体性事件”及其相关概念的梳理，提出在建立开放、多元的概念群落基础上，把研究视域拓展至网络公共领域、网络与社会运动等更多维度中来开展研究[⑥]；谭晓荷通过考察从 Platisher 到其对应中文词“平台型媒体”的语义变迁，认为 Platisher 缺乏解释力和延展性，而“平台型媒体”及其话语实践有着不同的语境和研究路径[⑦]；有学者针对公民新闻的概念、理论基础、发展现状以及对国内传媒生态的建设意义进行系统分析[⑧]。另外中国新媒体传播研究也在“传学”“媒体型智库”等新媒体知识体系的建构贡献了中国智慧。

---

① 方兴东、钟祥铭、彭筱军：《草根的力量：“互联网”（Internet）概念演进历程及其中国命运——互联网思想史的梳理》，《新闻与传播研究》2019 年第 8 期。

② 方兴东、张静：《中国特色的网络治理演进历程和治网之道——中国网络治理史纲要和中国路径模式的选择》，《汕头大学学报（人文社会科学版）》2016 年第 2 期。

③ 胡泳、车乐格尔：《“网络主权”辨析》，《新闻与传播研究》2016 年第 1 期。

④ 李涵：《网络环境下个人信息“被遗忘权”研究》，《当代传播》2016 年第 3 期。

⑤ 李艺：《大数据时代的被遗忘权》，《当代传播》2016 年第 2 期。

⑥ 董天策：《从网络集群行为到网络集体行动——网络群体性事件及相关研究的学理反思》，《新闻与传播研究》2016 年第 2 期。

⑦ 谭小荷：《从 Platisher 到“平台型媒体”——一个概念的溯源与省思》，《新闻记者》2019 年第 4 期。

⑧ 韩鸿：《论新媒体背景下的公民共享新闻学》，《新闻与传播研究》2006 年第 3 期。

正如伊斯顿所说："永远有效的、决定性的概念结构是没有可能的"[①]，所以概念体系的建构是一个不断完善的历史进程。

2. 中国实践的理论诠释

新媒体不仅实现了表面上的多渠道、去中心化、生产消费一体、人人都有麦克风，而且从根本上颠覆了传统的人性观念和社会结构，需要使用新理论视角来重新理解人性和社会关系，只有这样中国新媒体传播研究才能与全球同步，参与全球对话。[②] 用西方理论观照中国实践，避免水土不服的最好办法就是在理论和实践的碰撞中实现理论突破。中国实践的理论诠释主要体现在媒体融合、网络治理等的研究实践中。首先在媒体融合实践的理论诠释方面，以习近平同志为核心的党中央高度重视媒体融合的开展和进程，并多次从政策层面加以推进。与西方不同，中国话语下的媒介融合遵从政治、技术和市场三重逻辑，强调不同层面的融合发展，"四全媒体"是其发展目标。媒体融合成为中国新媒体传播研究独具特色的研究议题，一直具有较高的研究热度，只有实现认识论的媒介、技术和社会转向，才能打破思维窘境，获得理性知识。[③] 中国的媒体融合只有改变传统媒体的落后局面，打破内、外制度和新媒体市场布局的阻隔等结构性困境，才能实现实质性的创新。与西方的纸媒处境日窘不同，主流媒体在中国特殊的媒介制度下逆势而上，有学者通过对比中西报纸行业的异同，指出中国实践的特殊性决定中国的媒体融合研究要反思媒体实践的政治经济学原理。[④] 其次是网络治理实践的理论诠释，中国互联网发展的历史表明，网络技术如果在特殊情况下被别有用心的行动主导，有可能成为危害社会秩序和个人安全的技术工具，所以规范网络行为和净化网络发展为目标的

① 戴维·伊斯顿：《政治体系——政治学研究状况》，商务印书馆1993年版，第123页。

② 刘海龙：《中国传播学70年：知识、技术与学术网络》，《广州大学学报（社会科学版）》2019年第5期。

③ 严功军：《走出思维困境：媒介融合的认识论反思》，《现代传播》2019年第11期。

④ Wang, Haiyan&Sparks, G., *Chinese Newspaper Groups in the Digital Eras:The Rersurgence of the Party Press,* Journal of Communication, 2018, pp.94-119.

网络治理成为中国国家治理体系中的重要组成部分。中国网络治理的基本模式为“以事件为中心，以事件平息为旨归”，无法弥合社会信任链条的断裂①，以往的互联网垂直治理结构无法解决互联网节点扁平化分布的困境，中国互联网治理新方式的新价值取向为合作治理②。

（三）不断积累与碎片化：基础理论体系创新的现实呈现

自 1994 年以来，随着学术研究的深入，研究者反思意识的觉醒及研究能力的提高，基础理论研究不断推进，但总的来说，中国新媒体传播研究偏重描述性研究、对策性研究，轻解释性研究、批判性研究的现状没有得到根本改变，主要表现在以下三个方面：

一是研究分支的无边无界。由于传播学本身具有先天的多学科来源特点，以及部分学者无边界的“开疆拓土”，中国新媒体传播研究出现了无限扩展之势，尤其是随着传播学与其他学科进一步的交叉和融合，好像与新媒体相关的内容都是新闻传播学中新媒体研究的应有之义，新媒体研究的某一现象似乎就可以成为一门学问，其中很大一部分都是缺乏建学根基，不必建学的论道。陈力丹在一次讲座中就明确提出，“我们发明的‘学’，几乎都不是‘学’，只是研究对象或研究领域”，并专门提到了公民新闻学、数字新闻学、网络新闻学、建设性新闻学等提法，比如数字新闻学的提法，数字新闻只是一种新的新闻制作方式和呈现形态，是新闻学研究的新兴领域之一，根本无力担负起“学”的内涵。需要明确的是，虽然新媒体研究是在研究分支不断扩展中成长起来，但是学术拓展必须要守住自己的核心论域，以新媒体传播为研究核心，研究论域要经过审慎的理论论证和实践考验，否则研究分支无限扩张必将影响新媒体研究的深入推进。

二是研究脉络的断层分裂。中国新媒体传播研究的诞生有其特殊的时

---

① 张兆曙：《以事件为中心：中国网络治理的基本模式》，《浙江学刊》2019 年第 3 期。

② 孙宇、冯丽烁：《1994—2014 年中国互联网治理政策的变迁逻辑》，《情报杂志》2017 年第 1 期。

代背景，主要包括技术的发展、行业的扩展、产业的突进以及政治资本、商业资本等的合谋，以上力量共同推动新媒体研究的进程。与此同时，涉足新媒体研究的学者多是基于个人兴趣和技术热点，速成了很多现象描述类、对策类的研究，从而使得新媒体研究与传播学研究脉络出现明显的分裂。除此之外，中国新媒体传播研究与传播学一样均始于国外成果的介绍与引进，一开始就深深打上了国外理论的烙印，缺乏对西方理论和中国实践的适切性考量，尽管反思、批判声音渐多，但是至今尚欠缺实质性创新，基于中国本土传播实践进行理论创新的成果很少，研究的自主性缺乏，人为造成了理论关照和实践开展之间的历史撕裂，难以实现基础性理论的创新发展。

三是研究范式的单一无力。在中国新媒体传播研究的历史演进中，传统媒体如何应对新媒体挑战的相关研究议题占据整个新媒体研究乃至新闻传播学研究的重要位置，结构功能主义研究范式根深蒂固。回顾 1994 年以来的中国新媒体传播研究历程，主要着眼于以下三个方面：首先是在微观层面，新媒体对个体用户的影响；其次是在中观层面，新媒体对新闻业务的影响；最后是在宏观层面，新媒体对社会环境的影响。以上三个面向均清晰地呈现了以描述研究、对策研究为主的新媒体研究脉络，其中绝大多数研究成果将新媒体传播视为天然具有促进社会发展的作用，忽视了人的主观能动和社会的建构作用，导致了要么追随技术发展创造新概念，进行现象描述，要么分析新媒体技术发展带来的改变，要么为新媒体传播带来的风险寻找解决办法，以上不同研究路径的共同结果均是制造了无数经验认知类的同质化成果，少有批判性和创新性兼具的研究发现。近些年尽管部分学者关注到单一结构功能主义范式的局限，但是关于范式转向的具体路径问题，目前尚没有明确的答案。

综上所述，中国新媒体传播研究理论创新在不断积累的同时，出现了明显的“碎片化”现象。碎片化是指研究对象分布零散，表现出明显的杂乱无章。学术观点碎片化主要指学术研究对象取向零散，表现为细碎烦琐以及杂乱无章①，当然，“碎片化”并不等同于“多元化”。总的来说，中国新媒体传播研究的碎片化主要表现在以下三个方面：一是“碎”在缺乏坚实的理论观照。理论是学术研究安身立命的根基，决定学术探究的取向和境界。扎实的理论基础往往是经过长期摸索而来的规律升华，把其作为进一步研究的起点或框架，可提升学术研究的价值，但是部分急功近利的研究者往往无视理论，单凭个人爱好就开始长篇大论，结果往往“不管”理论，罔顾学术生产规律，由此而批量生产的所谓论著，往往终将难以建起学术大厦。二是“碎”在难成体系。学术体系是承载学术研究的整体框架，其完整与否，往往决定着学术成就质量的高低，研究者常以“自成体系”来形容学术研究的成就卓著，理论体系的构建往往需要研究者在其擅长的领域进行长期深耕才能实现。当下的新媒体研究者的学科背景多为新闻传播学，新媒体研究往往是其“半路出家”或者“偶然路过”的领域。通过对研究者和研究成果的统计可以发现，当下部分研究者一直深耕于此领域，但是打一枪换个地方的研究者比比皆是，其缺乏体系概念，频繁在不同研究方向上随意切换，盲目追求热点，研究成果遍地开花，互不相干，似乎是“多元”化研究，其碎片化的学术积累往往难以有体系性的成果出现。三是“碎”在缺乏学术价值。价值创造是学术研究的最高目标。当然学术研究的价值评判不能是非黑即白的二元对立，尤其是基础理论研究的价值往往需要时日来检验而无法预估，但是并非完全无章可循。比如所关注议题是不是重复研究？是不是烦琐的现象描述？是不是促进研究领域深化？是不是突发奇想的一时兴起？否则以上学术产出将可能只是“凌乱无章”从而难成体系。

随着传播技术的不断迭代，中国新媒体行业和产业发展极大驱动了理论研究的繁荣发展，大量研究成果被产出，但不同声音“各行其是”，存在“碎片化”问题。基础理论创新是研究领域深化的基石和实践发展的风

① 朱同洲：《学术研究：莫把碎片当多元》，《中国社会科学报》2013年8月16日。

向标，碎片化的学术研究势必难以担负起应有的学术责任。倘若学术研究脱离集聚新内容、扩充新知识和创造新理论的价值追求，中国新媒体传播研究则有可能“无家可归”或“离家出走”①。虽然新媒体研究者多来自新闻传播学院，但部分研究者恰恰置传播的本质于不顾，较少关注信息如何传播、信息传播如何改变社会生成与发展等基本过程的理论观照，反而以研究新媒体为名义，探究其他学科应当关照的领域，这一做法无疑在解构自己的学科根基。因此，中国新媒体传播研究必须要在固守核心理论的基础上反思、批判和发展新理论，促进研究领域的可持续发展。

总体来说，中国新媒体传播研究的学术版图分布呈现出如下两种趋势：

一是表征出边界模糊的现实图景。马克思在一百多年前就曾提出：“历史从哪里开始，思想进程也应当从哪里开始”。②强调理论逻辑需要建立在实践逻辑之上。社会科学研究的最高检验标准为实践，而不是理论。③学术版图边界的日益模糊主要表现为：其一，研究者的学科背景逐渐多元，更多非新闻传播学专业的研究者进入新媒体研究的学术版图。根据样本文献统计，更多计算机专业、社会学专业、心理学专业等学科背景的研究者纷纷加入新媒体传播中，并逐渐出现了不同学科研究者之间的合作，新媒体研究者的学科背景边界逐渐模糊。其二，研究议题逐渐突破原有新闻传播学的边界。研究议题突破原有传播学研究的5W框架，关注新媒体传播实践的互动交往等新的议题。其三，研究方法更多借鉴其他学科。通过研究方法的分层抽样分析可以发现，新媒体研究在重视研究方法使用的同时，也积极地使用社会学、心理学等其他学科的研究方法，用以

① 潘忠党、刘于思：《以何为“新”？“新媒体”话语中的权力陷阱与研究者的理论自省——潘忠党教授访谈录》，《新闻与传播评论》2017年第1期。

② 《马克思恩格斯选集》第二卷，人民出版社1995年版，第43页。

③ 喻国明、曲慧：《边界、要素与结构：论5G时代新闻传播学科的系统重构》，《新闻与传播研究》2019年第8期。

提高研究过程的规范性和科学性。其四，理论创新的实现更多借鉴其他学科的概念或理论体系。通过对抽样所得的1072篇样本论文进行理论使用的现状分析可以发现，新媒体研究成果中较多引入社会学、人类学等其他学科的概念或理论体系，并把其作为研究的出发点或分析框架，助益于实现理论创新。

二是打开知识融合的新尺度。随着传播技术的发展，信息传播乃至整个社会的信息系统均发生革命性变化，传统传播学研究的基本要素均被重构，传播者、传播内容、媒介、受众均被赋予新的含义，所以新媒体研究应当重新审视和适应传播实践的存在和变化。新媒介即关系，媒介成为社会的基本构成要素，新媒体发展过程中不断实现更多关系的连接，带来传播实践重心的改变。媒介变革推动新媒体研究的改变，需要用新的观念、逻辑和范式把握新媒体传播的现象与本质，所以重新思考以下两个问题：第一、当新媒体研究的边界逐渐模糊，并逐渐与计算机科学、社会学、心理学、信息科学等诸多学科实现跨界融合的时候，如何开启新的信息传播研究？第二、当大众传播的知识结构被超越，新媒体研究的基础知识结构应该是什么？以上问题的回答，关系到新媒体研究的基本逻辑。

新媒体传播过程连接起更多的资源与要素，其所涉及的领域与知识也越来越多，新媒体研究的深入推进势必需要知识融合的新视域和逻辑。当然，任何人都不可能是全才，并通晓新媒体研究中的诸多研究领域。任何一个学科都是有专业高度的，区块链、元计算、大数据、人工智能等一系列新技术的知识往往不是新闻传播学背景的研究者所轻易能够通过学习而驾轻就熟的。新媒体研究中技术问题解决的最好办法就是实现与相关学科的知识融合。尤其是5G时代的到来，其革命性地把人、机等诸多人文和技术元素结构在一个个鲜活的新媒体传播实践中，从根本上重构传播学的基本构成要素，同时新媒体研究学术版图的边界日渐模糊，所以知识融合基础上的新媒体研究将是其学术版图拓展的重要尺度。

继上章中国新媒体传播研究的历时性分析后，本章采用了共时性分析的研究视域，力求在横向爬梳中洞悉其学术版图中主要面向和议题的分布特点。中国新媒体传播研究的共时性考察综合利用历史文献法、内容分析法、文献计量法等方法，基于研究主体、研究内容、研究方法、基础理论创新四个维度展开研究，力求在不同维度的分布特征研究中，为研究进路的呈现打下坚实的文献和立论基础。

综上所述，共时视域下的中国新媒体传播研究学术版图的边界日益模糊，并呈现出与其他学科融合的趋势。学术版图的考察维度分别为研究主体、研究内容、研究方法与基础理论创新四个方面，具体表现为研究主体的众多与离散性、研究议题的多元与表征性、研究方法的改进与描述性、理论创新的积累与碎片化等特点。研究主体的众多与离散性主要表现为：在研究群体分布中，6164 个作者发表了 9880 篇研究论文，发表论文篇数超过 20 篇的研究者仅占比 0.11%。合著篇数比独著篇数高出将近 19 个百分点。研究者学科背景中，文科占比高达 95.94%。在研究个体分布中，“1.09%的核心著者（67 人）与 11.26%（1112 篇）的发文量”的研究现状与普赖斯定律“10%的作者与 50%的论文”的衡量标准相距甚远，说明核心研究者人数较少，影响力有限。另外在高影响力作者测算中，H 指数大于等于 10 的研究者仅有 10 位，数量偏少；在研究机构分布中，共有 506 个机构发表了 9880 篇样本文献，中国人民大学发文量最多。不同研究主体的合作方面均呈现出分散的“单兵作战”的总体趋势，说明学术共同体正在培育之中。研究议题的多元与表征性主要表现在从新媒体自身、新媒体与人、新媒体与社会三个维度来审视研究议题的分布发现，研究议题分布日益多元。新媒体自身研究主要包括概念溯源、形态演进、功能特点、未来发展和行业应用等，新媒体和人研究主要包括新媒体使用特征、影响等，新媒体和社会研究主要包括新媒体在政治、经济、文化等方面对社会的影响等，以上研究议题多是表征现象而非探求因果、相关性等深层关系。研究方法的多样与描述性主要表现在研究者逐渐认识到研究方法使用的重要性，并在研究实践中不断加强与改进研究方法的使用。在分层抽样获取的1072篇样本文献中，仅有220篇论文使用研究方法，其中研究取向中诠释占比最高，批判占比最低。方法论中量化和质化占比分别为14.18%和3.91%。研究方法中调查法和内容分析法使用最多，研究方法的选择和使用均多是用于描述现象而非探索新媒体传播的内在原理。理论创新的积累与碎片化主要表现为中国新媒体传播研究在不断深化的进程中，一直都在极力推动研究成果积累和基础理论创新。理论创新主要表现在议程设置理论等经典理论的再审视、研究范式的反思、"新媒体"、"媒体融合"等概念的中国诠释、媒体融合、互联网治理等议题的本土化探索，但以上研究未能实现体系化创新，表现出明显的碎片化特点。当下中国新媒体传播研究处于学术版图中的关键节点，研究进路洞察与呈现成为本书研究进一步深化的当务之急。

共时视域下学术版图的空间布局研究基于研究主体、研究主题、研究方法与基础理论创新四个维度展开，呈现了中国新媒体学术版图日益模糊的特点，厘清了中国新媒体传播研究的深层纹理，为实际研究进路的呈现积累了丰富的立论依据。

第四章

中国新媒体传播研究进路的现实表征

中国新媒体传播研究进路研究主要考察的是研究路径和步骤的选择。只有明晰其“来龙”（进路），才能更好地洞悉“去脉”（出路），优化新媒体研究模式，提升学术产出的质量，进而在研究的历史进程中发挥承前启后的作用。基于历时性和共时性分析两种分析策略可以发现，中国新媒体传播研究的演进历程呈现出不同的研究进路，本章旨在通过对相关成果的系统梳理、分析和总结，对其实际进路进行追踪与呈现，明晰其演进历程与知识扩散规律，为探究其可能进路做好铺垫，而不是局限于新媒体研究的历史总结或者未来展望。中国新媒体传播研究进路考察的基本宗旨是呈现而非创造，通过进行类目编码和逻辑推演，从而在遵守社会科学研究的规范性、科学性和可检验性的基础上，以资料收集、事件讲述、特点分析、演进规律洞察为主导框架，呈现中国新媒体传播研究的不同进路。

第一节　研究进路的分类依据

一、科学研究规律的呈现

科学研究的目的主要分为探索、描述和解释三种。① 美国实用主义哲学家和创始人皮尔斯（C.S.Peice）提出，科学研究的逻辑包含三种，分别是溯因、归纳和演绎，溯因是对现象的发现和猜想，演绎是分析性的推理，归纳主要是对经验现象的总结和概括②，三种逻辑结合在一起，构成了其提出的知识获得（科学研究）的三阶段论。如图 4–1 所示：不同推理下的三个阶段共同构成一个动态而完整的方法论循环，以实现科学研究的进步。③ 科学探究从观察到的"新奇的事物"开始，第一阶段是对现象的描述或猜想；第二阶段在对数据、现象等材料研究的基础上，对其进行演绎推理以得出新推论；第三阶段通过实验等研究手段挖掘更多新资料，通过归纳推理对新推论进行检验，发现新知识，如此循环往复，实现科学研究的目标和价值。

---

① ［美］艾尔·巴比：《社会学研究方法》，邱泽奇译，华夏出版社2005年版，第66页。

② Hartshorne C ,Weiss P ,Burks A,*Collected Papers of Charles Sanders Peirce*, The Belknap Press of Harvard University Press，1974.

③ 徐健吾：《溯因推理及其在行为科学研究中的方法论前景》，《科学与社会》2019 年第 4 期。

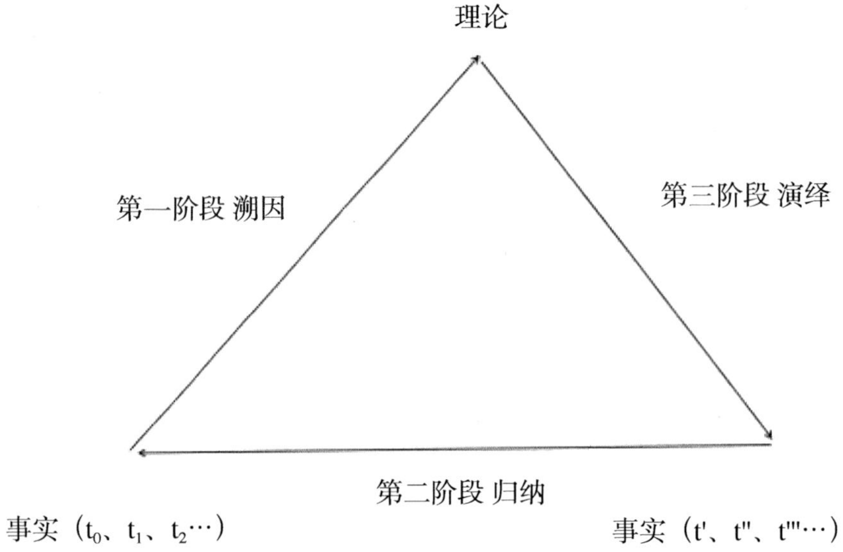

图 4–1 皮尔斯的科学研究三阶段循环论[①]

二、媒介研究理论的考证

依据罗杰·D. 维曼（Wimmer,R.D）等提出的媒介研究四阶段论，媒介研究可以划分为媒介自身研究、媒介使用研究、媒介效果研究和媒介改进研究四种。[②]分析以上不同阶段的主要议题可以看出，首先是新媒体自身功能、传播特点、传播模式、未来发展等的研究，其次是新媒体的使用和影响研究，然后是新媒体改进研究，包括各种新媒体现象、事件的描述，新媒体功能、传播要素、传播功能的解释，新媒体使用对策的探讨以及新媒体传播对人、社会关系改变等不同研究面向。在四个阶段中，媒介自身研究是基础，媒介使用、影响、改进需在媒介自身研究的基础上展

① 荣小雪、赵江波：《最佳说明推理与溯因推理》，《自然辩证法通讯》2012 年第 3 期。

② 罗杰·D. 维曼、约瑟夫·R. 多米尼克：《大众媒介研究导论（第七版）》，金兼斌译，清华大学出版社 2005 年版，第 16 页。

开。当然，从发展趋势来看，以上四个阶段是一个逐层递进的过程，但是从不同时期的具体研究实践来看，并不总是表现为线性的发展历程，每个时期的研究进程可能包含以上不同阶段的研究主题，区别只是体现在不同研究主题内容的占比情况而已，对其进行趋势性概括，以便对中国新媒体演进历程中不同实际研究进路进行追踪与呈现。

三、已有文献的分析脉络

在1994年以来的中国新媒体传播研究实践中，学术界已积累了大量的研究文献，分别以回溯、总结、批判等形式出现。现有大量“研究的研究”成果既是中国新媒体传播研究者学术自觉的呈现，也是研究之研究持续推进的客观要求。然而通过文献分析发现，现有研究成果的共同点是对研究议题的分析，重在对单个或某类文本的梳理，较少关注到不同研究文献中的交叉性和复合性问题，更多的是片段式或专题式回顾，没有打通不同研究成果中前后相继的逻辑关系，忽视了中国新媒体传播研究的连续性和一贯性。中国新媒体传播研究并不是一部机械的学术辉格史，不同阶段都有不同的研究面向，比如早在互联网刚刚进入中国之初，就有学者提出了建构网络传播理论体系的构想。① 然而时值当下，仍有大量的新媒体研究成果以现象描述为主或者为基础。

基于以上科学研究规律的呈现、理论研究的推演和已有研究成果的梳理可以判断，中国新媒体传播研究的实际进路主要有以下四种：描述性进路、对策性进路、解释性进路和批判性进路，采用的分析策略是对代表性文献进行条分缕析式梳理与评述。

① 孙传耀：《多媒体传播学初探》，《清华大学学报（哲学社会科学版）》1995年第4期。

第二节 描述性、解释性、对策性与批判性进路的呈现

中国新媒体传播研究的实际进路主要表现为以下四种：描述性进路、对策性进路、解释性进路和批判性进路，那么以上四种进路的应用现状和研究特点是什么？不同进路的研究成果对于其理论体系的构建分别起到什么样的作用？四种进路如何共同构建起中国新媒体传播研究的学术场域？下面分别对以上四种进路进行追踪和呈现。

一、描述性进路

（一）止于现象：描述性研究的典型特征

从字面来看，描述的含义是描写及叙述，也就是以语言文字、图表等形式叙述现象、过程或结果。描述性研究是指研究者使用临场体验、访谈、观察、调查等方法，收集与研究领域相关的数据、文字等信息，并对其进行客观呈现，成果形式多为调查报告、论文等，是研究者对所关注学术现象的客观呈现。

描述性进路主要是指研究者基于对新媒体发展进程中的现象、问题等以概括、分类等形式进行研究，主要指向“是什么”问题。有的描述性研究是通过研究者观察、调查等主观判断而来，有的描述性研究则是通过数据资料收集等方式客观呈现其特征，以上均是对现象或事件表层特征的呈现。从前两章历时性和共时性研究进路洞察中可以明显看出，文字描述性研究成果在当下新媒体研究领域中最为常见，其中多数为主观认知，数据描述类研究成果相对偏少。

（二）应用最广：描述性进路的分布现状

1. 数量分布

描述性研究作为中国新媒体传播研究深入的起点，成果数量较多。在最终选取的 9880 篇样本文献中，仅标题中包含“现状”或“描述”的论文数量就多达 302 篇，约占全部论文的 3.06%。当然，很多描述性研究并没有被反映在标题中，大量的应用对策研究以及学理研究都多以现象描述为基础。另外，描述性研究还具有明显跟随技术发展的特点，也就是每当有新媒体形态、应用出现，总会引发大量相关的描述性研究成果产出。比如：2005 年为博客元年，2010 年为微博元年，2013 年为数据新闻元年，2014 年为媒体融合元年，2016 年为中国网络直播元年，2016 年为智媒元年，2017 年为短视频元年，2019 年为 5G 元年，等等。随着以上新概念的出现和发展，相关研究成果随之出现并急剧增长，例如微博研究、博客研究、数据新闻研究、5G 研究的研究成果分布态势①（如图 4-2 所示）。

通过对比以上的分布趋势图可以看出，不同主题下均呈现出学术研究追随技术发展的显著特点，每当技术引发的新概念出现，总会有大量的研

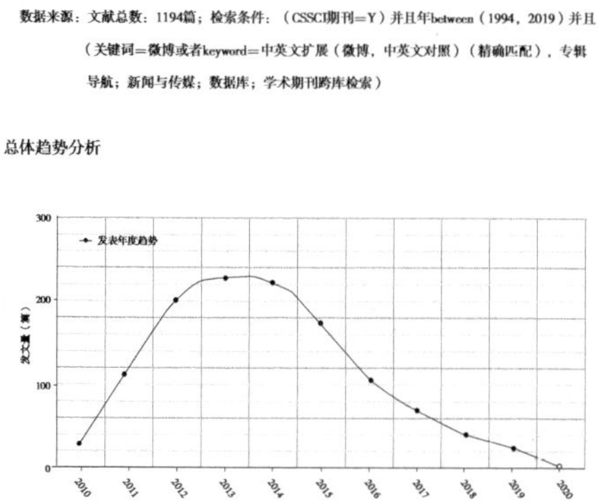

（a）微博研究

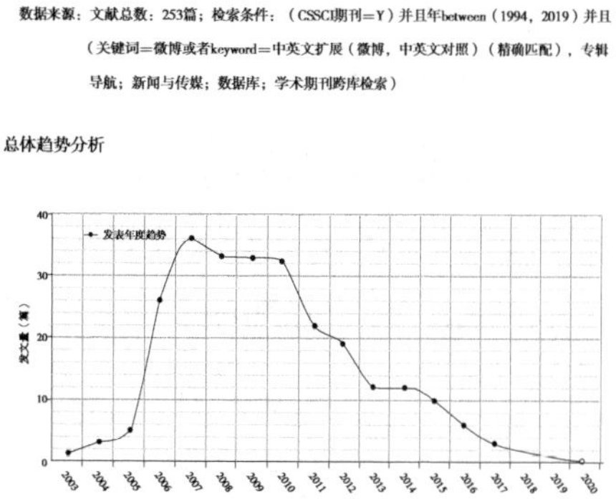

（b）博客研究

---

① 数据来源均为中国知网的 CSSCI 数据库，文献分类目录为“新闻与传播”，时间阈值为“1994—2019”，搜索形式为“关键词”，精确匹配，数据采集时间为 2019 年 12 月 31 日。

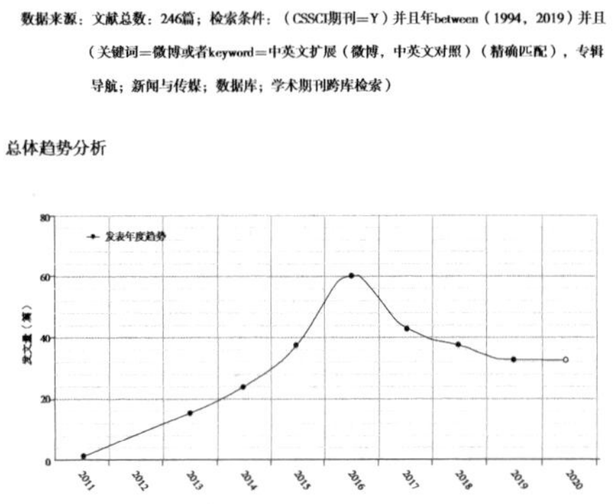

（c）数据新闻研究

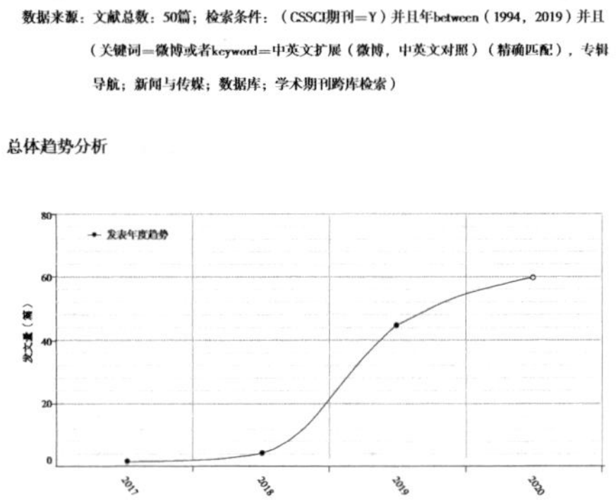

（d）5G 研究

图 4–2　微博研究、博客研究、数据新闻研究、5G 研究的研究文献分布趋势

数据来源：中国知网。

究成果出现，同时随着新概念的热度散去，研究成果的数量则会随之快速下降。同时对以上不同主题下的研究成果进行内容分析可以发现，研究者多是基于新媒体功能、特点的现象描述进入新媒体研究的学术场域，往往缺乏深入的学术洞察与学理分析，跟风现象严重，导致了大量描述类学术成果的堆砌。当然，也有部分研究者基于扎实的质化、量化分析进行新媒体现象的多方位描述，促进了新媒体研究的深入。

2. 研究议题分布

描述性研究的研究议题分布广泛，主要分布在以下三个方面：描述性研究议题在微观上的分布主要为紧紧追随技术发展，描述新媒体形态、应用、特点、功能、传播特点等，比如对微博、微信功能、发展趋势等的描述；描述性研究议题在中观上的分布主要为新媒体使用特点和影响描述。研究内容着眼于具体的新媒体使用行为，表现为不同群体的新媒体使用特点、新媒体使用对不同人群的影响等的研究，以上研究多采用实证分析的方法，以大学生、农民工、出租车司机、智障人士为样本，研究其使用新媒体的特征及影响。比如出租车司机的新媒体使用特征调查研究、大学生新媒体使用对其校园人际关系的影响描述、农民工使用新媒体对其城市融入的影响描述等。目前此类研究成果比较多，但是其中部分研究的起点和落点均是对现状的描述，缺乏对新媒体使用背后的深层学理的深入探讨，无法提升其知识增量；描述性研究议题在宏观上的分布主要为新媒体与社会的相互作用描述，一方面是新媒体对政治、经济、文化等方面的影响描述，另一方面是社会不同层面对新媒体发展的影响研究。两者相辅相成，成为进一步洞悉新媒体、人和社会关系的重要研究基础。但是追逐社会热点现象依然存在。比如新媒体事件研究，当新媒体事件刚刚发生的时候，来龙去脉尚不清晰，部分研究者就仓促“操笔进入”，结果整个论文写下来，却只是对事件现象层面的描述，而非传播现象的解读，随着新媒体事件的热度消减，研究成果很快就被淹没而未能彰显任何学术价值。比如图 4-3 中的“华南虎事件”研究和“小悦悦事件”研究，当“华南虎事件”“小悦悦事件”发生时，研究数量快速增长，且多为对新媒体事件本身的记叙性描述，而非传播现象的学理分析，随着事件关注度下降，相关研究议题也逐渐淡出视野，下载量和转引率几乎成为直线。

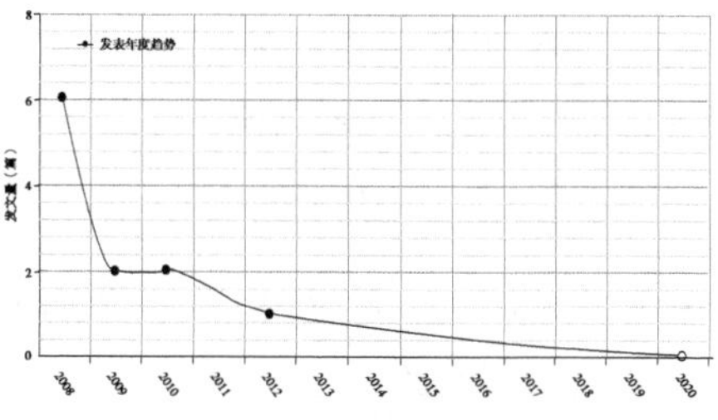

（a）“华南虎事件”研究

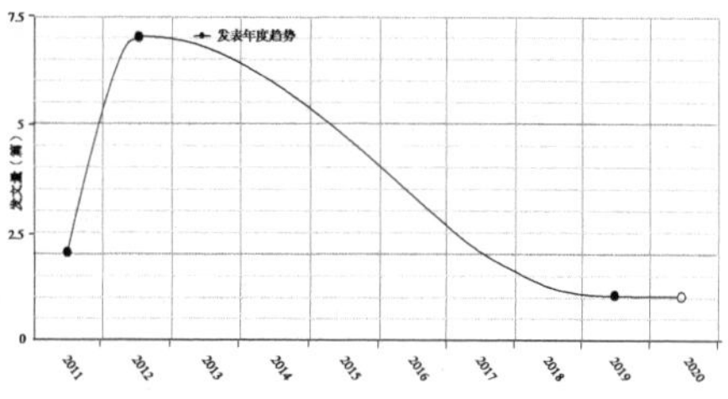

（b）“小悦悦事件”研究

图 4–3　“华南虎事件”研究和“小悦悦事件”研究文献分布趋势

除此之外，在中国新媒体传播研究共时性分析的研究议题研究部分，研究的主要发现为研究议题的多元与表征性，也说明了描述性进路的广泛存在。综合描述性研究在新媒体自身、新媒体与人、新媒体与社会三个层面的议题分布，如表 4-1 所示。

表 4-1 描述性研究的主要议题分布一览表

研究议题	主要内容
新媒体自身（微观）	1. 技术牵引下的媒体形态、应用等的功能描述； 2. 新媒体的技术、传播特点描述等。
新媒体与人（中观）	1. 不同人群的新媒体使用特点描述； 2. 新媒体使用对不同人群使用的影响描述等。
新媒体与社会（宏观）	1. 新媒体与技术、政治、经济、文化的关系描述； 2. 新媒体发展对社会影响的描述等。

3. 研究成果的呈现方式

描述性成果的呈现方式主要有两种：一种以单篇论文呈现，也就是整篇行文全部集中于某一（些）现象和事件的特点、功能的描述，研究主旨是解决某种新媒体技术、媒体形态、应用“是什么”的问题。新的传播形态、应用出现的时候，许多研究者习惯于把研究对象的时髦程度作为评价研究价值的最重要标准，似乎研究对象越新颖，研究价值就越高，研究议题往往局限于传播形态、应用的新特征及功能，比如研究者对“我国多媒体传播现状”“报业视频网站应用的现状”“报纸官方微博使用现状研究”“网络推手现状研究”“传统媒体微博使用现状考察”“短视频发展现状”“中国新媒体文化发展”的描述等，其中论文的起点和终点均为现象的描述，对于新现象、新经验和新数据没有进行深入的解读，更没有新的洞见，以致整个研究浮在传播问题的表面，缺乏对传播现象的深层解读。

另一种呈现形式是作为立论的基础，也就是作为单篇论文的立论基础。许多高质量研究成果往往把描述性研究作为研究深入的重要入口，“论从现象出”，把现象描述作为论证与立论的基础，比如在《现状、困境与出路：中国互联网话语规制的立法研究》《中国大学生手机上网现状及其对社交媒体使用的影响研究》《我国多媒体传播的现状及发展研究》《广电媒体的新媒体的发展之路：现状、困境与路径》等诸多论文中，中国互联网话语规制立法现状、中国大学生手机上网现状、广电媒体的新媒体发展现状等作为整篇论文的立论依据，分别为中国互联网话语规制立法困境与出路、中国大学生手机上网对社交媒体使用影响、我国多媒体传播发展研究提供大量翔实的第一手材料。描述性研究作为研究的起点，成为进一步论述的重要支撑，为研究深入提供数据或文字支撑，也正是基于对现象的描述，才有可能洞悉现象背后的本质，实现对传播现象的解读和传播规律的洞察。

除了论文，其他以描述为主的研究成果还有定期或不定期发布的报告类成果，比如《中国新媒体发展报告》《新媒体运营观察报告》《新媒体营销报告》《中国新媒体趋势报告》《中国媒体融合发展报告》《中国媒体融合传播指数报告》《中国新媒体融合发展报告》《中国媒体融合创新报告》等，以上报告类成果一般依托专业研究机构制作而成，既有数据又有分析，能够及时对某一时期的新媒体发展或新媒体发展的某一方面进行总结，有助于研究者全面了解新媒体领域的发展进程，当下研究报告类成果呈现细化和增多之势。中国新媒体传播研究领域的描述性研究还包括对研究自身的“描述”，比如年度综述、阶段综述、专题研究等新媒体研究成果，多是特定时间或议题范围内对新媒体研究成果的描述性研究。

4. 研究主体分布

描述性研究的研究主体包括学界、业界以及专门的商业公司。也有部分学界、业界的研究者依托专门的研究机构，定期发布新媒体类的年度报告，比如彭兰与腾讯合作发布新媒体报告等。另外调查报告因其体量较大，需要耗费大量的人力、物力，非单个研究者能力所及，所以多由商业公司发布，比如腾讯、阿里等商业公司发布的新媒体年度报告等。近几年，商业公司参与的调查报告也有逐年增多之势。

综上所述，描述性成果在中国新媒体传播研究成果中占比较高，是开展新媒体研究的基础性环节。描述性成果在为深入研究提供材料、奠定基础的同时，一定程度上也决定着后续研究的质量，所以不管是个案分析，还是对某一类现象、问题的描述，都应该恪守客观、准确、科学的原则，提高描述性研究的学术价值，力争做到起于现象描述而止于学理探讨。

（三）回归理论：提升描述性研究的学理性

1. 客观看待描述性进路研究成果的存在价值

描述性研究主要解决“是什么”的问题，成果数量占比较高，是中国新媒体传播研究的重要组成部分，所以要一分为二地看待描述性成果的存在，一方面，新媒体现象、事件的描述性研究能够成为洞穿新媒体现象的基础。在研究的初始阶段，描述性研究能够提供原始资料。对新媒体形式、特点、功能和传播现象的研究，是推进研究深入的必要途径，但绝不是研究的终极目标。另一方面，要警惕那些为了描述而描述的学术研究倾向。追赶新技术、新概念的选题取向可能会带来研究成果数量上的增长，但是数量增长只是研究热度的扩散而非知识生产的增长，缺乏理论指引和旨归，仅靠研究对象新颖程度选取研究对象往往忽视了研究的本真目标，以致对新媒体研究只局限于现象、事件本身，在理论验证、修正、建构和创新方面则缺乏必要的观照和建树，已经成为中国新媒体传播研究缺乏理论创新的重要原因。

当然，描述传播现象及其各构成要素间的关系往往不是通过个案分析就可以实现，必须要在大量的系统分析和实证研究基础上才能推演出传播规律来。[①]科学研究的宗旨不只是呈现，而是描述与发现，所以要从客观、非功利的角度思考、解读各种新媒体现象、事件，进而客观、准确地洞察其传播规律，实现知识增量的提升。

2. 加强描述性研究的规范性

描述性研究往往构成研究的起点，研究过程的规范性与科学性直接决定研究质量。通过相关文献分析可以发现，描述性研究多基于思辨分析，采用三段式（是什么、为什么、怎么样）的研究结构，材料的收集多是主观感知，难免在客观性上有失偏颇，基于此，为了提高描述性研究的规范性，需在描述性研究中丰富资料的收集方式。除了思辨分析外，还要注重

① 李喜根：《新闻与传播学理论以及新闻与传播学科学研究》，《新闻与传播研究》2009年第1期。

使用调查研究、实验研究、内容分析个案研究、深度访谈等量化或质化的研究方法，或者量化与质化相结合的研究方法，进而获得可靠的一手资料，并确保其客观、准确、全面。与此同时，新媒体发展是一把双刃剑，分析可能的负面影响和与描述其功能发展同样重要，所以既要重视对新媒体现象、事件的正面描述，也要关注其消极一面，一分为二地看待新媒体现象与新媒体事件。

3. 要增强描述性研究的延展性

描述性研究是研究开展的起点，但一定不是研究的终点。在收集到的描述性文献中，常见的问题是描述现象生动有趣，一到分析就不知所云，全成了套话、行话。研究者要具有提供新认识、新观点的学术担当，不能仅仅就事论事，一些学者在此方面树立了研究典范，比如王辰瑶（南京大学）的论文《记者为什么成了不可爱的人》，作者基于客观存在的社会冲突事件，分析网络生态中新闻生产者与使用者之间的激烈冲突以及冲突存在的原因，没有局限于对事件发生过程的描述，而是重在洞察网络环境导致此类冲突频繁发生的内在机理、传播要素的关联、传播关系的改变，并上升到学理层面，实现知识增长。

综上所述，描述性进路构成中国新媒体传播研究的主要进路之一，成果数量较多，研究议题多元，是中国新媒体传播研究深化的基础性构架之一，被广泛地应用于新媒体研究学术场域，对于研究的深化起到重要的支撑作用。在大量的描述性研究成果中，目前存在的主要问题是盲目追随技术发展和缺乏研究规范。导致一些研究浮于表面而难以深入，而研究规范的缺失则导致了研究结果缺乏足够的资料、数据支撑而落入自说自话的诟病之中，影响了研究的延展和深入，所以在未来的描述性研究中，要注重研究问题的发现、研究对象的选取、研究方法的使用规范①和研究结果的

① 郭可、张军芳、潘霁：《中美新闻传播学学术传统比较研究——兼谈我国新闻传播学的发展》，《新闻大学》2008 年第 1 期。

知识贡献等方面，实现描述性研究的学术价值。

二、解释性进路

（一）着重关系：解释性进路的典型特征

所谓解释，哲学上最基本的含义是把掩藏于表象之下的内容显现出来，使模糊的东西变得清晰，具有分析、说明的意蕴。解释性研究也被称为“分析型研究”，是指研究者在经验材料或者数据分析的基础上进行深入思考，分析现象或事件的本质属性及其起源、形成过程、影响因素、发展规律、各要素之间的因果、相关关系等，主要回答“为什么（Why）”的问题。

与描述性研究相比，解释性研究则是在客观、全面描述性研究的基础上，探究现象发生、发展的原因和相互关系，是对研究问题认识的深化。这样研究进路就从“是什么”深入到“为什么”层面，成为中国新媒体传播研究的另一代表性进路。

中国新媒体传播研究解释性进路主要解决的是新媒体的生发机制问题。新媒体的发展和影响超越空间疆域，引发社会的根本性变革，成为政治、经济、文化等发展中无所不在的新语境。中国新媒体传播研究逐步超越工具论的单一性，关注到人的存在，逐步走向理论创新、逻辑自洽和价值多元。比如新媒体的发展规律、新媒体发展对作为主体的人的改变、新媒体如何改变社会关系等问题的洞察和判断等，其研究面向不只是作为表征的新媒体形态和应用，更是透过纷繁复杂的新媒体发展表象，洞悉各因素之间的相关或因果关系，解释更本质的关系存在。

（二）渐受重视：解释性研究的应用现状

新媒体现象需要描述，新媒体生发机制需要洞察，新媒体存在意义需要探究，后两者具有诸多的共通性，需要在现象描述基础上进行各要素之间的勾连、判断和解释。解释性研究进路不再只是注重西方理论的引进或是新媒体自身的微观“思量”，而是通过对一手资料的分析、推理等思维过程，透过现象看本质，实现中国新媒体传播研究的知识增量。

1. 数量分布

解释性研究所占比例远远小于描述性研究，明显表现出描述有余，解释不足的局限性。但是随着对新媒体自身属性、特点、功能等现象理解的加深，解释性进路的研究成果有逐渐增多之势，也代表了新媒体研究深化的方向。除此之外，更多研究者关注到描述性进路的不足，逐步实现研究进路从描述性到解释性的推进，客观上也提高了解释性研究的成果数量。

2. 研究议题分布

目前解释性研究成果的议题分布相对分散，具体如下：微观上的议题主要分布在新媒体传播方式、传播内容变革等方面，比如有研究者通过对腾讯微博的实地考察，从不同角度解释其困境的形成机制，从而在诠释原因基础上探究解决方法①；有研究者通过对网站隐私声明的文本分析发现，当前的文本框架全面性提高，但流于形式的内容存在明显错误等②；有研究者以《人民日报》官方微博中的新闻评论为研究对象，基于“文本”和“语境”两个维度探究其话语特点③。中观上的议题分布主要是关注新媒体使用特征、使用影响因素和使用效果分析，比如有研究者在分析互联网对公共政治参与关系考量的基础上，通过对大学生的问卷调查研究社交媒体对当代青年政治参与的作用④；有研究者采用半结构化访谈，分析受众对于虚拟技术在场效应的认知程度⑤；有研究者通过对北京等三个城市进行

① 刘宏宇等：《论微博现实困境的形成机制及解决途径——基于腾讯微博案例调查研究》，《国际新闻界》2016 年第 4 期。

② 徐敬宏等：《七家网站隐私声明的文本分析与比较研究》，《国际新闻界》2017 年第 7 期。

③ 董天策等：《试论〈人民日报〉官方微博新闻评论的话语方式》，《国际新闻界》2013 年第 9 期。

④ 卢家银：《社交媒体对青年政治参与的影响及网络规制的调节作用——基于大陆九所高校大学生的调查研究》，《国际新闻界》2018 年第 8 期。

⑤ 杨雅：《虚拟技术的在场效应认知：基于隐喻抽取法的研究》，《国际新闻界》2018 年第 7 期。

抽样调查，分析微信用户的行为特点、传播优势及不足等①；有研究者通过问卷调查研究大学生群体微信使用和社会资本黏连的关系②；有研究者关注到在美中国旅居者在社交媒体上的呈现动机并对其进行排序，进而对比中美两国在社交媒体上自我呈现动机的异同③；有研究者通过调查问卷、深度访谈等方法，以深圳老人微信使用为研究对象，洞悉老年人微信采纳与使用的影响因素④。解释性进路在宏观上的议题分布主要是新媒体对社会、政治、文化等的影响，有研究者关注到新媒体信息传播对政治参与的影响⑤；有研究者以新浪微博中网络舆论文本为研究对象，通过内容分析法对主帖和跟帖进行分析，厘清社会化媒体中舆论演变的过程⑥；有研究者提出互联网治理应该放低规则边界，在诉诸理性基础上关注情感等诉求⑦；有研究者提出互联网技术的迭代衍生出新的文化寓意，不同文化对应不同的生活方式⑧。以上研究均是基于特定传播现象的描述，进而展开学理分析和洞悉不同传播现象背后的一般知识，实现学术探究中知识增量的提升。

通过以上解释性进路在微观、中观和宏观上的议题分布可以发现，微

---

① 匡文波：《中国微信发展的量化研究》，《国际新闻界》2014 年第 5 期。

② 潘曙雅、刘岩：《微信使用对大学生社会资本的影响机制研究》，《国际新闻界》2018 年第 4 期。

③ 杨恬、蒋晓丽：《在美中国旅居者在社交媒体上的自我呈现动机研究》，《国际新闻界》2018 年第 3 期。

④ 周裕琼：《数字弱势群体的崛起：老年人微信采纳与使用影响因素研究》，《新闻与传播研究》2018 年第 7 期。

⑤ 臧雷振：《新媒体信息传播对中国政治参与的影响——政治机会结构的分析视角》，《新闻与传播研究》2016 年第 2 期。

⑥ 杨洸：《社会化媒体舆论的极化和共识——以“广州区伯嫖娼”之新浪微博数据为例》，《新闻与传播研究》2016 年第 2 期。

⑦ 喻国明：《互联网治理应遵循的重要规则与操作关键》，《新闻与传播研究》2016 年第 1 期。

⑧ 田智辉、梁丽君：《互联网技术特性衍生的文化寓意：更新、缓冲与纠错》，《新闻与传播研究》2015 年第 5 期。

观上主要基于新媒体的媒体形态、应用等研究其传播方式、传播内容转变等向度；中观上主要是关注新媒体使用特征、使用影响因素和使用效果分析；宏观上主要是新媒体对社会、政治、文化等的影响，研究议题多元，并多是基于现象描述展开，但是研究议题的学理深度还有待拓展。

3. 研究方法分布

同描述性研究进路相比，解释性进路的研究成果注重研究方法的多元使用，除了延续传统的思辨分析外，注重量化、质化或混合方法的使用。在本书收集到的样本文献中，解释性研究多基于调查、内容分析、文本分析等研究方法获得第一手资料，然后进行不同构成因素的关系分析，注重不同变量的多维考量和规范分析。解释性进路研究成果在注重研究方法使用的同时，也存在滥用的现象。部分论文为了方法而方法，从方法而不是问题出发，通过提出研究假设、收集样本到分析论证等环节，最后的研究发现却只是一个不证自明的常识。

综上所述，通过以上解释性研究进路中文献数量、研究议题与研究方法分布情况的梳理可以发现，解释性研究进路逐渐得到重视，其研究逻辑和学术理论逐步得到更广泛认可，应用范围也逐渐广泛，但是至今尚未成为我国新媒体研究的主流，总体上呈现如下特点：一是事后性。解释性研究一般是在问题出现后开展的研究①。解释性进路研究多是针对已经发生的新媒体现象或数据进行研究。当然，基于研究连续性的特点，此时的解释性研究可以对后续的解释研究发挥作用，这与其事后性特点并不矛盾。二是诠释性。解释性研究主要是对研究进程中所呈现的思维方式、研究取向等问题进行追问，其目的是为了探根求源，发掘不同变量之间的相关关系，从而注定了解释性研究所得出的结论一定是抽象的、形而上的，是从中国新媒体传播研究进程中归纳出共同特点，同时舍弃其不同点。三是普

① 鲍金：《论马克思主义理论研究的三个层次》，《中共天津市委党校学报》2013 年第 3 期。

适性。解释性研究重在把握新媒体研究中的一般性知识，发现能够解释新媒体现象的一般规律，例如关系建构取向可以在中国新媒体传播研究领域的新媒体与人、新媒体与社会等不同的研究主题中呈现出来，普适性的特点注定解释性研究能够成为考察新媒体研究的关键所在。四是对比性。要想洞悉出本质性的内容，中国新媒体传播研究中的解释性研究就要对照参照物进行比较，没有比较就无法观察到本质层面的规律性知识。因此，中国新媒体传播研究的一般性知识本质上是与其他媒体研究（比如别国新媒体研究、中国传统媒体研究）相比较而成立，即本研究开始之时即蕴含着对中国新媒体传播研究与其他媒体研究存在不同的预设。五是客观性。由于解释是探究现象、事件的来龙去脉和发现规律性的活动，客观性问题就无可回避。① 对新媒体现象、事件等进行解释，需要在“主观感知”基础上超越经验材料和实现认知，所以解释的实质就是通过新媒体现象或事件挖掘其内在的意义，这就需要考虑到理解过程的客观性问题。中国新媒体是一个客观存在，但其并不遵从“固定规律”。作为中国新媒体传播研究进程的参与者，不同研究者不可避免地受到其自身的学术经验和学科背景的影响，因此，解释和经验相互作用，解释和被解释往往会发生“释义学循环”样的互动。② 一方面，新媒体现象、事件需要研究者基于逻辑、实证等方法给出“言之有理”的解释；另一方面，研究者也多是根据个人经验解释其所理解的中国新媒体现象和事件，因此，解释性研究总是和解释者的学术素养联系在一起。在中国新媒体传播研究中，研究者的学科背景多是新闻传播学等文科专业，在客观上决定了其人文价值研究取向以及思辨分析为主的研究方法。

（三）有章必循：加强解释性研究的规范性

解释性研究作为中国新媒体传播研究进路之一，连接着经验材料和一

---

① 李超平：《论图书馆学的解释性研究与运作性研究》，《图书情报工作》2001 年第 10 期。

② 何卫平：《解释学循环的嬗变及其辩证意义的展开与深化》，《武汉大学学报（哲学社会科学版）》1999 年第 6 期。

般规律，其解释的“有效性”推动其知识增量的提升，是实现基础理论创新的基础和保证。解释性进路从微观到宏观、从虚拟到现实，实现现实与理论之间的对话，体现出一定的现实关照。“科学研究并不简单回答疑问，给出关于事物及其相关现象一般描述，而是要揭示某种因果关系或规律的、可证伪的研究问题和假设”①，因此对于新媒体研究领域不断出现的新问题，需要基于规范的研究进路开展科学的解释性研究。

加强解释性研究的规范性，需要着眼于以下两点：一是在研究主体方面，研究者需要做到以下几点：首先研究者要在前期调研或资料收集过程中，带着强烈的问题意识和明确的研究目标去观察、体验、调查和访谈，掌握相关新媒体现象和问题的第一手资料，能够做到对基本情况了然于胸；其次研究者要具备所关注领域的理论知识积淀，具有处理第一手资料的专业素养，能够基于传播学的概念和理论体系思考新媒体现象、问题，发现传播问题而非其他学科问题，洞悉新媒体现象、问题中的传播关系的存在及变化；另外研究者需要基于第一手资料解释其存在和发展机理，让事实和数据说话，从而做到论从材料出，同时要勇于超越自己的认知局限，秉持学术研究的专业性，以便探求问题和现象背后的各种因果、相关关系。适切的解释需要真问题作为牵引和理论知识作为分析框架，只有这样才会在解释现象的时候做到有的放矢。二是在研究方法方面，一方面要注重多元研究方法的使用，除了传统的思辨方法之外，第一手资料的收集要注重质化、量化研究方法的使用，提高研究基础的科学性和准确性。另一方面要注重研究方法的规范使用，不能为了方法而方法，方法要为研究主题和研究目的服务。

综上所述，目前解释性研究类成果数量不多，但是代表了中国新媒体传播研究的方向，是实现知识增量的必经之路和必有之义。当下解释性研究存在的问题主要是数量较少，研究过程不够规范，研究的深度和广度不

① 刘洋、李喜根：《新媒体传播研究及知识增量》，《国际新闻界》2012 年第 8 期。

够，所以在未来的解释性研究中，研究者要有更宏观的学术视野，基于第一手材料或数据，深入分析新媒体现象背后的传播关系问题，着力加强解释性研究的深度与规范性。

三、对策性进路

（一）实践面向：对策性研究的核心之义

对策性研究也被称为实践性或应用性研究，其惯常路径是通过对相关议题的调查、分析，阐明问题产生的原因，进而提出解决问题的策略或方法。其研究主旨是为了给出解决问题的对策，关注的是“怎么办”的问题，所以在研究路径上，多是在描述现状、分析不足的前提下，提出有针对性的对策或建议，具有强烈的现实关怀。

纵览 1994 年以来的中国新媒体传播研究，对策研究类成果数量较多，其研究目的是为了解决新媒体发展中存在的问题和面临的困境，从而在问题描述或分析的基础上，提出解决问题的思路或办法。对策性研究的常见分析策略为基于新媒体现象、事件中的具体现象、问题，运用实验、调查、数据统计等方法收集第一手资料，采用量化或质化方法进行研究，并以此为依据提出解决问题的办法、路径、策略等。

（二）发展和治理话语为主：对策性研究进路的应用现状

国内的新媒体研究着眼于新媒体在微观上对用户的影响，在中观上对新媒体实践的影响和在宏观上对社会变迁的影响，以上清晰地表明“对策研究”在中国新媒体传播研究中占据重要位置，与此同时，对策研究过多已成为新媒体研究备受诟病的主要原因。传播学本身就是一门理论和应用兼具的学科，发生、成长于传播学之中的中国新媒体传播研究，似乎与生俱来就有注重应用性研究的基因。通过文献的统计和分析可发现其分布情况。

1. 数量分布

通过对 9880 篇样本文献的统计和分析，仅标题中含有对策、策略、路径等与对策研究高度相关的论文数量就高达 1095 篇，占据总样本文献量（9880 篇）的 10.89%，其中多数论文整篇围绕对策展开，而部分论文则是将其作为论文组成部分之一，反映了中国新媒体传播研究注重实践应用的研究取向。

2. 研究主题分布

基于文献调研和分析可以发现，对策性研究进路几乎分布于中国新媒体传播研究的各个领域，新媒体自身研究、新媒体与人研究、新媒体与社会研究中均包含有大量对策性研究成果。仅以 1095 篇样本文献（在总样本中，标题含有策略、路径、对策的论文数量）为例，进行关键词的统计分析，统计结果如图 4-4 所示。

基于对策性研究文献的关键词统计发现，排名前十的关键词有传播策

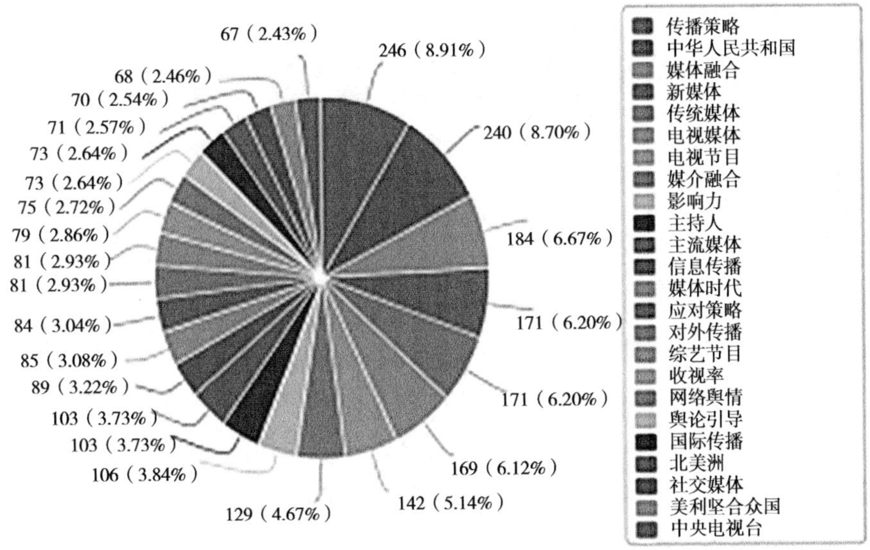

图 4-4　中国新媒体对策性研究议题的关键词分布

略、中华人民共和国、媒体融合（媒介融合）、新媒体、传统媒体、电视媒体、电视节目、影响力、主持人、主流媒体、信息传播等方面，进而进行相关的文献研究可以发现：对策性研究主要表现发展对策研究与治理对策研究，具体如下：

一是基于新媒体以及传统媒体转型的发展对策研究。发展对策类研究议题分布如表 4–2 所示，集中在传播策略、媒体融合、传统媒体转型、新媒体发展、国外经验借鉴等方面，主要为新媒体发展问题寻求解决之道和提供智力支持。

表 4–2　发展对策研究的主要议题分布一览表

议题分布	主要内容
传播策略	1. 不同媒体形态、应用的传播策略分析等； 2. 不同文化、传播形态的传播策略分析等。
媒体融合	1. 不同媒体之间的融合及创新路径分析等； 2. 不同层面的融合路径分析等； 3. 媒体融合中的困境应对路径分析等。
新媒体发展	1. 不同形态的新媒体自身、行业和产业发展对策研究等； 2. 新媒体环境下媒体发展策略研究等。
传统媒体转型	1. 传统媒体集体转型对策分析； 2. 电视、报业等不同样态的传统媒体转型对策分析。
国外媒体转型、发展	1. 美国、日本等国的传统媒体转型及发展策略分析； 2. 国外媒体融合策略分析。
其他	新媒体教育发展对策研究、新媒体研究困境的对策分析等。

二是治理对策研究，通过以上分析可以发现，舆论、网络空间等成为治理对策研究的关键词，治理对策研究的三个重要面向为网络舆情、舆论引导、网络生态治理，也成为独具特色的中国新媒体传播研究议题。同时新媒体行业发展乱象等也成为治理对策性研究的组成部分，研究议题分布如表 4–3 所示。

表 4–3　治理对策研究的议题分布一览表

议题分布	主要内容
网络舆情	1. 突发事件、危机事件、网络围观中的网络舆情应对策略分析； 2. 网络舆情应对中的政府治理和立法对策分析等。
舆论引导	1. 主流媒体等不同媒体形态舆论引导力提升策略分析； 2. 不同媒体形态舆论引导体系构建策略分析等。
网络生态治理	1. 虚假信息、谣言等的治理对策分析； 2. 网络生态、空间治理对策分析等； 3. 不同网络平台的内容发布治理对策研究等。
其他	新媒体行业发展乱象治理分析等。

综合以上发展和治理话语下对策性研究议题的分布情况可以发现，发展对策性研究关涉新媒体不同形态、应用及其产业、行业发展等方面，而治理对策性研究则主要关涉网络舆情、舆论引导、网络生态等面向，共同构成了对策性研究的研究重点。

3. 研究成果的呈现方式

通过内容分析可以发现，对策研究的呈现方式分为以下两种类型：一种是专门的对策研究，主要是为了解决实践问题而做的专门性研究，几乎没有理论框架，策略的提出往往意味着研究任务的完成，所以研究框架多是以问题描述或分析不足作为研究起点，同时提出策略是研究的重点和旨归；另一种对策研究则是基于第一手材料的描述性研究、不同要素间因果关系或者某种理论视角分析的基础上提出对策，从而实现从理论到实践的转化，所以其往往作为论文的最后一个章节出现。以上两种对策研究的论文数量相差悬殊，专门性的对策研究占据数量优势。同时策略的提出路径也不同，第一种多是基于现象的主观感知，缺乏对于现象背后关系的洞察和分析，所以所提策略往往具有“对空言说”的无力感，而第二种则是经过现象描述、逻辑分析之后顺理成章地提出解决问题的对策，有完备的资料和分析基础，所以所提策略往往更具可行性和科学性。

4. 研究方法的使用

通过文献调研可以发现，虽然部分对策性研究注重量化或质化研究方法的使用，保证了论证的科学性与严谨性，然而多数对策性研究仍是基于现状描述或思辨分析而展开，缺乏扎实的经验材料或数据支撑。总体来说，近些年实证研究取向逐渐增多，更多的对策性研究采用调查法、网络分析法等进行现状调查和分析，研究方法的使用也日趋规范，提高对策性研究的规范性。

（三）有理有据：夯实对策性研究的立论基础

对策性研究具有很强的现实意义，助益于中国新媒体实践问题的解决和学术成果的转化，但部分对策研究存在套路化的研究路径：简单的现象描述加上诸如提高认识、加强领导及学习等之类的套话类对策，“过于倚重指导性和应用性，对策话语泛滥是新媒体传播研究的主要问题”①。

对策探讨不是学术研究的全部，研究者需要做的不只是对策性发现，为决策者提供思考和启发，其更重要的学术担当是给人以启发②，当然笔者并不是否定对策研究的存在价值，而是说即使是此类研究，也要基于学术研究立场或以知识增量提高为旨归，所以对策的提出，不能只是一时拍脑袋之后的奇思妙想，而是要经过细致的前期调研、缜密的论证，进而提出解决问题的策略。学者最重要的职责是学术研究，虽然并不意味着学者不能或无法参加其他研究活动，比如为其他群体或个人提供建议或资讯，甚至出席某些社会活动，这是学者的社会活动，而非学术研究。当下很多学者混淆学术活动和社会活动，甚至颠倒主次，以对策研究为主要方向，难以实现学术研究的价值，所以此种现象应该引起重视。诚如社会学家米尔斯所说的那样，如果社会家把社会活动当成学术活动，就是放弃了自己的身份。中国新媒体传播研究的典型特征就是以研究和发展新媒体为名来

---

① 曲飞帆、杜骏飞：《超越结构功能主义范式的中国新媒体传播研究——以 2015 年以来的研究文献为例》，《当代传播》2016 年第 5 期。

② 么咏仪等：《学术研究宜站在中观和宏观层面——专访中国人民大学教授陈力丹》，《新闻与写作》2017 年第 10 期。

回应党政方针的出台，却有意无意地游离于学术研究的版图之外，以“对策”为基本话语的研究倾向是对学术探索的囚禁。[1] 当然以上现象的形成原因比较复杂，主要受制于研究经费从何而来，研究成果能否成功刊出，学术会议是否够档次等诸多问题。但是一旦学术研究局限于业界面临的发展问题或者国家权力行使及其治理问题，势必会失去自主的学术立场而难以提炼出真正的学术问题。与此同时，在学位获取、论文发表、职称评定等的层层考核和把关之下，研究者们难以基于学术研究的历史担当，投入足够时间和精力进行阅读和思考，最终影响理论拓展与创新的实现。

基于以上对策性进路研究的分析发现，中国新媒体传播研究明显具有注重实践应用的研究惯习，主要以发展对策和治理性对策研究为主。大量对策性研究者多是基于现象描述而提出解决问题的对策，缺乏严密论证和学理探究，无益于知识增量的提高。研究者在关注实践的同时，也要注重对策研究的前期调研，并基于翔实的资料和缜密的论证提出解决问题的办法，有理有据地提出具体的应对之策。

四、批判性进路

（一）解构与重构：批判性进路的核心价值

汉语的“批判”一词，多指判断、评论以及对认为有错的言行、思想进行批驳，带有明显的否定意蕴，而西方的“批判”概念是一个发展和辩证的概念。现在的“批判”概念主要表征理性存在，是人的最高能力，与人的否定力量密不可分[2]，传播学中使用的批判概念，“不是根据某种现存权威的规范来判断和评价事物，也不只是要得到所谓正确的思想和逻辑确定性，而是要明白引导批判的条件和前提，弄清在批判过程中发生的

① 潘忠党、刘于思：《以何为“新”？“新媒体”话语中的权力陷阱与研究者的理论自省——潘忠党教授访谈录》，《新闻与传播评论》2017 年第 1 期。

② 杨华：《传播批判理论研究三题》，《新闻界》2007 年第 5 期。

事”[①]，因此，批判性研究进路并不只是反思、评论和判断，更是一种价值理性分析过程，是对新媒体传播现象（包括现有理论及研究）加以反思和建构的研究[②]。需要说明的是，本书所呈现的批判性研究进路主要是指采用批判研究方法但又不局限于此，而是综合运用实证、思辨等方法进行新媒体传播过程的知识建构路径，“破”与“立”的有机融合是批判性研究进路的典型特征。

知名哲学家康德就曾指出，当下是个批判的新时代，一切事物都必须经受批判，尤其是任何规范本身必须事先接受批判。批判研究进路着眼于宏观分析，常把研究对象置于整个社会体系之中，着力社会文化、权力关系以及政治所有制结构等层面进行综合分析，并在厘清其所处的复杂关系基础上进行价值判断，以揭示影响研究对象运行、发展的本质因素，常以说理见长，着眼于研究对象的本质，从而提出创新性研究成果。[③]很多研究者也开始意识到，在众声喧哗的新媒体研究中需要批判视野，比如对于媒体融合。新媒体技术等的发展与变革问题。学术研究不能仅仅聚焦在媒体内部或技术自身，而是要将其置于宏大的社会语境中去考察和阐释。

（二）极度匮乏：批判性进路的应用现状

1. 发文趋势

使用标题搜索策略在9880篇样本文献中搜索标题含有“反思”或“批判”的研究成果，统计结果显示仅有118篇，约占总样本量的1.19%，在四种进路的研究成果中占比最小，同时把以上118篇论文按照时间顺序排列，发现其分布有逐年增多之势，说明批判性研究逐渐得到关注。

2. 研究主题分布

通过文献检索和内容分析，为数不多的批判性研究成果的议题分布如表4-4所示。

---

① 张汝伦：《思考与批判》，生活·读书·新知三联书店1999年版，第580页。

② 张锦华：《传播批判理论》，台湾李明文化事业股份有限公司1994年版，第3页。

③ 何志武：《批判研究方法的科学性问题》，《新闻与传播研究》2009年第5期。

表 4–4　批判性研究进路主要议题分布一览表

新媒体自身（微观）	媒体融合、传统媒体转型、新闻业务、算法、新闻专业主义等。
新媒体与人（中观）	新媒体使用与人的异化等关系研究，新媒体使用对受众概念的改变等。
新媒体与社会（宏观）	新媒体的技术演进、新媒体生态、媒介文化等。
其他	新媒体研究范式、新媒体研究学术场域、新媒体研究本土化等。

批判性研究进路的议题分布主要在以下四个方面，一是微观层面的新媒体自身研究方面，主要表现在对媒体融合、传统媒体转型、新闻业务，新闻专业主义、算法的反思，如《迷思与批判：媒介融合热背后的冷思考》；二是中观层面的新媒体与人方面，主要表现为新媒体使用与人的异化、孤独感增加等关系反思，新媒体使用对传统受众观念改变等方面；三是宏观层面的新媒体与社会方面，议题主要包括新媒体的技术演进、新媒体生态、媒介文化等。其中技术成为宏观层面反思的重点，技术乌托邦、技术决定论、唯技术论等多次成为批判性研究进路的关注对象，如《微博语境下大数据"技术神话"的建构与批判》《数字媒介与跨文化交流：一种批判性的传播学视野》等；四是批判性研究进路的一个重要面向是对新媒体研究自身的检视，主要包括新媒体研究范式、研究场域、本土化等思考，如《反思结构功能主义范式下的新媒体研究》等。综合以上的议题分布情况可以发现，批判性研究进路的议题主要集中于新媒体发展尤其是技术发展对人和社会的影响研究。

3. 研究方法使用

中国新媒体传播研究批判性进路多采用逻辑分析的方法，较少使用实证研究方法，明显表现出"说理见长，短于实证"的论证方法倾向，研究多基于理论演绎或者思辨分析。与此同时，研究者多秉持一定的价值倾向和道德标准，着眼于宏观叙事而一定程度上忽视微观层面的新闻实践反思。除此之外，论证过程的逻辑性直接关乎研究的说服力。批判性研究常以观点创新取胜，但是观点在个别成果中更多表现为研究者灵感乍现的思维火花，缺乏缜密而深入的论证过程，影响了批判性研究成果的说服力。

（三）有破少立：增强批判性进路的建构力

批判性研究进路是在洞察新媒体现象、事件的基础上，以特有的价值观对其进行反思、否定乃至重构。基于宏观理论思维的批判性研究更能接近事情的本质，从而更可能提出创新性成果①。中国新媒体传播研究批判性进路多是针对一定新媒体现象进行深度解读与反思，但是此类研究显性存在概念先行、价值预判的惯习，大多问题的反思最终指向的是治理对策的提出，而非理论创新的实现。为了改变现有批判性研究进路的不足，需要着眼于以下三个方面：

一是客观看待批判性研究中“破”和“立”的关系。勇于批判，重在建构，是批判性研究的首要之义。批判研究不是对中国新媒体传播研究中众声喧哗现象的疏远和否定，而是一种建构与结构的思维创新过程，所以批判研究者既要具备“破”的胆识，勇于理性审视新媒体研究的世态百相，评判其中的是非曲直，指出其所存在的不足，更应具备“立”的智慧②，从而在当下高热度研究的表面繁荣中能够保持冷眼旁观，实现对其一般性、规律性的内容的理性分析，从而在提高新媒体研究知识增量上作出贡献。中国的新媒体研究目前存在重应用轻理论的研究惯习，导致描述性研究、对策性研究占据研究场域的核心位置，从而基础性理论建构明显不足。以上问题的解决需要研究者以批判的眼光进行审视和判断，当然，批判研究并不意味着只有简单否定。中国新媒体传播研究正处于逐步深化的关键阶段，批判性研究能够引发研究者关注和深思现象背后的本质层面，积极的否定是为了更好的建构，以此增加新媒体研究的理论创新可能。

二是注意逻辑分析法和实证方法的兼容并包。毋庸置疑，逻辑分析是

---

① 何志武：《批判研究方法的科学性问题》，《新闻与传播研究》2009 年第 5 期。

② 李彬、黄卫星：《批判知识分子的角色建构——从传播学批判学派学者赵月枝的学术风格谈起》，《山西大学学报（哲学社会科学版）》2011 年第 6 期。

一切学术研究的基本方法①，批判研究尤其如此。批判研究强调逻辑分析的方法，即主要基于研究者的价值观和思维方法。研究者对研究对象的反思、批判，自然而然地带有个人的思维习惯、观察视角和视野广度，甚至还会受到个人研究旨趣的影响，也正是因为以上逻辑方法上的差异，研究结论才会呈现出不同和创新。以上既是批判研究的独特价值所在，也是其被人质疑为不够严谨的根源所在。逻辑分析的严密性直接影响着论证的说服力，所以要着力提高其批判分析的严谨性，力求论据充分，论证严谨，从而以缜密的思维过程主导批判研究的始终。与此同时，当下新媒体改变了传播研究生态，数据的易得性也大大提高，网络民族志、社会网络分析等方法被广泛应用于新媒体研究，所以批判性研究在加强逻辑分析的基础上，也要积极基于实证等研究取向开展研究。传播学知名批判学者赵月枝的批判研究以话语分析为主，但同时重视量化维度的描述，"将媒体的表征置于更宏大的社会背景之中加以考虑，即各种利益群体在事关中国社会根本问题上的话语权的社会分配"②，从而实现逻辑分析与实证推演的相互补充，提升批判研究中论据和研究结果的科学性。

三是加强批判性研究的建构性。实证研究和批判研究是西方传播学研究的两大主要传统，中国对其继承有所偏倚，即重经验主义为主导的实证研究而轻批判研究。中国新媒体批判性研究的成果偏少，议题多围绕新媒体技术对人和社会的改变、新媒体研究范式创新等议题，同时研究的视域有限。许多批判研究只是问题的反思，缺乏"立"之层面的建构性知识产出，从而使研究仅停留在"破"的否定层面，未能实现一般知识的洞察。

批判研究是知识创新的加速器，助益于对一般性知识的探究和发现。"在任何既定的发展阶段，批判理论的建构性特征都变现为创新的东西，

---

① 胡军：《张岱年哲学慧观中的逻辑分析方法》，《北京大学学报（哲学社会科学版）》2004 年第 5 期。

② 赵月枝：《我的跨国学术，我的跨国体验》，中国传媒大学出版社 2011 年版，第 210 页。

它一开始，就不仅仅是记录和综合事实，它的冲动出自它抨击事实，与恶劣事实较量的那种具有美好潜能的力量。”① 所以首先要加强批判性研究进路，提高对批判研究的关注度，把更多议题纳入批判视域下。批判并不是研究的最终旨归，批判是为了更好地回应和建构。② 如《反思结构功能主义范式下的新媒体研究》③ 一文，作者并没有片面地否定结构功能主义范式的合理性，而是辩证看待其存在的是与非。论文在肯定结构功能主义范式存在合理性的同时，进行了建设性的批判，指出问题解决的办法是将以下四个维度纳入分析范畴，分别是重新界定人与历史的地位、学科交叉中寻求自身合法性、树立泛媒介思维、拓展研究办法。论文基于特定的研究实践进行反思、论证，其立论的方法是通过作者的思辨分析，其鞭辟入里的分析过程体现了批判研究的方法特点。批判意味着否定，更意味着建构。中国新媒体传播研究者应强化建构性的批判研究，在反思实际进路及其驱动力的基础上，进一步追踪与描述可能进路，从而对未来发展趋势作出判断。理论建构和创新尚未成为当下批判研究的核心面向，这也正是批判研究的局限所在和日后努力的方向。批判性研究进路体现着研究者的价值取向和立场所在，需要保持研究的独立性，同时对研究者们的知识积累和理论创新有较高要求，所以当下批判性研究进路的成果相对于描述、解释和对策层面的研究来说就显得比较薄弱。除此之外，为数不多的批判性研究成果多集中于新媒体技术对使用者与社会的影响，以及新媒体研究范式等方面的反思。议题相对单一，中国新媒体批判性研究的加强任重而道远。

综上所述，在当下国内的新媒体研究中，描述性、解释性、对策性和批判性研究进路尽管基于不同的研究路径和价值偏向，其呈现形式与研究

---

① 霍克海默：《批判理论》，重庆出版社 1989 年版，第 250 页。

② 蔡海龙：《描述、阐释与批判——对新闻传媒研究三个层面的哲学思考》，《现代传播》2011 年第 8 期。

③ 贾祥敏：《反思结构功能主义范式下的新媒体研究》，《浙江传媒学院学报》2018 年第 6 期。

特点也各具各色，但是共同推动了新媒体研究的深入。描述性、对策性研究带有明显的问题倾向和社会化关怀，而解释性和批判性进路则具有明显的学理倾向和学术关怀，四种进路之间并不冲突，描述性研究力求缜密和严谨，解释性研究着力通透和深刻，对策性研究力争及时和有效，批判性研究则需解构与建构同在。从学理层面上来看，没有个案就不能洞察一般规律，没有微观叙事就不会实现理论建构，没有大量具象的现象描述就不会有对象化的研究课题；而从实践层面来看，没有一般理论上的适度解释力和批判力，就没有理论的建构与创新。① 以上四种进路的交叉和融合，是真问题和真学问的通约，所以中国新媒体传播研究既是有真问题观照的真学术，也是有真学术底蕴的真问题，需要力求问题与学理的融合，不能只停留在表面的现象和对策之中，而需在学术、方法论自觉的前提下，于微观问题和宏大结构的结合处总结出一般知识。基于批判研究获取的一般知识不是照搬或者借用其他学科的概念及理论体系，而是具有一脉相承的理论支持，同时能够体现中国新媒体传播研究智慧的理论体系。

第三节　研究进路的“内卷化”倾向

不同研究进路的区别是使用不同的概念及其理论体系，并为研究预设不同的研究议题，从而呈现出不同的研究模式②。中国新媒体传播研究进路的呈现是建立在大量研究成果的基础之上，是对研究的研究，主要着力于不同进路的应用现状和研究特点，进而洞察不同实际进路的共同之处。

---

①　黄海：《田野、叙事和结构：青年研究的人类学进路——兼论青年研究从对策性到解释性的转型》，《当代青年研究》2007 年第 2 期。

②　[美] 斯蒂芬·李特约翰：《人类传播理论》，史安斌译，中国人民大学出版社 2004 年版，第 10 页。

一、作为分析框架的四种实际进路

中国新媒体传播研究进路的考察主要是从其本事的历史演进脉络中发现而非创造研究逻辑，并从科学研究的规范性、科学性和可检验性审视其知识演进的一般规律。在对以上四种进路进行综合考量之前，对其局限性进行说明是必要的。

一是以上四种研究进路划分主要是根据中国新媒体传播研究的文献观测而做出的趋势性判断，是对主要进路的呈现。由于相关研究成果数量的庞大，四种实际进路的判断势必未能穷尽 1994 年以来所有成果的研究进路。本书主要基于类目构建的边界划分要求以及条理化分析的研究需要，进行了四种进路的划分和呈现，并尽可能使其有更多的包容性，以便覆盖到更多的研究成果，但任何划分策略都不能做到无所不包。四种进路的呈现能够代表中国新媒体传播研究的主要方向，同时也是建立分析框架的需要。

二是以上四种研究进路并不是处在相同的研究层面，比如应用取向的描述性研究与对策性研究，处于研究的基础阶段，解释性研究进路和批判性研究进路则多是以描述性研究成果为基础，与其他两种研究进路具有不同的研究取向和旨归。

对中国新媒体传播研究的实际进路做出描述性研究、对策性研究、解释性研究和批判性研究四个面向的呈现，并不是要在其“研究之研究”中划分一个非左即右的分类标准。实际上，上述四种进路客观存在于中国新媒体传播研究的历史进程中，只是至今尚未被呈现，因此本书所进行的是一种既有脉络的“挖掘”和“呈现”工作而已。

二、实际进路共同推动研究根基的夯实

通过上文研究进路的呈现可知，其主要表现为描述性进路、解释性进

路、对策性进路与批判性进路，不同进路分别以各自的视域和倾向切入研究进程，共同建构起中国新媒体传播研究的知识体系。描述性研究重在对新媒体现象的呈现，对策性研究着眼于问题的解决，解释性研究关注于传播实践不同因素相互关系的分析，批判性研究则聚焦于现象或问题的反思。在研究进路分布中，描述性进路和对策性进路明显占据中国新媒体学术场域重要位置，客观上为研究的深入提供了支撑。与此同时，尽管解释性进路与批判性进路研究的成果数量不多，但是其关注视域不断拓展，研究也不断深入。当前中国新媒体技术和行业均呈现高速发展之势，新媒体研究也积累了丰富的本土经验，其必将激发中国新媒体传播研究者更多的创新实践。

随着中国新媒体传播研究进程的不断演进，其在研究视角、理论关怀和研究方法使用等方面都有很大提高。纵观不同进路中研究成果的分布，一是从数量上看，目前中国新媒体传播研究已经集聚起数目繁多的研究成果，期刊论文、著述、研究报告、项目立项等不同类型的研究成果均呈现出逐年增多之势；二是研究议题逐渐走向多元，核心议题的广度与深度同时推进，研究成果从聚焦对策与治理话语下的应用研究逐渐转向批判与反思研究，基础理论创新也成为更多研究者的学术追求。由此可见，中国新媒体传播研究的基础逐渐夯实，理论创新亟待新的突破。

三、实际进路的“内卷化”倾向反思

中国新媒体传播研究中的四种实际进路均在一定程度上表现出了“内卷化”倾向。“内卷化”是一个具有跨学科包容性的学术概念，是指事物在自我复制和演进过程中的退缩力量，用来强调历史演进中过去和现在的影响关系，被广泛应用在社会学、人类学、政治学等多学科领域，成为一种具有强大跨学科穿透力和影响力的理论分析工具和视角。李金栓曾经撰文提出新闻传播学要警惕“学术内卷化”，从而引发国内重建新闻传播学的讨论与反思。新闻传播学的“内卷化”主要体现在研究者固守一个小题目力求精细，研究视角朝内，局限在已有研究视域而不与外界互动，使得传播学研究成为学科内部的自说自话，丧失应有的公共性。基于此，多位学者呼吁新闻传播研究要转向多学科的研究平台和跨学科的研究视野，融合不同学科的学术给养以实现理论建构的“解放”与创新。近年来，反思或重构传播学的呼声不断高涨，新媒体研究作为传播学研究中的“显学”，是深陷“内卷化”的桎梏还是独善其身？

从整体来看，中国新媒体传播研究的知识流动在研究内部形成关注自身媒体属性的“内核”，深陷大众传播研究的惯性思维，在外部则形成难以突破的“外壳”，局限于传播学的原有框架内不断复杂和精细化，理论建构难以实现质的突破。“内卷化”研究是一种熵值①过程，已成为中国新媒体传播研究难以实现基础理论建构和创新的主要原因。中国新媒体传播研究是特定历史阶段和社会发展时空里的指称概念，并不局限于媒体形态和技术迭代自身，也同时指向“用来交流或传达信息的制品或设备；传播或分享信息的活动和实践；围绕上述设备和实践形成的社会安排或组织形式”②。作为历史演进过程中的产物，新媒体串联着历史，形塑着社会结构并嵌入日常的媒介化生活，因此中国新媒体传播研究进路呈现更应关注媒体、实践和社会的交互作用，以此构建新媒体产生、演进和影响的研究框架。诚如米尔斯所说，在历史、社会结构和个人之间形成密切的连接和培养社会学想象力的心智能力。

本章在前文历时回溯和共时梳理之后，基于理论推演与文献分析，分别呈现出中国新媒体传播研究的四种实际进路，进而通过对不同进路进行

---

① 熵是指不能再被转化做工的能量的总和测定单位，熵量化被赞誉为科学定律中的第一定律，主要是指孤立系统中一切实际过程都是向着熵值增加的方向行进，其成为一个不可逆过程熵的增加往往抑制着有效能量的减少，能量退化，无序度的增加。参见王琛：《“内卷化”及其文化心理机制分析》，《深圳大学学报（人文社会科学版）》2013年第5期。

② L.A.Lievrouw, *What's Changed about New Media? Introduction to the Fifth Anniversary Issue of New Media&Society*, New Media&Society, Vol.6, No.1, 2004, pp.9-15.

综合分析洞悉其共同表征。中国新媒体传播研究实际进路表现为描述性、解释性、对策性和批判性四种，其在逐渐夯实新媒体研究基础的同时，表现出了明显的“内卷化”倾向。在四种进路中，描述性进路、对策性进路生产的研究成果占比较高，其他两种进路占比则相对较少，不同进路分布颇不均衡。描述性进路、对策性进路是新媒体研究持续推进的基础，解释性进路、批判性进路是基础理论建构的必经之路和助推器，需提升描述性研究的品质，加强解释性研究的规范性，夯实对策性研究的现实依据和增强批判性研究的建构力。不同进路共同推动新媒体研究的空前繁荣，吸引众多研究者积极参与从产出大量的研究成果，为中国新媒体传播研究理论创新的实现奠定坚实的研究基础，但是中国新媒体传播研究明显表征出“描述和对策研究有余，解释和批判不足”的特点，“内卷化”态势显性存在，不利于理论创新的实现，亟须对以上研究态势追根溯源，以实现突破。当然，加强基础理论研究并不意味着放弃应用性研究，而是着眼于理论自觉，实现两者的平衡发展，从而促进中国新媒体传播研究建构起完备的理论体系。当然，只有明晰其“内卷化”的形成原因，才能有的放矢地加速中国新媒体传播研究领域的拓展与深入。

以上四种进路的划分和呈现具有不可避免的主观性，是笔者对于科学规律呈现、媒介理论推演和已有文献脉络梳理等的综合考量，是对主要进路的趋势性发现，所以中国新媒体传播研究是否还存在其他实际进路还有待进一步研究。中国新媒体传播研究进路考察则需进一步追根求源，探究其形成原因方能实现可能进路的发现。

第五章

中国新媒体传播研究进路的驱动力

根据知识社会学的发现，知识往往产生于特定的社会群体、文化制度、历史情境中。[①] 每个知识生产主体都深受其所处位置及其价值立场的影响，各种观点背后都有利益的诉求。任何一个学术领域的知识生产研究，都需要与其所处的时代背景和学术环境相联系进行考量。在互联网进入中国的25年里，我国的新媒体发展处于社会变迁的历史进程中，研究者分别以不同进路切入新媒体研究的学术版图。当下对于中国新媒体传播研究的驱动力众说纷纭，技术因素成为分析其研究进路成因的主要话语，技术被不证自明地作为影响实际研究进路的结构性驱动力，却少有对以上问题的全面反思与归纳。自福柯以来，关于知识就是权力和权力争夺场域等思想深入人心，但是以上批判意识在新媒体研究领域表现得较为薄弱，现有的研究成果较少将学术研究自身作为研究对象并将其置于知识生产情景中进行分析和解读。

中国新媒体传播研究四种实际进路的形成有其历史必然性，是在多种力量的多重驱动下形成。本章试图对实际进路的驱动力进行批判性思考，其问题意识主要是：中国新媒体传播研究实际

① 单波、刘欣雅：《边缘人经验与跨文化传播研究》，《新闻与传播研究》2014年第6期。

进路的驱动力主要有哪些？不同驱动力作用于新媒体研究实际进路的主要方式是什么？中国新媒体传播研究在不同驱动力的博弈下整体上呈现出什么态势？

通过现有相关文献考察，中国新媒体传播研究进路成因分析缺乏系统研究。部分研究者关注到其现状的成因问题。徐剑等通过对1994—2004年十年间新媒体研究热点的统计分析后发现，新媒体研究基本沿着一条技术化的历史趋势不断推进，并且只是对新技术现象的解释性追随①；杜骏飞通过文献计量的方法对1994—2006年的研究成果进行分析后发现，网络研究进展与诸多因素产生关联，主要意识形态等政治力量、新技术发展、市场需求以及依附性的学术探究②；谭天通过对1994—2015年的相关文献分析发现，影响和制约研究的主要因素是技术发展过快和学科理论给养不足③；潘忠党提出任何以“新”作为标签的学术生产，都可能被权力结构的自我复制和再生产的话语所主导④；谢新洲等指出中国的新媒体研究尽管一直试图超越媒体技术形态演进对学术研究的主宰，但总体上还处于被技术牵着鼻子、紧紧追随技术的被动之中，多是在既有研究框架下的小修小补⑤。

---

① 徐剑、赵征南：《中国新媒体研究的历史回顾与反思——基于CNKI、CSSCI高被引论文观察》，《上海交通大学学报（哲学社会科学版）》2010年第5期。

② 杜骏飞：《中国网络研究的学术进展与学科结构》，《上海交通大学学报（哲学社会科学版）》2009年第4期。

③ 谭天等：《中国新媒体研究发展回顾及展望》，《新闻爱好者》2017年第9期。

④ 潘忠党、刘于思：《以何为“新”？“新媒体”话语中的权力陷阱与研究者的理论自省——潘忠党教授访谈录》，《新闻与传播评论》2017年第1期。

⑤ 谢新洲、李冰：《新媒体研究的困境及发展》，《新闻与写作》2016年第2期。

通过对以往中国新媒体传播研究之研究的学术成果进行反思后发现，研究者分别基于不同时期的研究文本、研究方法展开新媒体研究的影响因素研究，以上研究者多是从技术发展的角度分析中国新媒体传播研究现状，个别研究者关注到意识形态束缚等其他外在因素的影响，为进一步全面探究其驱动力提供了重要借鉴。但是现有研究成果多是从单一角度进行微观或宏观分析。中国新媒体传播研究进路的形成，不是单一力量驱动的结果，所以当下研究深入的关键是如何超越以往研究中二元结构与能动性、微观描述与宏观策略之间的对立，建立更具延展性、说服力的研究框架。米尔斯就曾批判过社会学研究存在着痴迷于细枝末节而忽视回到历史情境和社会结构的功利主义研究效果论倾向，进而提出回到社会系统（结构）和个体能动性（意义）的研究视域，得以在历史情境中考察能动性的发挥。

综合以上对已有文献的回顾和理论推演，中国新媒体传播研究进路的驱动力考察当从其独特的历史情境出发，着眼于社会存在与研究能动性之间的互动，从而进行不同驱动力的分析，方能全面、系统地抵达研究论题的核心。

与此同时，随着新媒体研究的深入推进，其学术生态发生剧烈变化，研究者基于不同的研究进路洞察新媒体现象、事件的生发机制及其与人、社会的关联，那么是什么力量导致了不同的研究进路？以上力量作用于研究进路的方式是什么？只有厘清不同进路的“入场”逻辑，才能从宏观上把握中国新媒体传播研究的整体格局和生发机制，进而探究其可能进路与未来趋势。所以本章在梳理已有相关研究文献的基础上，系统分析中国新媒体传播研究实际进路的驱动力及其作用方式，进而归纳出中国新媒体传播研究进路在不同驱动力作用下表现出的共同特点，加深对实际进路成因的洞察，进而为可能进路的发现提供重要借鉴。

“驱动”一词最早出自《三国志·魏志》，后在《四游记》等典籍中被继续使用。《古代汉语大辞典》对其的解释为：施加外力，使动起来，具有明显的驱使主体行动的意味。驱动力概念最早被广泛地应用于物理学，用于描述驱动轮在发动机动力下对地面所产生的作用力，其引起的地面反力则为驱动力。总的来说，驱动力是指能够迫使物体改变运动状态或趋势的力量，是事物发展的动力所在。① 当下，驱动力研究已被广泛应用到不同学科的研究中，比如经济驱动力、创意驱动力、创新驱动力、旅游流驱动力等，驱动力研究打开了不同领域研究进路成因溯源的新视野。

从力的相互作用原理出发，驱动力包含外部驱动力和内部驱动力两种相互作用的力量，所以本章研究的“中国新媒体传播研究进路的驱动力”主要是指促使中国新媒体传播研究者选择不同进路的外部驱动力和内部驱动力，外部驱动力主要从技术、权力、资本三个维度建立分析框架，主要表现为技术牵引、权力规训与资本加持；内部驱动力则主要从研究主体的自主性进行分析，主要表现为自主性主导。内部驱动力与外部驱动力相互作用，共同形塑中国新媒体的研究进路与学术场域。

第一节　作为外部驱动力的技术、权力与资本

一、技术牵引

英语中的技术（Technology）一词，始于古希腊文中“Techne”（工艺、技能）和“Logos”（词汇、讲话）两者的结合，被用来指称熟练之后而获得的技能或经验等②。中国古代早有技术一词，主要指技艺、方术等，后来其语义在国内外历经发展、演变。当下国内有学者则把技术界定为“人类改造自然、创造人工自然的方法、手段和活动的综合，是在人类历史过

① 方守江：《中国学生国际流动：驱动力及风险防范》，博士学位论文，华东师范大学，2010年。

② 汪泽英：《技术发展多元驱动力研究》，博士学位论文，中国社会科学院研究生院，2002年。

程中发展起来的劳动技能、技巧、经验和知识，是人类利用自然力及其规律的手段，是构成社会生产力的重要部分”①。从以上技术含义的演变过程可以看到，其关涉人们从事实践的技能和方法，是目的实现的物质手段及其体系的综合，包含主观和客观两个方面，属于标志人与自然关系的意义范畴。

马克思在资本论中指出手推磨产生的社会形态是封建社会，蒸汽机带来的社会形态是资本主义社会，显示了技术在变革社会制度方面的影响力。当下，技术不断形塑和改变时空，互联网成为技术发展中应用最广和影响最深远的要素之一，曾被定义为可以和蒸汽机和电力相提并论的信息能源。“没有任何一门社会科学像传播学那样与技术有着如此紧密的联系，人类借以进行沟通的传播技术由来已久。”② 新媒体自身就是在技术演进中出现的媒体形态，数字技术成为不同新媒体生发的原动力，尤其是以互联网为核心的基础设施，成为社会运行的操作系统和“神经系统”。通过对本书第二章、第三章的部分文献分析可见，技术的新发展、新媒体形态的演进总会引发新媒体学术研究的紧紧跟随，中国新媒体传播研究领域的学术扩散速度与技术演进轨迹成正比，研究盲目追随技术发展的研究习惯根深蒂固。

（一）研究议题的拓展与固化

随着网络社会的崛起，传播技术成为构造社会的基础力量，其影响力超越任何其他权力来源，并逐渐在特定领域取代社会规则和传统，重塑不同场域中的行动框架。技术不仅有应用价值，还能改造甚至形成新的研究领域或学科，基于互联网的新媒体技术尤其如此。③ 现代社会的显著特

① 姜振寰、吴明泰、王海山、唐荣平：《技术学辞典》，辽宁科学技术出版社 1970 年版，第 6 页。

② 韦路：《传播技术研究与传播理论的范式转移》，浙江大学出版社 2010 年版，第 1 页。

③ 李辉作、马源：《大学跨学科研究的驱动力及其阻碍因素分析》，《黑龙江高教研究》2018 年第 6 期。

点是技术的全方位嵌入和支配，人类很大程度上生活在海德格尔（Martin Heidegger）所说的技术“座架”中。[①]哈贝马斯(Jrgen Habermas）认为：“作为新的意识形态的技术的统治，依靠的是技术的成果对个人需求的满足而获得的。”[②]技术对中国新媒体传播研究的驱动及其驱动的合法性主要源于其对研究需求的范式实现。无数历史事实证明：技术的发展一直都在媒体演进中发挥重要的基础性作用，其发展的本质就是根据人类发展需要对客观存在进行解蔽、祛魅的干预过程。[③]

通过文献搜索及分析可以发现，技术发展为新媒体研究提供大量新概念，不断生发新的研究议题。新媒体技术、应用的问世、持续时间与新媒体研究发文量存在高度的相关关系。下面分别以人工智能、微博、博客、

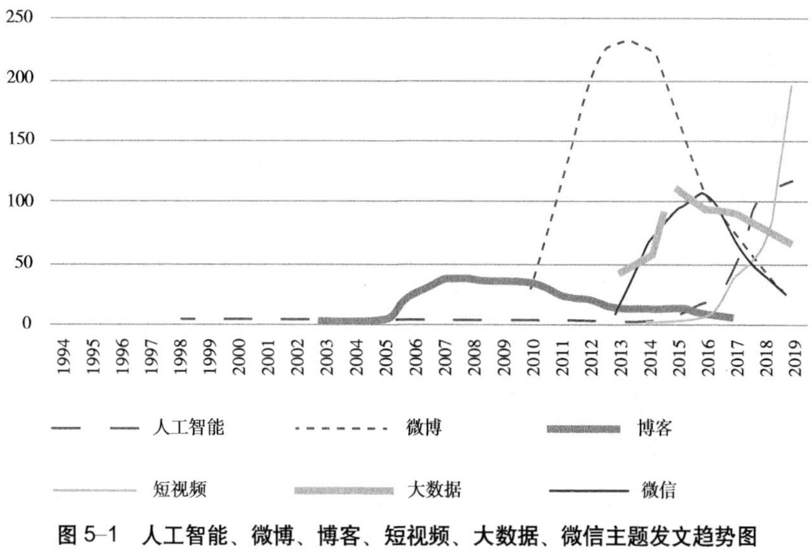

图 5–1　人工智能、微博、博客、短视频、大数据、微信主题发文趋势图

① 郭芝叶、文成伟：《技术的三个内在伦理维度》，《自然辩证法研究》2011 年第 5 期。

② 谈克华：《权力视域内的技术》，《自然辩证法研究》2011 年第 2 期。

③ 金兼斌：《权力的游戏：资本、技术及其他》，《人民论坛・学术前沿》2019 年第 14 期。

短视频、大数据、微信作为关键词进行文献统计①，并对以上6个关键词的发文量增减情况与相关技术应用演进进行统计和对比分析，具体如图5-1所示。

通过图5-1可看出，对于行业和产业正在不断推进的人工智能和短视频来说，其相关研究一直呈上升趋势，而微博、博客、大数据、微信则共同呈现为高速增长后发文量的迅速回落，具体如表5-1所示。

表5-1 人工智能、微博、博客、短视频、大数据、微信主题发文量一览表

关键词	时间分布	发文量最高年	年最高发文量	总发文量
人工智能	1998—2019年	2019年	115	310
微博	2010—2019年	2013年	228	1194
博客	2003—2019年	2007年	36	253
短视频	2014—2019年	2019年	194	306
大数据	2013—2019年	2015年	108	523
微信	2013—2019年	2016年	107	407

根据上表可以看出，尽管以上6个研究主题在内容上大相迥异，但是其研究趋势却共同表现出以下特点：新媒体形态、应用的出现与相关研究发文量存在高度相关关系，而发文量则是研究热度衡量的核心指标，比如人工智能、微博、博客、短视频、大数据、微信等研究的起点时间依次分别为1998年、2010年、2003年、2014年、2013年，而以上时间阶段则分别对应媒体形态、应用被广泛推广的时间，受此影响，相关研究的发文量快速增加。目前短视频、人工智能相关研究数量持续增长中，而微博、博客、大数据、微信相关研究分别于2013年、2007年、2015年、2016年达到高点后开始迅速回落，其发展趋势与其在实践中的应用、发展热度高度相关，新媒体研究追随技术牵引下媒体形态、应用的演变，明显呈现

① 采用本书一以贯之的文献搜索策略，基于中国知网中的高级搜索功能，文献分类目录选新闻与传媒，分别以文中所列关键词分别进行文献搜索和收集，时间设置为1994—2019年，进行发文量与发文年份统计。

出与技术发展此消彼长的趋势。技术为新媒体研究创造大量新名词的同时，也基于新名词生发很多新议题，比如技术发展与新媒体形态演进的关系、技术发展如何改变人们的交往关系、技术是否会带来人的异化、技术发展对社会变迁的影响等问题。

通过以上新媒体技术发展和相关研究热度之间的关系分析可以发现，技术发展在为新媒体研究生发大量研究议题的同时，也引发了研究热度的急剧扩散。往往是每当新技术引发媒体形态或应用改变的时候，研究热度则迅速转向于此，产出大量选题雷同的研究成果。盲目跟随技术创造的新概念，导致新媒体研究出现了偏执的“唯新”取向，过多关注微观层面的现象描述和对策研究，似乎成为新媒体研究的惯习，比如以时间脉络翻看当年微博的相关成果，梳理微博特点、功能的同质化著述大量出现，更有甚者，在国内某大学 2013 年的 6 篇新闻传播学博士论文中，三分之二都是以微博作为研究对象。随着微博地位很快被其他媒介形态取代，诸如此类的研究成果多被淹没在文海之中而难以彰显其学术价值。当下社交媒体方兴未艾，移动媒体又后发制人，许多新媒体研究追逐技术热点，不断从一个媒体形态快速转向另一个媒体形态，一定程度上导致了新媒体研究缺乏历史传承和学术创新。

当下，技术牵引下的新媒体研究成为传播学中的显学，其为新媒体研究生发大量的新研究议题，从而带来学术成果数量的快速增长，推动了学术繁荣，但大多研究成果多属描述性和对策性研究进路的呈现，其研究深度明显不够，所以在提升新媒体研究知识增量方面表现乏力。

（二）研究方法的多样和工具化

技术发展在为中国新媒体传播研究创造大量新概念，繁荣学术产出的同时，也推动了新媒体研究方法的多样化。大数据、社会网络分析等方法被广泛应用于新媒体研究，极大地丰富新媒体研究方法的选择与使用。通过共时性分析中研究方法使用的分析发现，新媒体研究成果中研究方法的使用比例高于新闻传播学研究成果中研究方法的使用，并且在具体研究方法的选择上，社会网络分析、大数据等方法使用比例相对较高，其中很重要的原因就是新技术的快速发展和广泛使用。技术牵引下新研究方法的使用，开拓了中国新媒体传播研究一手材料收集的科学性，拓宽了研究视域，推动了研究的深入，比如以眼动仪来进行神经传播学的效果测量①；以生理传感器进行认知神经科学中的瞬时效果②等研究；利用网络田野考察方法拓展网络舆论研究的新高度③等，上述研究方法的运用均是以新技术应用为前提。

新技术在丰富研究方法的同时，研究方法使用的“工具性”倾向逐渐受到诟病。新媒体研究的“工具性”是指新媒体研究在技术等多重因素影响下，倚重大数据等技术性的研究供需，把运用数据分析流动的新媒体信息传播实践作为研究的核心部分，忽视其更本质的价值和意义所在。新媒体研究当然可以采用自然科学理论和方法，但必须注意使用规范，不能背离人文学术研究的本质，所以量化研究方法的使用需根据研究议题而定。与此同时，量化研究方法的规范使用是科学研究的基本要求，尤其在“大数据”概念备受关注后，部分研究者也随之产生了对其作为研究方法和研究对象的迷思。“得数据者得成果”几乎成了发论文的捷径，似乎有了数据就能洞悉一切现象、事件的本质，从而实现源源不断的学术成果产出，比如有研究者以某些文本为研究对象，基于诸如主题、情感分析为研究目的，从事的不过是技术工人般地对文本进行收集、编码、解析等，依此制造出没有太多学术价值的所谓规范化的描述性成果，其相对思辨分析容易成文，且看似有理有据，不易被诟病。对“大数据”等研究方法的迷思势必会为人文研究带来一定的风险。除此之外，现有文献中所谓“大数据”

① 喻国明等：《读者阅读中文报纸版面的视觉轨迹及其规律——一项基于眼动仪的实验研究》，《国际新闻界》2007年第8期。

② 喻国明等：《瞬间效果：传播效果研究的新课题——基于认知神经科学的范式创新》，《现代传播》2011年第3期。

③ 朱洁：《网络田野考察——网络传播学研究的新方法》，《广西师范大学学报》2008年第2期。

的测量、收集，大多是相对浅层次可捞取的数据，试图以低信度的数据解释深层的关系问题，显然导致“重数据轻理论，重相关轻因果，重挖掘轻阐释，倚重软件轻开发”[①]现象的发生。社会科学的实证研究不应只是统计数字的呈现，而更应该深刻洞察其意义所在。[②]

（三）引发新媒体乃至传播学研究的反思与批判

在《网络社会》这本关注信息时代前沿的巨著中，曼纽尔·卡斯特把技术视为社会演进的核心地位，认为其与麦克卢汉所谓的“古登堡星汉”开辟知识传递新方式一样，促进社会形态的革命性变革，“互联网星汉”成为当下媒介化社会的基础设施。在不断崛起的“网络社会”中，信息处于“元传播”（Meta-Communication）的地位。基于技术演进的媒介逐渐改变以往传播学中被动的“中介性角色”，成为“影响”乃至“主宰”社会形态的重要因素。技术发展与社会实践相互塑造，新媒体技术的发展也不断驱动研究者开展学理反思。诚如马克思在《资本论》中所说：“工艺学揭示出人对自然的能动关系，人的生活的直接生产过程，从而人的社会生活关系和由此产生的精神观念的直接生产过程。”[③]技术不属于意识形态范畴，但对于意识形态的演化至关重要，技术不过是理解包括新媒体演化现象的一个路径而已，但其从未置身于历史和政治之外，政治结构和商业策略对传播技术的采纳和应用会产生深远的影响。[④]今日社会，技术与资本融合，无孔不入且须臾不离，成为“超级权力”，与政治、经济、文化融合成为无所不在的系统，影响人类的生产、生活和思维方式。[⑤]郝雨等

---

① 苏林森、易伟芳：《大数据技术对传播研究方法的影响与挑战》，《现代传播》2014年第11期。

② 王喆：《流动的信息网络：反思社交媒体大数据研究的迷思与问题》，《编辑之友》2017年第1期。

③ 马克思：《资本论》第1卷，人民出版社2004年版，第429页。

④ 常江、田浩：《理查德·约翰：技术从未置身于历史与政治之外——传播史研究的当代价值》，《新闻界》2019年第12期。

⑤ 陈慧平：《技术作为“超级权力”的时代意蕴》，《人民论坛·学术前沿》2019年第14期。

关注到传播科技的隐形异化议题，认为新媒体时代出现新的“科学危机”并产生反启蒙作用，进而提出要重新发扬批判精神，以揭示新传播生态中的异化力量①；李敬基于西方马克思主义的社会批判视角，勾连“技术”和“理性”的内在关系，认为新技术催生出新的文化产品②；李胜清认为新媒体技术既是技术事实，更是价值事实，新媒介技术的意识形态表意、商品化叙事等属性共同构成其实践论的研究论域③；陈慧平则分析了技术作为“超级权力”的时代意蕴，认为在技术作为“超级权力”存在的社会中，观念世界和真实世界严重割裂，意味着要以重新理解“人”的存在为基点，以便实现人文和科技的更好融合，以及洞悉当下的辩证法④。

部分研究者开始意识到真正学术意义上的新媒体研究理应走出唯技术论的范式桎梏，从而实现从技术中心到理论中心的转换。研究者在观察技术不断发展的同时，应更多关注技术背后的关系问题及其理论建构，比如技术背后的传播实践问题，新媒体技术如何使得人与人之间的中介传播达到新高度以及与其他中介传播的异同问题，新媒体的传播实践如何改变社会关系问题，与新媒体自身发展同等重要。除此之外，人们之间基于多种媒体形态实现互动的“混合模式”，并在其中自由切换等传播实践需要进一步的理论阐释，新媒体乃至传播学研究亟须打开新的研究视野。

综上所述，一方面，技术牵引下的新媒体研究跟随技术发展所产生的新名词、新议题，产出大量学术成果，研究方法走向多元，引发研究者逐步反思当下的新媒体乃至传播学研究；另一方面，技术发展带来学术研究的盲目跟随，表现为大量学术成果只是研究热度的扩散，而非知识增量的

---

① 郝雨、郭峥：《传播新科技的隐性异化与魔力控制——“文化工业理论”新媒体生产再批判》，《社会科学》2019年第5期。

② 李敬：《技术与文化传播：对新媒介文化的批判性研究》，《社会科学》2017年第6期。

③ 李胜清：《新媒体技术的实践论命意解读》，《湖南科技大学学报（社会科学版）》2012年第4期。

④ 陈慧平：《技术作为“超级权力”的时代意蕴》，《人民论坛·学术前沿》2019年第14期。

提升。同时，研究方法使用也出现了工具化取向。

二、权力规训

媒体曾被作为国内“阶级斗争的工具”①，其发展受制于国家政权的力量。时至今日，中国的传媒生态发生翻天覆地的变化，但是由于特殊的国情，其政治属性没有根本改变，所以国家权力一直对其发挥着绝对的领导和控制作用，从而国家话语的凸显成为我国新媒体研究的重要特点，并作为一条主线贯穿研究进程的始终。国家权力规训新媒体研究的主要方式为：

（一）主导媒体融合、网络治理等中国议题

在互联网进入中国初期，为了维护传统媒体的主导地位，以确保意识形态在媒体发展中的绝对权威地位，国家就开始着力自上而下推动传统媒体转型、网络内容管控、媒体融合、网络空间治理等的新媒体发展与治理进程，以上媒体实践也先后成为中国新媒体传播研究不同阶段共有的重要议题，无不昭示着新媒体知识生产与国家权力的一次次合谋。新媒体知识生产的国家意志一直作为研究者绕不开的热点话题，比如分别于 2015 年和 2018 年上升为国家战略的互联网 +、县级融媒体中心等国家动作。其发文情况分别如图 5–2 所示。

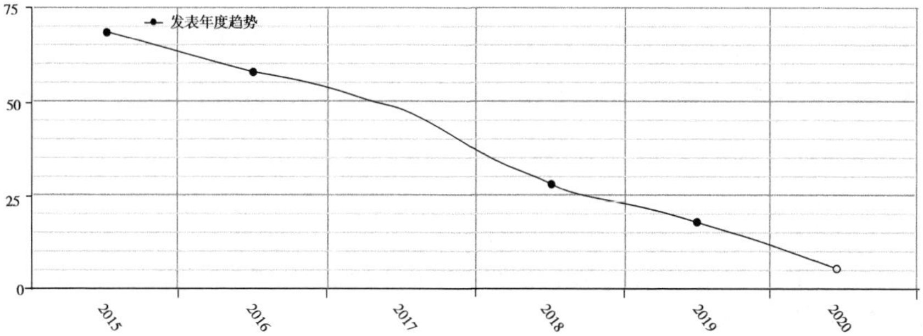

（a）互联网 +

① 王泽华：《新闻价值规律与市场经济》，《河北学刊》1995 年第 3 期。

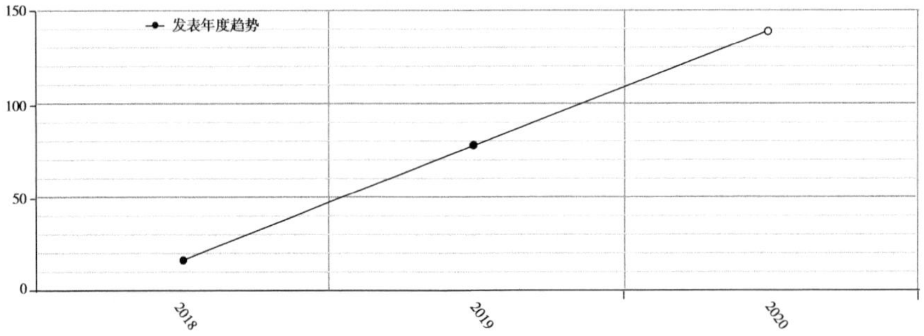

（b）县级融媒体

图 5-2 媒体融合、互联网 + 相关议题的发文趋势图

从上图可以明显看出，第一，在发文量方面，互联网 +、县级融媒体研究均在其上升为国家战略后，共同出现学术成果大幅增多的发展趋势，研究热度急剧上升。当然，发文量并不是权衡研究热度的唯一指标，但是可以作为考察研究热度的重要参考指标。第二，研究主题方面，通过上文研究内容分析和研究进路的再次比对，基于政策解读、现象描述、对策研究的进路特征明显，“绝大多数论文为业务探讨与应用研究，以经验介绍、对策探究为主”①。与此同时，随着研究的持续推进，解释性进路、批判性进路研究逐渐增多并获得更多学术影响力。

下面以媒体融合研究为例，分析媒体融合研究和权力支配下的顶层设计之间的关系：媒体融合主要包括三网融合、中央厨房、县级融媒体等方面。“国内学者将其视为政府动作”②，是政府对新媒体发展的实质性介入③。媒体融合政策体系的核心是保证意识形态继续在新媒体格局中保持主流话语权，继续发挥引领作用。④处于意识形态和产业发展合围中的

① 韦路：《媒体融合的定义、层面与研究议题》，《新闻记者》2019 年第 3 期。

② 曲飞帆、杜骏飞：《超越结构功能主义范式的中国新媒体传播研究——以 2015 年以来的研究文献为例》，《当代传播》2016 年第 5 期。

③ 杨伯溆：《媒介融合与国家介入的意义——以新媒介平台新浪微博为例》，《当代传播》2015 年第 5 期。

④ 陈昌凤、杨依军：《意识形态安全与党管媒体原则——中国媒体融合政策之形成与

媒体融合，是一种自上而下的意识形态工程，其宗旨是基于新的传播样态，切实提高党和政府的舆论引导力，持续掌握意识形态的主动权①，并遵循"政治逻辑、技术逻辑和市场逻辑"②。媒体融合进路中存在着四种相互交互的力量，分别为技术、资本、市场和政策。③国家和市场在媒体融合进程中呈现出多向度的动态关系④，是国家发展进程中最为火热、鲜活的国家战略和媒体实践，充分体现了国家政策设计的引领和推动作用。媒体融合的顶层设计时间节点，内容以及当年发文量统计如表 5–2 所示。

表 5–2　媒体融合的顶层设计主要时间节点与年发文量情况对比

时间	内容	年发文量
2013 年	党的十八届三中全会提出整合新闻媒体资源，推动传统媒体和新兴媒体融合发展的重大任务，媒体融合首次成为党中央重要决议的内容。	86
2014 年	中央全面深化改革领导小组第四次会议通过《关于推动传统媒体和新兴媒体融合发展的指导意见》，标志媒体融合上升到国家战略；媒体融合战略元年。	209
2015 年	无	456
2016 年	写入政府工作报告；原国家新闻出版广电总局公布《关于进一步加快广播电视媒体与新兴媒体融合发展的意见》。	341
2017 年	无	382
2018 年	习近平总书记在全国宣传思想工作会议上指出要扎实做好县级融媒体中心建设。	369
2019 年	中共中央政治局新年第一次集体学习，主题为"全媒体时代和媒体融合发展"，强调推动媒体融合纵深发展。	371

体系建构》，《现代传播》2015 年第 11 期。

① 沙垚：《资本、政治、主体：多元视角下的县级媒体融合实践——以 A 县融媒体中心建设为样本的案例研究》，《新闻大学》2019 年第 11 期。

② 林如鹏、汤景泰：《政治逻辑、技术逻辑与市场逻辑：论习近平的媒体融合发展思想》，《新闻与传播研究》2016 年第 11 期。

③ 于正凯：《技术、资本、市场、政策——理解中国媒体融合发展的进路》，《新闻大学》2015 年第 5 期。

④ 周逵：《反向融合：中国大陆媒体融合逻辑的另一种诠释》，《新闻记者》2019 年第 3 期。

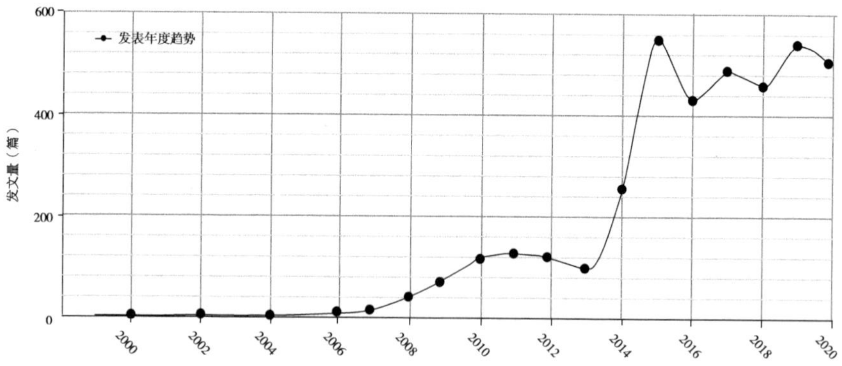

图 5–3 “媒体融合”研究发文趋势图

通过文献搜索①和分析发现，基于中国知网的CSSCI数据库，以“媒体融合”或“媒介融合”为关键词收集到的文献数量高达2704篇，约占中国新媒体传播研究成果总量（11909）的22.71%②。在上表中，2013年、2014年、2016年、2018年、2019年先后成为媒体融合顶层设计路线中的关键时间节点。与此相对应，以上五个时间节点均成为相关研究发文量逆势上扬的转折点。对比顶层设计路线中的时间节点与媒体融合研究发文量趋势图可以发现，两者之间存在高度的相关关系。顶层设计路线图中相关策略、政策和论断的发布往往会带来发文量大幅提高的节点出现。由此可以推断，随着顶层设计中相关策略、政策和论断的发布或提出，极大地促进了媒体融合的纵深发展，也引发学术界积极投身研究实践，产出大量学术成果。当然，影响发文量的因素多元，但是两者之间是否存在必然关系尚需进一步验证，所采用的方法为基于媒体融合研究的年度发文量与政策发布时间节点进行线性回归分析。在线性回

① 搜索策略与前文保持一致，在中国知网的“CSSCI数据库”中以“媒体融合”或“媒介融合”为关键词进行文献统计。

② 此处采集的数据基于中国知网的CSSCI数据库，2704的样本量是基于关键词搜索策略而来的原始数据，没有经过数据清洗，所以对应的是本书原始的文献搜索量（11909），而非经过人工逐一核查后的9880篇。

归分析中，把年发文量作为因变量，年份作为自变量，并且设为虚拟变量，表示为“有相关政策发布吗?”，如果有相关政策发布或论断提出，虚拟变量取值为 1，否则取值为 0，因此将有重要政策发布或论断提出的 2013 年、2014 年、2016 年、2018 年、2019 年设置为 1，其余年份设置为 0，分析结果如表 5–3 所示。

表 5–3　年度发文量与政策发布时间节点的线性回归分析

回归统计分析系数						
模型 B		未标准化系数		标准化系数	t	显著性
		标准误差	Beta			
1	（常量）	246.333	70.103		3.514	.002
	VAR00001	695.067	159.859	.664	4.348	.000
因变量：发文量，自变量：VAR00001 表示“本年有相关政策发布”						

根据以上回归分析的结果可以看到，在 95%的置信度水平下，常量及年份的回归系数的显著性检验均呈现显著结果，依此证明本线性回归模型是合理的，同时也说明了相关政策的确促进了新媒体研究年发文量的提升，媒体融合的顶层设计中的关键时间节点与其年发文量存在显著的正相关关系。

除此之外，在新媒体研究的其他高频关键词中，权力规训下的舆论监督、舆论引导、网络空间治理议题也占据中国新媒体传播研究的重要位置，均成为新媒体研究成果中分布较多的领域，并且研究热度持续保持。

（二）强化应用性导向：国家社科等各级项目及相关政策的推动

科研基金资助是科研工作开展的重要保障。国家社科基金是我国人文社科研究领域唯一的国家级科研资助项目，其研究主要面向重大现实以及发展前沿问题，具有前瞻性、权威性和导向性，从而对人文社科领域研究起到重要的示范和引领作用①，是国家层面在哲学社会科学领域设置的最高级别科研基金②。“能否获得国家社科基金资助历史被全国社科视为衡量科研水平、科研成果和科研发展实力的重要标志之一”③。新闻学与传播学是国家人文社科的重要组成部分，近些年来在国家社科基金中被资助的力度不断增加，而新媒体研究则成为新闻学与传播学门类下立项比例最高的研究领域。自 1994 年以来，国家社科基金中新媒体研究和新闻学与传播学的年立项趋势如图 5–4 所示。

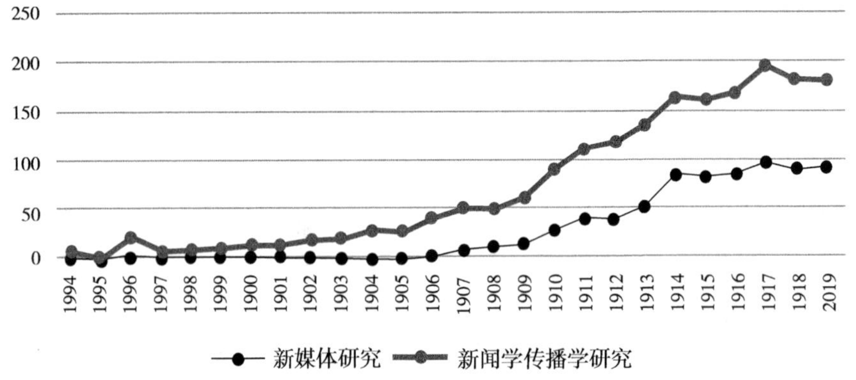

图 5–4　国家社科基金中新媒体研究和新闻学与传播学研究年立项趋势

从上图可以看出，国家社科基金项目中新媒体研究项目、新闻学与传播学项目在总体上均保持了持续上升的基本趋势，二者的年度立项数量如表 5–4 所示。

① 杨宁、文奕：《基于国家基金立项的图书情报学研究热点与趋势分析》，《情报科学》2017 年第 2 期。

② 白云：《新闻学与传播学国家社科基金项目及其研究成果统计分析》，《中国出版》2017 年第 18 期。

③ 蔡尚伟、刘锐：《新闻学与传播学国家社科基金项目统计分析》，《现代传播》2008 年第 2 期。

表 5-4　国家社科基金新媒体研究和新闻学与传播学研究年立项数量一览表（1994—2019 年）

年份	新媒体研究（项数）	新闻学与传播学研究（项数）	年份	新媒体研究（项数）	新闻学与传播学研究（项数）
1994	0	5	2007	8	50
1995	0	2	2008	12	50
1996	2	19	2009	15	61
1997	0	8	2010	28	89
1998	1	9	2011	40	110
1999	1	10	2012	40	117
2000	2	14	2013	52	133
2001	2	14	2014	85	160
2002	3	18	2015	83	160
2003	0	20	2016	85	166
2004	0	27	2017	96	193
2005	1	28	2018	91	180
2006	2	41	2019	93	179

从上表可以发现：一是在立项数量方面，新媒体研究类项目占据新闻学与传播学科下项目立项的重要位置。据统计，在 1994—2019 年间，新媒体项目立项总数为 742 项，约占据新闻学与传播学项目总量的（1863 项）的 39.82%。尤其是对比两者近些年的年立项数量，新媒体项目的占比逐渐达到甚至超过半数，其在新闻学与传播学的不同研究领域中占资助项目总数的比例最高，成为新闻学与传播学研究的最大热点。① 二是从研究主题的关键词分布来看，有研究者对历年来新闻传播类国家社科基金项目的标题词频进行统计后发现，网络、新媒体的词频分别为 194 和 102，分别位居第四和第八名，另外大数据、微信、微博、社交媒体等词频排名

① 石磊、谢婉若、庞弘、田大菊：《我国当前新闻学与传播学研究热点解析——基于国家社科基金立项项目（2009—2013）的视阈》，《现代传播》2014 年第 8 期。

靠前，从而可以判断出国家项目资助给予新媒体形态变革、应用等与新媒体研究相关的议题给予较多支持。与此同时，通过对项目标题做关键词聚类分析可以发现，媒体转型发展、舆论引导、网络治理等方面的对策研究居多（占比高达 80%），从而说明项目研究的应用性导向凸显。另外在项目结项成果的形式选择方面，研究报告占比较高，其社会效益主要为政府部门和传媒机构提供决策参考，体现了项目研究的实用主义倾向。除此之外，在本书 9880 篇样本文献中进行“基金”文献的筛选，共有 2320 篇基金结项论文①，在总样本文献中占比约为22%，其中国家社会科学基金结项论文为 1438 篇，在全部基金论文中占比约为 62%，足可见国家社科基金项目在新媒体研究方面的重要影响力。

除了国家社科基金资助外，国家其他多个部门均有专门针对人文社会科学研究的项目资助，另外不同省、市、地区、高校、研究院所每年资助的项目更是种类繁多，数量巨大。当然，研究受到资助是常见现象，但是不能因此就认为项目资助必然会影响到研究的独立性。以项目为依托进入知识生产是国家权力规训学术研究的重要形式。不管何种级别的项目资助，资助方都会在立项通知中有一个带有导向性的“课题指南”，其成为知识生产中权力的指挥棒，比如在 2019 年的国家社科基金立项的指南中，新媒体研究类项目为 29 个，其在当年新闻学与传播学中（总数为 80）占比为 36%。综合以上诸种因素，以国家社科基金为代表的基金项目极大驱动了新媒体研究的蓬勃开展，同时强化了其偏重应用性的研究导向。

基于以上对议题形成与基金资助的分析可以看出，权力在一定程度上对当下中国新媒体传播研究进行规训，具体表现为推动新媒体研究热度的扩散以及偏重应用性的研究导向。根据研究者统计，在项目审批过程中经

---

① 基金论文的筛选基于中国知网数据库，分组策略选择“基金”，其中部分论文存在一篇论文多个基金的情况。根据相关项目结项要求，项目成果必须标注单一项目，否则成果无效，同时经过笔者人工逐篇核对。目前单一项目基金论文占绝大多数，所以在统计时候如所列多个项目，本书筛选时候仅以第一项目为准，其中误差可以忽略不计。

常有瞄准“重大问题和前沿问题”的倾向性，而“新媒体研究”成为新闻传播研究“显学”的共识更是加剧了新媒体研究的热度，部分研究者据此认为项目申请“有章可循”，新媒体研究项目中标率更高似乎成了心照不宣的硬道理。另外，项目是否准予结项的衡量标准常为规定数量的著述成果发表或出版，一定程度上滋生了急功近利的浮躁之风，造成研究成果重描述、对策研究轻解释、批判等的功利性局面。从而出现布尔迪厄（Bourdieu）意义上的“创造性遵从（creative compliance）”，个人的研究惯习下意识地发挥作用①，从而导致项目研究出现如下倾向：以研究新媒体发展为名来响应党和政府的某种号召或回应某种需要，或者把一些有价值的学术议题简化为“治理”性对策问题。然而以治理为基本范式的研究取向是对学术探索的囚禁②，导致一些本应得到更多关注的基础性研究议题被忽视。一旦研究者把业界或者政府层面的发展问题与治理问题当作学术研究的旨归所在，那么势必会影响到研究者的学术立场和品质。

除此之外，研究机构的竞相建立与项目资助的作用方式非常相似，许多高校为了获得更好的资源支持，纷纷成立新媒体研究机构，以获得更多资助。其在推动新媒体研究深入的同时，学术成果考评机制驱动下的新媒体研究机构难免会有一定的急功近利倾向，从而选择容易出成果的研究议题，为了研究而研究，对中国新媒体传播研究的知识增长起到拔苗助长的反作用。

综上所述，权力规训成为中国新媒体传播研究的重要特征，其同时作为一条主线贯穿其演进历程。权力对中国新媒体传播研究的规训主要体现在以下两点：一是为新媒体研究提供大量具有国家意志的议题方向。国家政策的颁布、国家战略的提出等国家动作常会引发学术研究的关注和跟随，比如独具中国特色的媒体融合、网络治理等研究议题，既是新媒体行

① Bourdieu, P., *The logic of practice*, CA: Stanford University Press, 1990.

② 潘忠党、刘于思：《以何为“新”？“新媒体”话语中的权力陷阱与研究者的理论自省——潘忠党教授访谈录》，《新闻与传播评论》2017 年第 1 期。

业发展问题，更是国家安全问题，是国家意志在新媒体研究领域的重要体现。二是以项目资助等形式对新媒体研究起到导向作用。国家利用各级社科基金项目等方法为新媒体研究提供大量资助。其立项标准往往带有一定的导向性，一定程度上引发研究者对重大社会实践问题的关注，加剧新媒体研究的应用性倾向，从而导致大量描述性成果、对策性成果产出。尽管近几年加强新媒体基础研究的国家声音时有发出，但是从学术成果产出来看，基础理论研究的数量和质量还远远不够。

三、资本加持

资本是一个历史范畴，其形态和功能随着社会发展而不断变化。马克思在《资本论》中对其做出如下解释："资本不是物，而是社会的、属于一定的历史社会形态的生产关系"，[①] 资本在早期工业化社会多以物质形态面世。随着社会发展，资本逐步"脱域"扩散至整个社会系统[②]，并在全球各传媒集团发展轨迹中始终起到关键作用。诚如凯尔纳所言，"当前社会是技术、社会、文化与资本化生产关系的综合，构成了我们这个时代的社会母体"[③]，并支配经济、政治、文化乃至社会生活的各个方面。资本的秘密是"活"的资本必须要从资产转化为资本。[④]"资本是媒介生存发展的支撑点，也是最为活跃的领域。"[⑤]

资本在资金、技术和数据方面具有得天独厚的优势，互联网资本兼具

---

① 马克思：《资本论》第 1 卷，人民出版社 2004 年版，第 922 页。

② 荆学民、祖昊：《政治传播中政治、媒介、资本的三种逻辑及其博弈》，《社会科学战线》2016 年第 9 期。

③ 道格拉斯·凯尔纳：《后现代理论——批判性的质疑》，张志斌译，中央编译出版社 1999 年版，第 381 页。

④ [秘鲁] 德·索托：《资本的秘密》，于海生译，华夏出版社 2012 年版，第 1 页。

⑤ 黄升民、刘珊：《颠覆与重构：中国媒介产业化二十年》，《新闻与传播评论》2018 年第 1 期。

资本和技术的双重属性，成为社会发展的“基础设施”[①]，其进入传媒业的目的就是要实现资产转换的最大化。主导具有裹入、挟持的含义，主要是指外在的潮流、趋势迫使人或者组织卷入并使其改变或采取相应的态度。资本加持则是指资本方基于一定价值取向迫使新媒体研究向其靠拢并与其合作的过程。

（一）加强渗透：独立或参与新媒体研究

传播技术不断升级换代不只是信息传播的社会需求推动，资本的利润驱动起到非常重要的作用[②]，而资本对于新媒体研究的驱动亦是如此。当下新媒体研究中资本的驱动更多地表现为互联网资本的影响，当而下互联网资本明显表现出以百度公司、阿里巴巴集团、腾讯公司三大互联网巨头（简称“BAT”）为代表，且互联网资本则主要基于其自身的信息型数据、交易型数据、关系型数据等数据资产和数据技术的优势，驱动资本优势从“学术之外”逐步渗透“学术之内”。当然，资本加持新媒体研究的核心是实现自身扩张，本质上是以追求利益为主，其主要表现在以下两个方面：

一是自主建立研发平台或机构。在百度方面，百度学术搜索于2014年上线，是百度旗下提供中英文文献搜索的学术资源平台，涵盖会议论文和学术期刊等[③]，宣称为研究者提供最优的科研体验，目前是国内索引量第一个达到亿级的网络学术平台，尤其是其“一键直达”的检索功能遥遥领先于其他同类数据库[④]；阿里方面则于2006年成立阿里巴巴人工智能实验室，主导集团旗下消费级AI产品的研发；2007年成立阿里研究院，秉承洞察数据，共创新知的理念，定位为DT时代的智库平台，研究面向新

---

① 杨先顺、李德团：《转化、调适与伦理：互联网资本介入传媒产业的行为分析——基于AST理论的视角》，《现代传播》2019年第7期。

② 陈力丹：《新闻传播学中什么样的选题更有价值》，《新闻与写作》2017年第4期。

③ 赵艺哲、范泽龙、楚恒亚：《学术社交网络平台在科技传播中的对比研究》，《科技传播》2016年第22期。

④ 环球网：http：//tech.huanqiu.com/news/2014-06/5019399.html，2015-03-26.

经济和新治理，主要包括以下三个层面：微观层面的模式创新研究、中观层面的产业互联网化、宏观层面的互联网影响、治理研究以及未来研究等。研究成果主要有《互联网 +：从 IT 到 DT》《云计算开启信息经济 2.0》《“移动互联网 +”中国双创生态研究报告》《中国淘宝村研究系列报告》等；腾讯方面于 2007 年自主建立国内首家互联网企业的研究机构即腾讯研究院，其依托其多元产品、海量数据、丰富案例的优势，主要以互联网发展的经济、产业、法律为研究方向，致力于打造现代科技与人文科学交叉的跨学科研究平台，至今发布的报告类成果主要有《区块链白皮书》《中国互联网 + 指数报告》《腾讯数字生活报告》等。除此之外，腾讯媒体研究院是其面向全国启动的新媒体项目，目前已先后在济南、南通、连云港等城市落地。与此同时，企鹅智库是腾讯旗下深耕互联网趋势、用户以及产品创新的研发机构，至今已发布多份《中国新媒体趋势报告》，2015 至 2018 年期间的年度报告主题分别设置为“众媒时代”“智媒元年”“媒体新星球”“内容生产新原理”。除此之外，腾讯从 2012 年举办腾讯媒体高峰论坛、腾讯网络媒体高峰论坛①等研讨活动。

二是积极与全国各地的科研院所展开合作。马克思曾经说过，资产阶级把“学者变成了出钱招雇的雇佣劳动者”②。资本在自身进行新媒体研究活动的同时，也积极开疆拓土，与科研院所合作，合作形式分别为建立实验室、项目研发平台等形式，比如阿里和西安交通大学新闻与新媒体学院已在实验室建设、项目研究和技术推广方面基本达成合作共识；百度百家号与北京师范大学新闻传播学院共建新媒体创想空间；腾讯与浙江大学传媒与国际文化学院联合建立“腾讯网移动互联研究院”。在合作发布年度报告方面，从 2013 年开始，腾讯科技频道与彭兰合作，每年 11 月发布新媒体发展趋势的年度报告；2019 年，今日头条与清华大学新闻与传播学院

---

① 2017 年腾讯把媒体高峰论坛升级为媒体 + 峰会，2018 年为中国全媒体高峰论坛。

② 《马克思恩格斯选集》（第一卷），人民出版社 1995 年版，第 275 页。

新媒体研究中心联合发布《智媒时代的新生产力——2019 新媒体发展趋势报告》；在举办论坛方面，比如腾讯与浙江大学传媒与国际文化学院联合举办“中国全媒体高峰论坛”等研讨活动。

通过以上可以看到，资本逻辑正在逐步渗透原本远离市场的知识分子群体，“学术资本主义”① 倾向崛起，资本与科研院所的智力资源合作进行资本增值的学术市场化行为增多。“但凡有市场经济的地方，就难免有学术资本主义现象，其绝非资本主义的特有现象。”② 由此可见，资本在推动新媒体研究深入的同时，也主导了其学术研究的独立性。

（二）超级权力崛起：知识生产方式的改变

新媒体技术使得社会发展进入当下的超链接阶段，动辄掌握上亿消费者的超级网络平台纷纷出现。尤其是随着 5G 时代的到来，更多的行为数据更加被超级网络平台及其幕后的资本力量所独占，资本和技术合谋下的“超级权力”渗入社会的不同层面③，也极大地影响了新媒体研究的进入路径。“这种本质上由资本和技术联姻的，以私营企业身份发展起来的新型非国家行为，开始突破权力的临界点，超越了一个企业正常的权力和权益范畴，自觉和非自觉地开始影响主导国家发展和国家治理的各个层面，甚至开始影响和塑造国际秩序。”④ 随着超链接社会的持续推进，资本方拥有的超级权力崛起，其几乎超越国家行为体的超权力，双刃剑作用凸显，带来了权力失衡和治理不力的社会治理问题。在资本和技术的合谋中，如何处理好公、私权之间的关系、如何限制超级网络平台侵袭公权的节点，成

---

① 学术资本主义不具有政治属性，其概念为“院校及其教师为确保外部资金的市场活动或具有市场特点的活动”，由美国学者首次提出，主要表现为产学合作以及其他学术活动的市场交易行为。

② 李丽丽：《“学术资本主义”中的资本逻辑与文化逻辑》，《云南社会科学》2017 年第 6 期。

③ 《学术前沿》编者：《资本与技术“超级权力”的兴起》，《人民论坛 · 学术前沿》2019 年第 14 期。

④ 方兴东、严峰：《网络平台“超级权力”的形成与治理》，《人民论坛 · 学术前沿》2019 年第 14 期。

为研究者关注和反思的重要议题。

超级网络平台治理的关键在于现有知识体系无法给出可行的办法，成为学术研究的热点和难点，资本所催生的新技术深刻影响舆论传播格局。资本通过制造话题、驱动网络舆论极化等方法，影响舆论话语权和社会心理动向①，加大了舆论的引导难度和安全维度，进而扩大非主流意识形态的渗透力度②，引发大量舆论治理对策性进路的研究成果产出。除此之外，不同研究者纷纷从不同进路开启新媒体资本研究，比如黄楚新等关注到境外资本集团对中国网络新媒体影响问题，从资本、权力和媒体的权力角度分析境外资本带来的风险和可能的应对策略③；李丹林基于对新媒体现有资本准入制度的分析，提出要采取开放的态度建设理性的内容规范体系，进而保障和促进文化产业的发展④；杨先顺则基于 AST 的理论框架分析互联网资本介入传媒产业行为，提出要确立数据技术输入以及资本调适的道德价值及道德调节，从而进一步规范数据隐私输出的语境⑤。

资本加持中国新媒体传播研究具有隐蔽性，主要是分别通过技术或者权力合谋实现对新媒体研究的主导。当资本左右学术研究，研究者的议题关注成为资本的影子，学术研究能否保持纯粹的学术立场？当学术研究不断置身于资本和企业利益之间的博弈，还有多少研究者能秉持“科学的归科学”？当企业和基金从自己特定任务出发来设定研究议题，学术研究的前沿性和系统性如何保障？以上问题不仅是严峻的现实问题，更是研究者需要深入思考的学术议题。

---

① 陈联俊：《警惕资本逻辑影响网络舆论导向》，《前线》2018 年第 6 期。

② 黄楚新、郭海威：《论资本影响与媒体舆论的博弈》，《国际新闻界》2018 年第 11 期。

③ 黄楚新、彭韵佳：《透过资本看媒体权力化——境外资本集团对中国网络新媒体的影响》，《新闻与传播研究》2017 年第 10 期。

④ 李丹林：《新媒体资本准入制度：传媒产业立法的核心》，《南京社会科学》2018 年第 1 期。

⑤ 杨先顺、李德团：《转化、调适与伦理：互联网资本介入传媒产业的行为分析——基于 AST 理论的视角》，《现代传播》2019 年第 7 期。

综上所述，资本加持新媒体研究主要体现在以下两个方面：一是改变知识生产方式。资本驱动下的新媒体研究往往追求利润最大化，而研究者则需根据资本方的研究需求而不断调整自身的研究实践。遵从市场法则势必会影响学术研究的自主性和产出质量，使得大量学术研究出现工具性畸变，从而使研究者不可避免地陷入马克思所谓的资本、货币和商品相互缠绕的“拜物教”。二是资本以技术和数据优势控制新媒体研究第一手资料的获取。“数据即产出”，尤其是用户的线上行为数据成为很多新媒体研究领域研究深入的必要条件，而资本控制数据，则间接地控制了新媒体研究的进程。资本驱动下的中国新媒体传播研究的“学术资本主义”倾向具有两面性，即学术逻辑和资本逻辑的博弈。如果资本逻辑过度主导学术逻辑，则挤压学术研究的理性价值，产出大量非学术成果，“求是”与“求利”的冲突日益严重。

第二节　作为内部驱动力的学术自主性

研究者是中国新媒体传播研究场域的积极行动者，其自身的学术自主性直接驱动研究进程。通过研究主体和研究进路的分析可以发现，研究者在技术、资本等外部驱动力的作用下，其自身的学术自主性对保持新媒体研究的独立性发挥了重要的主导作用。

一、大众传播研究模式的思维惯性

基于前文研究主体的分析可知，中国新媒体传播研究者的学科背景多为新闻传播学，并长期浸染其中，从而其大众主义研究模式的思维惯性长期存在。纵览新媒体研究的议题关注情况可以发现，其基本在传统大众传播的5W框架之中。其中多数新媒体研究用新材料验证旧理论，而新技术激发的新媒体传播实践被漠视、剔除，成为原有理论的注脚①；除此之外，大量的实证研究只是经典新闻传播理论在新媒体环境下的适宜性验证，却忽视了更根本的基础理论建构问题。5W 框架是大众传播学的经典分析框架，而如何构建新的理论框架成为亟须解决的基本理论问题。② 网络传播颠覆了 5W 线性传播模式，但网络传播研究却没有打破 5W 研究模式的局限性。③

与此同时，传统的大众传播将媒介作为“工具性角色”，关注其传播的内容，认为传播内容所带来的社会影响（效果研究、受众研究等）远远大于媒介自身。通过样本文献的主题分析可以发现，针对特定新媒体形态、应用的传播内容进行分析是新媒体研究中的重要组成部分，比如在大量分析微博、微信等内容文本特点的研究成果中，其基本框架就是截取某一平台某一时间段的文本进行内容分析，进而总结文本特点、存在问题和提出对策，多是描述性进路和对策性进路，少有对研究内容进行解释性、批判性进路的分析。在上文共时性分析的研究方法部分，内容分析法的广泛使用也说明了此问题的存在。与此同时，对于传播内容的关注遮蔽了比内容更本质的媒介及媒介实践议题，难以实现知识的增加。除此之外，国内关于新媒体研究大众传播研究模式的惯性思维还表现在著述多从媒体视角出发，“站在媒体之外研究媒体”的著述目前还较为少见。

二、学术研究的功利性倾向

根据马斯洛的需求层次理论，人的需要分为从低到高的 7 个层次，人只有在满足低层次需求的前提下才可能实现高层次需要。布尔迪厄也提出

---

① 孙玮：《为了重建的反思：传播研究的范式创新》，《新闻记者》2014 年第 12 期。

② 徐剑、赵征南：《中国新媒体研究的历史回顾与反思——基于 CNKI、CSSCI 高被引论文观察》，《上海交通大学学报（哲学社会科学版）》2010 年第 5 期。

③ 邱戈：《中国传播学新媒体研究理论的焦虑》，《当代传播》2009 年第 2 期。

知识生产者必须同时具备以下两个基本条件：一是能够不为日常生活所羁绊，具有自主进行研究的知识生产惯习；二是具备参与学术场域竞争的各种文化资本。[①]可见，从事学术研究的前提是基本生活的满足，研究者"为了学术而学术"与谋取安身立命物质资料的动机之间的矛盾和冲突经常存在。研究者既有自我学术价值实现动机的驱动，也有满足生活需求、职称晋升等方面的物质需求。通过分析科研等量化考评制度对学术生产的动力机制发现，我国学术研究者的主体为博士、讲师、副教授，其多陷于职称等科研量化考核的驱使，其往往不得不花费大量的时间投入到"发论文—评职称—拿项目"中，即使教授也有科研考核的任务，所以在巨大的外力驱动下，部分研究者基于任务完成动机进行学术研究，从而难以基于研究兴趣而做出有价值的研究来。[②]尤其在应用性研究领域，研究进路更易受到政治权力、经济利益的支配。意识形态对特定历史条件下研究议题重要性、符合主流"需求"的排序有重要的决定作用，应用领域更符合发展及治理需求的研究议题在政治、经济等无形的"权力合谋中"被赋予优先的地位。在此过程中，很多研究者基于新媒体研究较之传统新闻传播学更容易出成果的心照不宣，纷纷进入新媒体研究领域。随着研究的扩散，新媒体学术生产的浮躁之风日益炽烈，出现所谓的旺盛的知识需求与喧嚣的知识生产相互促进的怪象。[③]

三、学术自主性主导

技术、政策、平台是驱动中国新媒体传播研究议题演变表征出连续和

① 皮埃尔·布尔迪厄：《科学之科学与反观性》，陈圣生等译，广西师范大学出版社2006年版，第93页。

② 袁同成：《"期刊承认"VS"共同体承认"：我国学术知识生产动力机制的"悖论"》，《学术交流》2010年第1期。

③ 张涛甫、章永宏：《喧嚣背后的贫乏——从图书出版看新闻传播学科领域的知识生产》，《新闻记者》2008年第2期。

断裂并存现状的外部力量，而学术自主性则是支配研究进程中议题设置的内生力量，主导新媒体通达新传播研究的知识增量。学术自主性反思逐渐引发更多学者参与，主要表现在价值升维、思维超越、方法祛魅与范式转化的“四维一体”转变，具体为：

（一）从学术自觉到理论自觉的价值取向升维

从学术自觉到理论自觉的价值升维是学术自主性主导知识创新进程的最突出特点，同时从学术自觉到理论自觉的升维，成为衡量学术研究自主性的最重要标准。大量新媒体学术成果的产出与研究者的学术自觉直接相关，然而新的传播技术已经深刻改变传播实践，打开了人与世界关系的新尺度。部分研究者意识到新媒体传播研究需要新的理论、方法论和视角来重新定义技术和传播如何嵌入人的日常生活，重新界定人的主体性存在、人与物、人与社会的互动关系，关注传播与人存在的意义，提出和研究“真问题”，同时要迈向“实践主体性”的研究，从而进一步关注新媒体实践中的关系连接和人的主体性问题，在学习、反思中从学术自觉转向理论自觉。

（二）新媒体通达新传播研究的思维跨越

中国新媒体传播研究的大众传播思维惯性长期存在，因此议题关注很容易局限于传统的5W框架之中，新材料验证旧理论，而新技术激发的新媒体传播实践被漠视、剔除，成为原有理论的注脚。如何构建新的理论框架引发诸多研究者关注。基于以上对大众传播思维惯性超越的思考，许多关注真问题的研究者意识到要具有超越现有理论的求真勇气，着眼于理论建构和创新，推动了思维升维。比如“媒介”意蕴的重新挖掘，刘海龙提出要从不断变化的媒介形态中寻找不变的“知识”来构建传播研究，同时要把物质性引入网络研究，突破大众传播对于媒介物质性及其观念内容的二分法，进而实现从新媒体传播研究到新传播研究的跨越；孙玮以“媒介”等三个关键词重新思考“传播”的意义及其与人类生活之根本关联，以实现新媒体传播研究的范式创新。

（三）工具理性与价值理性相统一的方法祛魅

研究方法祛魅是实现学术自主性的必要路径。新媒体传播颠覆了传统的大众传播模式，研究方法的使用也呈现出新特点：一是重视质化和量化、思辨研究和实证研究等研究方法的交叉使用。比如随着认知传播学研究的深入，眼动仪、传感器、事件相关电位、网络爬虫技术、算法等数据挖掘技术分析人的传播行为；与此同时，思辨方法基于实证研究揭示事物本质，取长补短。二是加强信度和效度检验，提升实证研究的规范性。总之，中国新媒体传播研究逐步注重实现工具理性与价值理性的统一，从宏观上坚持马克思主义方法论，同时批判地借鉴西方新媒体研究中的实证主义、价值分析中的有效内容；从中观上分析新媒体自身研究、新媒体传播模式研究、新媒体治理研究等可以采用哪些研究方法；从微观上分析各自研究方法的逻辑起点和操作流程是什么，加速实现研究方法工具理性和价值理性的统一。

（四）从结构功能主义到建构主义的范式转化

从结构功能主义到建构主义的范式转化，是学术自主性表征的内容呈现。当下许多所谓的新媒体研究成果尽管是把纷繁复杂的新媒体材料塞入原有的传播学研究范式，而非基于概念及其理论体系的突破和创新。新媒体加速推进传播实践走向社会的中心，进而重构以往的传播关系，并日益紧密地嵌入人的存在和社会的发展，甚至人机合一并融为一体。因此，当下渐受关注的建构主义范式转化逐渐打开研究新视野，其关注个人以及主体间的意义和动机，并能主动建构和创造日常生活的意义世界。基于此，部分学者逐步开始从社会、文化、政治、历史等层面反思传播技术和传媒业发展，比如孙玮重新发现作为“传播主体”的微信使用者，以此重新审视新媒体与人、社会存在的关系，这样从结构功能主义到建构主义范式的自主性表征必将获得更大的学术增长空间。

传播学的学术想象在于具有独立于技术、权力、资本的学术立场，以及超越现有理论的求真勇气，进而提出真问题。通过学术研究所得的一般性知识区别于“意识形态”或“观点”的地方，在于其知识生产过程要有严格的逻辑推演或规范的实证步骤，并且研究所得也必须具有可重复性，被证实或证伪。① 中国新媒体传播研究处于不同驱动力的共同作用下，技术、资本、权力和自主性等各种要素之间相互作用构成动态的演进系统。中国新媒体传播研究实际进路的形成，是各种驱动力交织和博弈的结果，从而其进路也是此消彼长，处于动态变化之中，以上四种驱动力并不是一一对应不同的研究进路。

第三节 “四力”驱动下研究议程设置需着力知识增量

当下，中国新媒体传播研究议题演变在技术牵引、政策规训、平台加持与学术自主性主导的“四力”驱动下，呈现出连续与断裂并存的困境，主要表现为强调断裂的理论研究以媒介形态为中心，而强调连续的理论研究则主要针对“大众传媒”进行。整体来看，“四力”驱动下研究态势整体呈现出一定的依附性，因此未来研究议程设置需着力回归知识增量的学术走向。

一、高依附性：当下“四力”博弈下的研究议题设置

随着工业社会到知识社会转变进程的加快，知识生产和创新决定着社会行进的方向，并成为社会发展进程的基本推动力②，生产什么知识就成为知识社会首先要面临的重大问题，因为其主导知识生产的方向，决定学术研究实践中研究对象、研究论域的选择以及相关资源的配置情况，因此，中国新媒体传播研究进路中研究议题的议程设置分析能够为未来知识

① 杨伯溆：《新媒体传播：中国传播学的发展机遇》，《新闻记者》2014 年第 12 期。

② 张云昊：《学术研究的议程设置：基于知识社会系统的考量》，《科学学研究》2011 年第 11 期。

生产和资源配置优化提供智力支持。

（一）自主性欠缺：不同进路研究议题设置的现状分析

中国新媒体传播研究进路的议程设置是指研究者在基于一定的标准选择研究议题、对其重要性进行排序和进行学术生产的过程。提到中国新媒体传播研究的议程设置，往往想到的是研究者对研究对象、研究议题的绝对控制权，然而容易忽视的问题是：为什么在大量的新媒体传播现象中，有的问题被置于研究日程的顶层并能得到大量的资助？而有些广被认为具有较高学术价值的研究议题却被敬而远之？这就涉及研究开展前的知识决策问题。在知识社会中，学术研究所要解决的问题不再只是纯粹的学术探究行为，技术、权力、资本等提出的现实问题在学术版图中占据重要位置。一方面是包括技术、权力、资本等方面问题的解决需要学术研究的智识关注和突破，而高度依赖技术的新媒体研究又往往面临着包括数据、资金等在内的资源支持问题，因此为获取自身发展的物质资源、学术声誉，经常需要以学术发现与其他系统进行资源交换。在一般的学术研究中，“提出问题比解决问题更重要”，而在中国新媒体传播研究中，尤其是各类社科基金申报或论文发表中，比提出问题更重要的似乎是选择更能满足社会需求且具有应用价值的研究议题，导致技术、权力、资本等驱动力从研究的起点就开始影响到中国新媒体传播研究的议题设置，主导其知识生产的方向、进程和成果产出。学术研究议程设置的核心在于真问题的发现，问题意识是研究的起点，也决定着研究的终点。技术、权力、资本和自主性驱动下的中国新媒体传播研究议程设置，缺乏“独立之精神”，且问题意识多基于技术驱动下的学术自觉，或伸手向上回应权力方提出的应用性议题，或与资本同谋，以业界发展的实践议题作为学术旨趣。研究议题的设置没有系统描述、分析现象，无法独立地洞察并提出真正的学术议题。

基于技术、权力、资本等驱动力的分析可以发现：中国新媒体知识生产系统未能“独善其身”，而是在与技术、资本和权力等其他场域进行资源交换过程中形成的有机体，陷入类似与韦伯所说的“国家资本主义学术化”的两难境地。中国新媒体传播研究成为许多研究者安身立命的学术职业，自觉或不自觉地卷入权力、资本等社会系统以争取更多资源，所谓的新媒体研究所生产的知识由苏格拉底所谓的“善”滑向结构功能主义劝诫下的行动工具，学术追求的不是基础理论的创新而是社会发展的推动力量，学术研究通往“真实存在”“真实上帝”“真实自然”“真实幸福”的历史使用与价值关怀便不复存在。① 新媒体研究不能秉持学术探索的价值指向，不得不以社会其他系统对学术研究的需求程度优先选择，主要基于功利性标准进行：哪些研究对象优先被投入生产环节、哪些研究议题应该给予更多的物质资助？以上构成了中国新媒体传播研究的知识决策，在一定程度上影响了新媒体研究的发展方向，这样一来，学术研究就不是由中国新媒体传播研究者的学术旨趣指引，而是知识社会各个系统共同参与的系统决策，表现出一定的依附性，每当新媒体发展中新技术、新应用、热点现象等出现时，总有大量研究者不加学术权衡就紧紧追随其后，往往没有足够的知识储备就展开现象描述或对策分析。很多研究成果不仅没有沿着前人研究的知识脉络对已有理论进行验证，也没有在理论建构上实现创新，更没有把相关议题转化成社会科学研究对象，学术价值甚微。② 综合以上分析可以发现，不同驱动力博弈下的中国新媒体传播研究自主性不足，学术研究受到诸多力量驱动与牵制，不同进路研究议题设置具有一定依附性。

二、知识增量：未来议题设置的着力点

（一）提升自主性：“四力”驱动下研究议程设置的时代担当

中国新媒体传播研究核心议题议程设置是指研究者在“四力”作用下，

---

① ［德］马克斯·韦伯：《学术与政治》，冯克利译，广西师范大学出版社 2004 年版，第 173 页。

② 邓正来：《研究与反思——中国社会科学自主性的想象》，辽宁大学出版社 1998 年版，第 12 页。

基于一定的标准选择研究议题，并对其重要性进行排序和进行学术生产的过程，其往往被认为是对研究对象、研究议题的控制。但是却容易忽视的问题是：为什么在大量的新媒体传播现象中，有的问题被置于研究议程的顶层并能得到大量的资助？而有些广被认为具有较高学术价值的研究议题却被敬而远之？这就涉及研究开展前的知识决策也就是自主性问题。与此同时，中国新媒体传播知识生产系统未能“独善其身”，而是在与技术、政策和平台等其他场域进行资源交换过程中形成的有机体，所生产的知识容易由苏格拉底所谓的“善”滑向结构功能主义劝诫下的行动工具，同时学术追求的是社会发展的推动力量，并不得不以社会其他系统对学术研究的需求程度优先选择。这样一来，技术、政策、平台等提出的现实问题在学术版图中占据重要位置，从而学术研究就不是由学术旨趣指引，而是知识社会各个系统共同参与的系统决策，从而导致技术、政策、平台等驱动力从研究的起点就开始影响到中国新媒体传播研究的议题设置，裹挟其知识生产的方向、进程和成果产出，进而知识决策在一定程度上影响了其研究走向，同时引起诸多研究者反思和否思。

因此，提升自主性成为当下中国新媒体传播研究的时代担当，而强化问题意识则是提升其自主性的必由之路。由于中国新媒体传播研究议程设置主导知识生产的方向，决定学术研究实践中研究对象、研究论域的选择以及相关资源的配置，因此提升研究议程设置自主性能够为未来知识生产和资源配置优化提供智力支持。尽管外力驱动下的新媒体传播议题演变一定程度上偏重具体传播形式、特征、功能等现象层面，但是自主性是中国新媒体传播研究议题演变的内生性力量，主导其演进路径与研究旨归，而提升议程设置自主性是指从学术价值和现实价值出发展开对研究重要性的排序。在学术研究中，“提出问题比解决问题更重要”，问题意识是研究的起点，也决定着研究的终点，因此提升学术研究议程设置自主性的核心在于真问题的发现，即既要探索具体的传播现象，更要着眼于理论延展和学科建设，强化研究议题设置断裂性与连续性的对立统一。基于此，许多研究者秉持学术研究的价值取向，发现真问题，着力真学术，把技术或应用问题上升至学理层面，沿着前人研究的知识脉络推进学术研究升华。

（二）着力知识增量：议程设置自主性提升的旨归与走向

富有自主性的研究议程设置应当是基于各种社会科学理论资源基础之上的思想表达，并且是在尊重学术规律前提下对媒介现实的积极回应，所以进一步提高研究议程设置的自主性、从而有效地实现知识增量，理应成为中国新媒体传播的研究旨归和未来走向。

科学研究的目标是通过探索、描述与解释等方法发现规律或揭示本质。作为传播学研究的重要方向，新媒体传播研究成果的价值判断应该遵循社会科学研究的同一标准，即采用知识增量作为评价标准。知识增量包含两个方面的含义，一方面表现为数量，也就是相关成果数量的积累，对于新媒体传播研究来说，其可以表征为探究新媒体传播现象、发展、功能等层面的研究成果，因为对现象的关注是明确事物机理的入口，最终以量的积累逐渐抵达新媒体传播的本质；另一方面也是更重要的方面，其表现为质量，也就是现有成果是否能够对科学知识积累产生显著增量，是否能够通过对表层现象的考察加深对事物发展规律的把握等，其比数量更重要。把知识增量作为衡量研究价值的标准，既可以评价以往研究成果的价值取向，也能够为未来研究提供参考。目前，已有很多学者着力知识增量进行新媒体传播研究，比如李艳红等基于商业主义逻辑对专业主义逻辑的挤压现状，研究数字时代新闻业的危机和创新议题，作者并未从应用层面论证如何使商业主义逻辑服务于新闻媒体的做大做强，而是通过大量经验材料的收集，敏锐地提出研究议题，同时能够将其升华至理论层面；此外还有李红涛等关注到的网络空间何以形成集体记忆和表达等议题等，以上研究议题都是学术“匠人”探讨真问题的典范，展现出研究者与政治、经济和学术权力保持警惕的谨慎，其努力回归学者应该关注的现象并发现和解决问题的学术品质成为中国新媒体传播研究领域的“清流”，从而实现了学术研究的知识增量，堪称新媒体传播研究的典范。

中国新媒体传播议题演变之所以表征出连续与断裂并存的研究态势，主要归因于其知识生产置身于当下中国特定的政治、经济和文化语境，包括技术牵引、政策规训、平台加持和自主性主导等因素。以上因素共同发展为中国新媒体传播研究路径形成、发展的结构性力量，影响着其研究议程设置的自主性和结构化进程，其具体表现为：新媒体技术发展为学术场域源源不断提供新的研究议题，引发诸多研究者不断追随，从而成为牵引学术研究演进的核心力量；政策等因其天然的合法性，成为驱动新媒体学术研究演进的显性力量，媒体融合、网络治理等中国实践持续多年引发大量关注，以至于研究成果的数量与相关政策发布呈现出显著的因应性；平台主导的“超级权力”崛起，加持新媒体研究的议题设置，不断改变新媒体研究的习惯和知识生产范式；学术自主性则是主导议题演变的决定性力量，主要表现为价值升维、思维超越、方法祛魅与范式转化的“四维一体”转变。因此，提升自主性成为“四力”驱动下研究议程设置的时代担当，而着力知识增量则为议程设置自主性提升的旨归与走向。

本章基于前文实际研究进路的呈现进而追根求源，主要解决的是中国新媒体传播研究进路的驱动力及作用方式问题。中国新媒体传播研究进路驱动力研究助益于对实际进路的深刻洞察，同时也为可能进路的探究奠定理论和实践基础。中国新媒体传播研究实际进路是在技术、权力、资本和自主性的动态博弈中形成，其作用方式分别为技术牵引、权力规训、资本加持与自主性主导，具体表现为：技术提供更丰富的研究议题，引发研究者积极追随及其研究方法变得多样性，从而推动传播研究转型的反思进程，成为中国新媒体传播研究进路形成的最重要驱动力；权力因其天然合法性，是驱动新媒体研究的显性力量，规训媒体融合、网络治理等富有中国特色的研究议题。媒体融合等的回归分析表明政策发布主导其研究的连续性。在 1994 至 2019 年期间的国家社科基金项目中，新媒体类项目共有 742 项，在所有新闻传播学研究领域中占比（39.82%）最高。综合考察项目结项论文的占比、研究旨趣以及相关国家政策的颁布、实施等情况，以国家社科项目为代表的各级项目资助、政策发布等权力机制加强新媒体研究的应用性导向。除此之外，权力作用机制下的多策并举也极大地推动基础理论的创新进程；资本基于资金、技术和数据等优势，主导新媒体研究的主要策略为独立或参与新媒体研究，同时资本加持的“超级权力”崛起改变知识生产方式，主导新媒体研究的议题设置和演进方向，具有隐蔽性；自主性主导是指新媒体研究在大众传播研究模式的惯性思维和学术研究的功利性倾向下，仍然积极与外在驱动力保持对抗，保持学术研究的独立性，从而实现知识增量的提升。

当然，在中国新媒体传播研究的不断演进过程中，以上四种力量在博弈中合作，并经常呈现此消彼长之势，比如资本和技术经常交织在一起，形成“一种和显性政治权力并行不悖甚至更为直接的制约力和引导力，影响着普通民众的日常生活乃至其所思所想”①。除此之外，资本也不断与权力合谋驱动中国新媒体传播研究。任何研究进路都是多种驱动力综合作用的结果，但是不同驱动力在博弈中难免表现出一定的偏向并呈现出此消彼长之势。中国新媒体传播研究的议程设置从总体上表现出一定的依附性，提高学术自主性和探究可能进路成为其打破“内卷化”的重要学术担当。

① 金兼斌：《权力的游戏：资本、技术及其他》，《人民论坛·学术前沿》2019 年第 14 期。

第六章

知识融合：中国新媒体传播研究可能进路的发现

迈克尔·舒德森（Michael Sctudson）说："追溯历史，是为了知道我们在时间线上的位置，不是要用过去的辉煌来证明当今的不是。"[1] 当然，也不能以当下的辉煌证明过去的不是。本书的研究目的是从研究进路的角度切入，从而明晰当下中国新媒体传播研究的实际进路、驱动力，可能进路及其未来的研究趋势。中国新媒体传播研究在技术牵引、权力规训、资本加持与自主性主导等不同驱动力的共同作用下，主要呈现出描述性、解释性、对策性与批判性四种实际发生的进路，以上四种实际进路在逐渐夯实中国新媒体传播研究基础的同时，表现出一定的"内卷化"倾向，影响理论创新的实现进程，所以进一步反思25年来其可能进路及其中断，将有助于把握研究进程，从而推动研究的深入。

① ［美］迈克尔·舒德森：《好公民：美国公共生活史》，郑一卉译，北京大学出版社2014年版，第8页。

第一节　可能进路问题的提出

一、实际进路多指向内容研究

通过对前述四种实际进路的反思可以发现，不同进路的共同点集中在以下三个方面：一是从舆论调控的意义上进行的控制研究，舆论调控是中国新媒体传播研究的特色，主要包括舆论引导、舆论监督、网络空间治理等不同研究领域。其成为贯穿不同研究阶段的共同议题，几乎每年均有大量与此相关的研究成果出现，在中国新媒体传播研究中占据重要位置。二是从媒体融合意义上进行的发展研究，主要包括传统媒体转型、新媒体发展、传统媒体与新媒体的融合发展等研究议题。媒体融合研究成为中国新媒体传播研究的两大常青议题之一，至今的成果数量在中国新媒体传播研究中占比较高。三是从传播规制意义上进行的规范研究，主要包括新媒体传播乱象、技术发展、传播内容、传媒组织等的规范制定与实施等议题。综合分析以上三个方面的议题分布与研究主旨可以发现，内容研究同时占据不同进路研究的核心位置，主要表现为：一是使用新的技术手段制作内容，比如新媒体业务研究、新媒体功能研究，新媒体属性研究等，多是着眼于特定内容的制作；二是内容在新媒体平台的传播及影响，比如舆论影响研究，新媒体对政治、经济、文化的影响研究等，以上均是基于新媒体内容的影响展开；三是内容的变现，比如传媒经济研究等，以上不同进路均指向内容研究，从而可以看出中国新媒体传播研究多是在大众媒体内容生产的范式下进行。通过分析以上四种实际进路的研究偏向可以发现，实际进路从本质上均指向了传播内容研究。

通过内容分析和文献调研发现，现有成果数目繁多，其中描述性进路、对策性进路研究成果占比较大，解释性进路、批判性进路相对缺乏，不同进路的研究成果均明显呈现出追随技术发展的显著特点，在众声喧哗的研究热潮中，理论创新成果数量偏少，且或是基于原有概念的“改装式”拼接而成的本土概念，或是西方经典理论的中国经验验证、反思以及研究范式的批判等，至今少有能够贯通中外并具有历史穿透力的概念或基础性理论的提出。对于技术牵引、权力规训、资本加持、自主性主导等共同作用下的新媒体研究来说，其研究议题设置具有一定的依附性，同时重应用轻理论的研究惯习占据学术场域的重要位置。当下部分研究者对新媒体研究趋之若鹜，其多认为研究价值往往取决于研究对象的新颖程度。事实证明，当新的传播形态、应用出现的时候，仅凭借研究对象的新颖程度就盲目进入研究领域，势必难以实现知识增量的提升。

对于一个处于探索、开拓期的研究领域来说，描述性、对策性进路是必要也是符合知识生产规律的，但绝不是中国新媒体传播研究的最终旨归。随着成果的累积和研究的深入，则需要洞察新媒体传播现象的规律性知识，并建构基础性的概念和理论体系。新媒体研究的核心任务是基于对于研究对象的分析与判断，进而发现人类未知的信息传播现象，以此洞悉事物间的相互关系和传播规律。当然，规律的发现需要系统分析和实证研究的积累才能抵达现象背后的本质。① 现有的“内卷化”倾向，需要有新的研究视野和学术关怀。

二、可能进路的规定性及考察维度

新媒体的快速发展激发了学术界无限的研究热情和想象力，中国新媒

① 李喜根：《新闻与传播学理论以及新闻与传播学科学研究》，《新闻与传播研究》2009 年第 1 期。

体传播研究已从最初的西方理论引进、传统媒体转型逐渐转向新媒体时代的信息流动、传播实践诠释，并逐渐实现从单纯的“媒体”视角到网络社会节点的社会性研究转变。回溯中国新媒体的演进历程，其明显呈现出描述性、解释性、对策性与批判性四种实际进路。以上实际进路是中国新媒体传播研究 25 年演进路径的时代脉络，客观存在于其历史进程中。中国新媒体传播研究是否有未能成为现实或者未能成为趋势性的其他进路？如果存在以上可能，其他进路中断的原因又是什么？以上问题关涉中国新媒体传播研究 25 年的可能进路，对其进行分析方能更好地回溯过去，进而把握当下与未来。

实际进路是指已经发生并作为趋势性存在的研究路径，而可能进路是指可以实现但实际并没有成为趋势性的研究路径。实际进路指向过去，而可能进路同时指向过去和未来，其中指向过去的可能进路用以表征在过去的 25 年中，有过不同于以上四种实际进路的研究走向，但是因为种种原因中断或者没能成为主要的研究趋势。尽管此种进路没有变成显性的趋势，但是其客观地存在于中国新媒体传播研究的不同阶段；而指向未来的可能进路则是用以表征未来的研究趋势，也就是新媒体研究正在或应该走向何方的预测与判断。可能进路的提出丰富了中国新媒体传播研究的视域与想象，也是研究逐步走向深入的表征之一。

第二节　三种可能进路的发现及其中断

一、三种可能进路的发现

中国新媒体传播研究在沿袭内容进路的同时，可能进路尽管没有成为主要趋势，但是却客观存在。也就是当新媒体出现后，客观上存在多种可能进路以供研究者选择，但是在具体的研究实践中，研究者选择了以内容为主要研究入口，而其他可能进路并没有被选择成为主要的研究趋势。通过对样本文献进行综合分析可以发现，中国新媒体传播研究25年中存在的可能进路主要有以下三种：

一是技术化研究进路，而非技术研究进路。首先从“化”来看，《辞海》中的含义是指转变成某种性质或状态，如大众化、市场化、自动化等①，其中“化”主要是用来指称某物或某事物的性质改变，所以毋庸置疑的是：“化”必然是一个过程，一种转移②。技术化的本质是主体的建构过程③，同时也是一个从量变到质变的过程。技术化与技术一字之差，但是所指意蕴明显不同。技术化研究进路着眼于技术进化的过程，而技术进路则聚焦于具体技术的属性，所以新媒体研究技术化进路则是指基于技术发展的动态过程进行新媒体研究，也就是要基于不同新媒体技术的功能、作用和影响等的研判，进而洞悉、解释传播的变化，而不是局限于技术演进过程中某一或某些新媒体技术进行属性、功能、特点的描述。正如海德格尔（Heidegger）所说：“技术不仅是手段，技术是展现方式。”新技术的广泛使用不仅仅反映在信息、能量等物质转化过程，更是成为加快社会化进程的核心推动力，形塑了充满技术化的社会形态。在信息传播领域的新媒体技术运用尤其如此，技术在不断变革媒体形态、传授关系、传播实践的同时，改变媒介与人和社会的关系，带来社会的媒介化与技术化。所以基于技术化研究进路切入新媒体研究，看到的必将是新媒体技术演变的一般规律以及新媒体技术对传播实践及其传播关系的改变等层面，而不是局限于诸如微博技术特点的描述性研究层面。

二是社会传播研究进路，人类信息传播是一个不断深入的历史进程，并且其媒体传播方式经历了人际传播、大众传播、分众传播、交互传播以及遥在与沉浸等的演进过程。以大众传播为代表的职业传播是社会分工的

---

① 上海辞书出版编辑部：《辞海》，上海辞书出版社1979年版，第208页。

② 陈昌曙：《技术哲学引论》，科学出版社1999年版，第182页。

③ 董传升：《技术化释义》，《科技管理研究》2007年第6期。

结果，也是特定历史阶段的产物，而传统传播学则多是基于大众传播为研究预设，其现有理论多是对大众传播现象的洞察。随着传播技术的发展，职业传播经历颠覆式变化，当下新媒体成为交互传播的代表，传播学理论体系亟须重构。① 社会传播逐步走向传播学研究的前台，同时信息传播从职业活动变成公共活动。② 网络传播创造了人类活动的最大公共空间，职业传播者、普通民众、社会精英等纷纷成为媒介化社会中的传播主体，其共同组成社会的信息传播系统，从而多元传播主体共同参与的社会传播实践成为社会信息传播行为的主要特征。从古至今，不通过大众媒体进行的传播，都是社会传播，古代也有人际传播。新媒体把人际传播的范围扩大了，并把不同的传播形式汇聚在同一新媒体平台，不断进行着意义的交换与关系的建构。基于社会传播研究进路切入新媒体研究，看到的是不同社会主体在更多元领域中的信息传播实践，而不是局限于大众传播，从而基于关系连接洞察信息传播实践。

三是媒介形态研究进路，媒介形态演进是一个渐进的历史过程，每一次技术革命都会创新媒体形态和改变传播实践。新媒体的出现极大丰富了媒介形态的构成，比如微博、微信等，每一次新媒体形态出现，都会引发大量相关学术成果的出现。但是通过文献调研可以发现，当下新媒体形态研究主要关注的是如何使用新媒体形态生产或传播内容，从而提高其所负载内容的传播效果，比如当前的微博研究多是研究微博上的内容，而非研究微博这种新的媒体形态。传播形态的每一次改变都会重塑社会结构，所以比具体媒体形态更本质的是其对传播关系、传播实践的重构，所以基于媒介形态研究进路切入新媒体研究，看到的是媒体形态演变的一般知识，更易抵达传播的本质。

---

① 熊澄宇：《对新媒体未来的思考》，《现代传播（中国传媒大学学报）》2011 年第 12 期。

② 骆正林：《传媒技术赋权与人类传播理念的演变》，《现代传播（中国传媒大学学报）》2020 年第 2 期。

二、三种可能进路的中断

新媒体研究可能进路分别是技术化进路、社会传播进路与媒介形态研究进路，以上三种进路没有成为中国新媒体传播研究的趋势性路径，其在研究进程中出现了中断，原因主要有：

一是技术视角的缺位，从文献统计的结果来看，中国新媒体传播研究议题的变迁多以技术革新为背景方向，同时受到权力规训、资本加持与自主性主导的多重影响，以传统的大众传播的生产逻辑思考技术变革的特征明显，研究对象整体上表现出被技术现象牵引的特征，游离了传播技术变革是新媒体发展最基本推动力的事实。与此同时，当下的新媒体研究多是基于传统传播学的理论框架与学科背景开展研究，并且研究者大多来自新闻传播学专业。学科背景决定了其研究视域多是基于技术的人文价值，而非从技术本身出发去观察信息传播实践，从而导致研究成果多浮于技术表象而难以深入。至今，技术缺位现象依然存在，一定程度上限制了新媒体研究的学术视野。

与此同时，技术视角缺位也导致了媒介形态研究大多出于技术领域，比如微博、微信的开发等，而不是新闻传播学视域下对媒体形态更替规律的探索与发现。媒体形态演变是信息传播行为中的重要组成成分，所以理应成为新媒体研究的重点关注领域之一。中国新媒体传播研究者的学科背景与研究视域多集中于人文价值的发现，而非技术本质的洞察，一定程度上偏离了技术的理性价值。技术缺位导致对媒体形态演变中一般规律的洞察，从而导致了媒体形态研究的中断。

二是数据收集困难和学术成果实现周期限制了社会传播进路的实现。社会传播包含除大众传播之外的传播形式，主要有人际传播、自我传播、群体传播与组织传播。新媒体技术发展打破了以上传统传播学划定的传播类型边界，实现了不同传播形式的汇聚与融合，进而带来了社会传播实践的无处不在。然而在25年的研究实践中，相关研究成果较少的重要原因是数据收集的难度较大。社会传播的行为数据多掌握在资本加持的新媒体平台，导致研究者难以获取研究所需的基本数据。同时，处理研究数据或者采用民族志观察等实证方法往往会耗费较大的人力、物力，发表周期相对较长，而研究者又面临一定周期的学术成果考核，所以社会传播进路成为许多研究者的学术畏途，没能成为中国新媒体传播研究的趋势性进路。

三、可能进路中断的反思及新的探索

可能进路及其中断从本质上反映了知识融合的问题。新媒体发展驱动新闻传播学与相关学科的知识体系之间的知识融合进程加快，而当下的新媒体研究一定程度上偏离了知识融合的内在要求，孤立地从媒体角度观照传播，脱离新媒体实践场景，缺乏对新媒体实践的解释力，需要进行学科视野的调整。

（一）新媒体发展加速知识融合进程

随着互联网的发展以及新媒体使用的无处不在，新媒体传播全面渗透到社会各个层面，更加深刻影响到社会发展与日常生活。新媒体正在重构社会网络，并加快社会媒介化进程。新媒体传播实践结构的要素、资源逐渐增多并走向多元，所以新媒体研究关涉的知识层面越来越高，从而需要在多学科协同下推进研究的深入。

虽然新媒体研究成为新闻传播学中的显学和热门领域，其论述数量和研究领域不断实现新的突破，但从总体来看，其基础理论建构相当匮乏，尚未走出结构性贫困的窘境。国内外的新媒体研究面临着同样的境遇，即新媒体研究尽管成为人文社科研究的显学，但占据话语优势的学科却是经济学、社会学等其他学科，而不是新闻传播学。“互联网研究并不等于传播研究，它的内涵和外延都极其丰富，互联网显然并非天然是传播学的研究对象。”① 随着互联网媒体属性的增强，社会网络的存在和发展备受关注，新闻传播学在信息传播研究的历史和方法方面的优势逐渐显露。“传播学研究其实走在网络研究的前沿，而前沿的互联网社会科学范畴的研究核心就是研究传播”②，对于对信息传播研究具有先天优势的新闻传播学来说，如何推进新媒体研究中基础理论的建构，是个值得重视与深思的研究议题。随着新媒体研究议题的不断扩散，新媒体研究对其他学科知识的融合也随之增强，多位研究者均指出跨学科性是其最显著特点。系统、全面地研究新媒体传播的内在机理与外在表现，单学科的研究视野肯定不够，仍需采用跨学科的方法和视野，从而不断借鉴其他学科的知识体系，在知识融合进程中提升本领域的知识增量。

当然，任何研究领域都是有边界的，但是边界又不是固定不变的，而是一个流动的过程。基于开放和连接基础上的融合是互联网的本质，所以新媒体研究不可能偏安传播学一隅，做孤芳自赏式的自我复制，跨学科研究的视角必将为新媒体研究带来新的资源，比如传播技术的追问，融合现象学和技术哲学视域均可以洞察到更多本质的内容；对网络舆情、网络空间的研究，融合政治学、社会学视角提供了更多元视角，而通过计算机知识等的融合则可以精准地获取大数据。在跨学科研究的尝试方面，目前已经有部分学者做了有益的尝试。

在技术牵引下，新媒体研究者往往秉持着天然的学术自觉，生产大量的研究成果，但是新媒体技术发展对其相关研究提出了跨学科研究的新要求，知识融合进程的加快也对跨学科研究提出了新的要求。从目前的研究实践来看，跨学科的研究视域能够更深刻地对新媒体实践和现象做出有洞察力的解释。喻国明等提出，5G 技术下的数字媒介基于物理因素、社会

① 胡翼青：《显现的实体抑或意义的空间：反思传播学的媒介观》，《国际新闻界》2018 年第 2 期。

② 刘新传、魏然：《语境、演进、范式：网络研究的想象力》，《新闻大学》2018 年第 3 期。

因素等多重维度的链接，构成更为复杂的传播系统，需要用复杂性的观念、逻辑和范式方能洞悉传播现象的本质。① 研究者面对新媒体现象和问题的富矿却往往感觉到无能为力，不知从传播学的哪些知识“说”起，比如研究新媒体使用何以影响受众的老话题，首先需要确定适切的理论框架或视角，并基于此分析新媒体可能在哪些方面对哪些受众产生影响，同时还要确定所产生影响的深度和广度，以上研究议题的深入不仅需要研究范式的突破，而且还需要研究方法的创新。作为典型的跨学科领域，新媒体研究“在可预期的将来，包括认知科学在内的更多学科都会参与到这一领域的对话”②。新媒体研究者要具备系统思维和跨学科思维，以跨学科研究的视角客观看待新媒体的组成部分、新媒体与传统媒体、新媒体与人和社会、虚拟和现实之间的互动和辩证关系。

当下，关于中国新媒体传播研究的反思性成果逐渐增多，短时间内新媒体研究或许还不能成为所有学科的“把手”，但其强大的包容性足可以使未来的研究获得更多米尔斯（Mills）所谓的“想象力”。正如卡斯特（Castells）所说，我们真的没必要过分警惕学科界限，这样很多问题自然就不是问题了。可以预见的是，在跨学科研究为进路的新媒体研究场域中，不同学科领域的研究者们因为共同的信息传播研究旨趣而汇聚并进行通畅的对话和交流，实现对不同学科中传统研究预设的超越，进而形成更具解释力和包容性的学术洞见。就像当年拉斯韦尔等一大批学者跨领域涉足传播学研究并带来传播研究繁荣一样，新媒体破除“内卷化”的不二选择当是以信息传播为研究对象，以跨学科的研究视域吸引更多富有创见的其他学科研究者们汇聚在传播学研究实践中，并通过研究共同的研究对象，即信息传播这一基本的人类行为和社会实践，洞察其一般规律，从而

① 喻国明、曲慧：《边界、要素与结构：论 5G 时代新闻传播学科的系统重构》，《新闻与传播研究》2019 年第 8 期。

② 自国天然：《日常生活与数字媒介：一种实践分析取向的出现》，《新闻界》2019 年第 6 期。

实现知识增量，所以中国新媒体传播研究的当务之急不仅仅是作为自我的内部振兴，而是积极向外的跨学科研究。

综上所述，可能进路中断的本质是知识融合方面的问题。传播学具有跨学科的历史基因与传统，同时新媒体实践的发展加速了新闻传播学与其他学科知识之间的知识融合趋势。然而从文献统计与分析的情况看，多元研究议题下的学术研究取向与研究聚焦点却非常缺乏知识融合的研究视野，即使是对媒体融合的研究也缺乏对知识融合视域的考量，成为影响新媒体研究实现知识创新的重要原因之一，可谓是有融合研究之名，乏知识融合之实。此种研究现状的出现与新媒体研究的多数核心学者都聚集在新闻传播学领域，同时表现为师生关系、同事关系、地缘关系等简单的研究群体，同时还缺乏持续的研究者。多数的核心研究者多扎根于新闻传播学，并缺少与其他学科的交叉与对话，多是对新媒体发展中的某个现象或问题做短期研究。当下的新媒体研究深受治理话语与对策话语的影响，更多的是对新媒体现象进行研究。新媒体发展不断加速知识融合进程，所以只有加强跨学科研究方能洞悉新媒体传播的本质，促进新媒体研究的进一步深入。

（二）知识融合进程中可能进路实现的新探索

随着新媒体发展，其逐渐汇聚更多类型的信息传播实践与传播关系，并加速新媒体研究与其他学科的知识融合的进程。更多研究者也逐步关注到新媒体研究知识需求的变化，积极做出新的探索，主要进行四个维度的转变。

1. 思维跨越：从“大众传播”到“关系连接”

在新媒体时代，大众传播学理论体系的思维惯性显性存在，其突出特点是继续用传统媒体视角驾驭平台化的新媒体研究。新现象并不必然意味着新思想、新理论，但新媒体研究肯定不等同于大众传播研究，其完全像麦克卢汉（Mcluhan）的“媒介四定律”所描述的那样，在淹没大众传播的同时并把其内化为自身的内容构成，成为大众传播的元媒介或者媒介环境。新媒体传播与大众传播的不同不仅仅表现在模式、对象方面，而且还体现在人类的生存方式方面。与此同时，新媒体环境下大众传播发生显著变化，常被冠之以小众传播、虚拟传播、分众传播等名，以上所谓的新概念仍是大众传播的思维惯性，没有抵达信息传播的本质，即关系层面。美国关系传播学者认为，每一个对话都包含两种基本信息：内容与关系，交流双方在传递内容的同时，还有更高层次对内容的评价。① 在以个体为中心的网状传播结构中，关系信息高于并影响内容信息，关系传播成为新媒体传播的一个基本偏向。

传播学产生于社会工业化的背景，是大众传播的阐释者，而对网络传播的阐释，至今没有系统的传播学知识相对应。大众传播环境下，信息传播呈现为线性模式，具体表现在实践和内容逻辑方面，比如看报纸或电视，需按照节目播出顺序和版面编排来进行，报纸和电视上的内容均要基于新闻价值和宣传价值进行选择。新媒体传播完全颠覆了线性的大众传播模式，属于具有典型的动态、开放等特征的非线性传播模式，传播行为具有自发、交互的新特点。互联网媒介解构了拉斯韦尔传播模式中的五个核心要素，并且重构组成要素以及相互之间的关系，使得重建传播秩序成为可能②。随着学术反思进程的加快，新媒体研究需要与其他学科加强深度跨界融合，与新媒体传播中的"人"、历史和泛媒介实现对话，多面向激发新媒体研究的学术想象力，建构传播学中的新媒体研究基本理论。

尽管新媒体传播中连接的基本要素和方式不断变化，但是关系连接始终是互联网的本质。从终端的连接到内容、人的连接。新媒体形态演进从本质上来讲就是连接的演进。连接对于新媒体来说，既是起点，更是终点。在新媒体聚合而成的各种平台上，关系成为推动内容传播的核心

---

① ［美］斯蒂文·约翰：《传播理论》，陈德民译，中国社会科学出版社1999年版，第43页。

② 关萍萍：《网络媒体的技术演进及对拉斯韦尔模式的反思》，《新闻与传播评论》2019年第2期。

力量。

2. 方法祛魅：实现工具理性与价值理性的统一

学术研究是一个系统工程，由不同的知识逻辑相互关联而成，其不仅要呈现结果，也要廓清学术研究中的方法、意义和价值，所以研究方法使用就显得尤为重要。无论是思辨理性，还是观察分析，经验上升到理论势必要“给理性挂上重物”，以科学的态度观照研究的每一个节点与过程。工具理性和价值理性构成一个硬币的两面，其分别指向“如何做”与“做什么”的问题，工具理性为实现价值理性提供重要支撑，价值理性则为工具理性提供智力支持和价值指引，实现两者有机统一是人类理性的必然要求。

新媒体传播颠覆了传统的大众传播模式，新媒体研究对研究方法的选用也提出了新要求。虽然中国新媒体传播研究中研究方法的使用问题一直为广大研究者所重视，但研究方法使用中工具理性和价值理性的冲突显性存在，具体表现为：方法的使用多是基于外在力量的驱使，而非学术原理的探索，整体上表现出工具化的使用倾向，也就是为了使用研究方法而进行研究。研究方法使用的技术理性僭越价值理性的指引作用，导致了新媒体研究中出现了研究方法与研究目标倒置的倾向。在部分研究成果中，由于研究方法使用的工具理性越位，看似研究方法服务于研究目标的实现，而实质上是研究方法主导研究目标乃至研究过程，从而导致了新媒体研究中研究方法与研究目标之间的断裂，比如在许多验证新媒体环境下议程设置理论的适宜性研究中，不同研究者尽管采用了不同的统计和研究方法，但是其方法论、论证过程甚至论证结果等都是大同小异，不同的只是研究方法的工具性使用而已。那么如何使研究方法的使用兼具工具理性和价值理性呢？

一是重视质化和量化、思辨研究和实证研究等研究方法的辩证使用。我国新媒体研究开始之初就重视研究方法的使用，但是思辨性研究至今仍占比较高，质化、量化等方法使用总体不多，另外在有限的方法使用中，规范性也成制约其科学性的重要原因，所以需要研究者在掌握统计知识和工具的基础上，深入调查研究，准确收集第一手资料；与此同时，思辨方法可以基于实证研究揭示事物本质，实证研究可以为思辨研究提供充分的资料，两者并用可以取长补短，提高研究的质量和水平，因此要注意拓展研究方法的使用范围。比如随着认知传播学研究的深入，眼动仪、传感器、事件相关电位等已经运用到新媒体研究中；网络爬虫技术、算法等数据挖掘技术分析人的传播行为；另外还有智能媒体时代的语音技术、人像成形技术、视频技术等逐渐被广泛应用于新媒体研究中。

二是加强信度和效度检验，提升实证研究的规范性。当下，中国新媒体传播研究尤其是实证类研究存在的很多问题都与信度和效度有关。信度是指研究过程的可靠性、稳定性和一致性，具有信度的实证测量，具有可重复验证性，不因操作者的改变而导致不同的结果。信度系数与研究结果客观、有效性成正比，比如针对同样的文本材料进行同一主题的内容分析，如不进行信度与效度的检验，不同操作人员的调查结果可能会南辕北辙，影响研究发现的客观性；效度则是指研究结果的客观性和准确性。效度与研究对象紧密联系，测量结果与研究目标、内容越相符，效度则越高。信度是效度的必要但不充分条件。没有信度，效度将不复存在。

总之，中国新媒体传播研究对研究方法使用的重视程度逐渐提高，但要注意方法使用的规范性，实现工具理性与价值理性的统一。除此之外，在注重使用量化、质化等研究方法的同时，注意与科学方法论的融合，例如如果从宏观上来分析中国新媒体实践，需在坚持马克思主义方法论的同时，如何批判地借鉴西方新媒体研究中的实证主义、价值分析中的有效内容？中国新媒体传播研究之研究方法有哪些功能和意义等；从中观上分析，新媒体自身研究、新媒体传播模式研究、新媒体治理研究、新媒体基础理论研究可以采用哪些研究方法？从微观上分析四种不同研究进路，各自研究方法的逻辑起点和操作流程是什么？以上研究面向的拓展必将助益于研究方法祛魅，实现工具理性和价值理性的统一。

3. 范式转化：从结构功能主义到建构主义

结构功能主义范式下的新媒体研究逐步陷入创新乏力的困境。结构功能主义研究范式以结构性存在为前提，着眼于不同媒体形态的功能并以维持社会系统平衡为旨归，成为传播学研究的出发点和中心点①，“几乎所有的传播学研究基本上都与新媒体相关，离开新媒体就无法讨论今天的传播问题”②。研究范式决定研究的方法、角度和结论，许多所谓的新媒体研究成果，不过是把纷繁复杂的新媒体材料塞入原有的传播学研究范式，或者用新材料验证传统的传播学理论，新媒体的“新”多表现在新媒体某些功能的加强，而非基于概念及其理论体系的突破和创新。如果仅仅以结构功能主义范式，从技术、传媒业的视野理解当下传媒生态的改变，则很难实现新媒体基础理论建构的创新，甚至可能会陷入波兹曼（Postman）所谓的“技术垄断文化，文化向技术投降”的危险局面。

建构主义有助于打开宏观的研究视野。新媒体逐渐成为人们的基本生活方式和社会的基础设施，加速推进传播实践走向社会的中心，进而重构以往的传播关系，新的传播革命正在进行，其逐渐颠覆以往结构功能主义范式下对传播社会角色的认知。新媒体绝非仅仅是工具化技术存在，更是生发出与之相呼应的文化和制度，并日益紧密地嵌入人的存在和社会的发展，甚至人机合一，融为一体。诚如海德格尔（Heidegger）所说：“如是看来，技术就不仅是一种手段了，技术乃是一种解蔽方式。如果我们注意到这一点，那就会有一个完全不同的适合用技术之本质的领域向我们开启出来”③，如果从这个角度去思考新媒体研究，可能开启新的研究范式。

建构主义研究范式关注个人以及主体间的意义和动机，把人看作积极的行动者，并能主动建构和创造日常生活的意义世界，以此实现个体之

① 孙玮、黄旦：《超越结构功能主义：中国传播学的前世、今生与未来》，《新闻大学》2012 年第 2 期。

② 胡翼青：《重塑传播研究范式：何以可能与何以可为》，《现代传播》2016 年第 1 期。

③ 海德格尔：《技术的追问》，上海交通大学出版社 2008 年版，第 305 页。

间，个体与社会结构等之间的互动。因此，对于新媒体研究的反思，当实现从结构功能主义范式到建构主义范式的转化。部分学者逐步开始从社会、文化、政治、历史等层面反思传播技术和传媒业发展，并做出一些有益的尝试，比如孙玮基于新的学术资源，重新发现作为“传播主体”的微信使用者，提出微信使用者对于微信来讲，并不是一种先验的存在，而是在微信使用与互动过程中建构出自身的主体位置，使用主体自身在新媒体使用过程中被建构起来，而不是使用者作为先天的理性主体和目的性使用新媒体。① 再比如以媒体融合背景下的受众研究为例，如果仅仅从传媒与受众关系变化的维度研究，则会看到媒体融合对受众的赋权乃至受众权力的再造，受众是融媒体内容生产、传播的主动力量等，以上均是富有创见的发现，但是媒体融合的基础理论创新远不止此，媒体融合趋势对于受众影响的研究，不仅仅是传媒业与受众关系的改变而已，而要从社会、人等社会变革的关系中去考察传媒业与受众关系的再造，这样宏观视野的建构必将获得更大的学术增长空间，新媒体研究需要重新审视新媒体与人、社会存在的关系，关注点需深入到主体性的认识论层面，实现从提高人的主体性的解释力到行动主体和社会互动建构视角的转变。从结构功能主义研究范式到建构主义范式的积极转化势在必行，也必将大有可为。

4. 取向升华：从学术自觉到理论自觉

通过文献统计和分析可知，中国新媒体传播研究一直有学术自觉的传统，也就是每当有新的媒体形态、应用出现或者新媒体现象、事件发生时候，大量的研究成果随之出现，研究者对于新媒体技术、业界等发展保持高度敏感，一直紧紧跟随技术和社会发展的前沿。新媒体大量学术成果的产出与研究者的学术自觉直接相关。然而技术发展和社会变迁深刻地改变了新媒体传播实践，新媒体环境下传统传播学的研究范式、问题域和理论框架不断遭受质疑。新的传播技术已经深刻改变传播实

① 孙玮：《微信：中国人的“在世存有”》，《学术月刊》2015 年第 12 期。

践，学术研究需要新的理论、方法论和视角，而不是让之前的理论延年益寿①。传播研究只有重新定义技术和传播如何嵌入人的日常生活，重新界定人的主体性存在、人与物、人与社会的互动关系，关注传播与人存在的意义，才可能建构真正的传播学理论。②新媒体颠覆了形而上学本体论中机械的二元对立，打开了人与世界关系的新尺度。③关注人的主体性对新媒体现象、事件的建构意义，基于人的主体性解释力来克服结构功能主义研究范式的思维限度，使新媒体研究实现从物的影响到人的交流的关怀转变。

实现理论自觉的关键是与历史脉络相勾连。理论自觉最早由郑杭生提出，主要是指社会研究者要对其所研究的理论有“自知之明”，熟知其开始、形成过程以及自身特色和发展趋势，同时也要对本土理论和引进理论开展建设性反思，兼具回顾和展望之意，为观察学术研究进展提供新的概念工具和理论视角。④学术自觉和理论自觉均是研究自主性的体现，从学术自觉到理论自觉具有质的飞跃，是理论创新的自我解放。“所谓理论，就是脱离个别事物的一般化，脱离具体时间事例的抽象。”⑤理论自觉最能揭示学术发展的进程，成为衡量学术研究自主性的最重要标准。⑥理论自觉意味着学术研究开始前，结果不能预设，研究结果是由研究过程的逻辑演化而出，是根据研究方法推演出的“必然”。中国新媒体传播研究实现理论自觉要着眼于以下三点，一是客观、理性看待中外理论差异，加强理

① Rogers, E.M &Chaffee, S.H, *Cnmmunication as An Academic Discipline: A Dialogue*. Journal of Communicaiton, 1983 pp.18-30.

② 胡翼青：《重塑传播研究范式：何以可能与何以可为》，《现代传播》2016 年第 1 期。

③ 孙玮：《从新媒介通达新传播：基于技术哲学的传播研究思考》，《暨南学报（哲学社会科学版）》2016 年第 1 期。

④ 郑杭生：《“理论自觉”与中国风格社会科学——以中国社会学为例》，《江苏社会科学》2012 年第 6 期。

⑤ ［美］杰弗里·亚历山大：《社会学二十讲——二战以来的理论发展》，贾明增译，华夏出版社 2000 年版，第 2 页。

⑥ 吴晓明：《论中国学术的理论自觉》，《江海学刊》2012 年第 5 期。

论反思；二是致力于本土实践，建构理论；三是加强中外理论对话，在学习、反思中超越和创新。从理论自觉维度考察新媒体研究，应主要关注以下两个问题：研究的问题意识和植根中国实践和成果的思想高度。在问题意识方面，理论自觉要有正确的问题意识，应当提出和研究“真问题”。理论自觉还要深深植根于国内的新媒体实践。传播本就是人类生存发展的一种手段，而新闻传播则是人生存发展起来的一种了解自身生存状态、环境和社会变化的手段之一①，迈向“实践主体性”的中国新媒体传播研究。只有在现实发展的历史脉络中，理论自觉才会真正生根开花并结出理论硕果。扎根中国新媒体实践是一种学术研究进路，更是一种科学研究方法，这就需要中国新媒体传播研究把新媒体实践生发的议题广泛纳入其研究视域，研究真正的新媒体传播问题，在实践中洞察“新媒体研究理论体系”。因此，学术研究需关注以下议题：新媒体实践中的关系连接和人的主体性问题，新媒体如何影响社会传播结构，各种新型的媒体形态带来的可能影响及其发展趋向等。在思想高度方面，加强历史性研究，做有穿透力和历史纵深感的研究，进而发现新媒体规律性的知识。另外要避免新媒体研究过度追随技术发展的“唯新论”弊端，需要做有持续性和传承意义的研究。同时，研究者应该离世界远一点，明晰并不是所有新的社会现象抑或技术发展都有学术意义，从而做真正有学术价值的研究。

综合以上四个方面的分析可知，知识融合进程中可能进路的实现是一个系统工作，正在实现从思维、方法、范式与取向四个维度的转变，分别是从“大众主义”到“关系连接”的思维跨越，从“工具理性”到“价值理性”的研究方法祛魅，从结构功能主义到建构主义的范式转化，从学术自觉到理论自觉的研究取向升华，从而可能进路的实现未来可期。

---

① 林新：《以“人学”思想传播社会和谐之声——新闻的人文内涵初探》，《新闻记者》2008 年第 3 期。

第三节　跨学科研究的探索及学科边界的困扰

一、历史渊源：传播学具有跨学科基因和传统

传播学的产生来自多学科的滋养，具有跨学科基因。传播学研究跨学科的传统主要基于其研究对象。[①] 传播学以人类信息传播活动及其规律为研究对象，而人类信息传播活动贯穿社会发展的各个领域，传播学与信息论、系统论以及社会学等学科密切相关。传播本身就是人类各种社会行为的复合体。[②] 传播学的研究对象与社会之间的紧密联系使得传播学在诞生之日就天然地具有跨学科视野和多学科属性，注重与社会的联系。在其百年发展史上，传播学与社会学、人类学、符号学等学科相互借鉴，不断交叉，具有典型的跨学科特色，并因此生产了大量的鸿篇巨制，传播在各类社会实践和其他学科领域研究中产生的影响逐渐引起学者共鸣。无论是在传播学诞生的早期还是成为显学的当下，很多传播学者均有跨学科背景或者是从其他学科转型而来，比如传播学的集大成者施拉姆的学科背景是历史学、政治学学士，博士学位为文学方向，最终成为举世闻名的传播学大师，另外传播学的四大奠基人均有跨学科背景，而麦克卢汉则一共修得 5 个学位。与此同时，传统学派、批判学派、法兰克福学派等传播学研究的代表性学派大多具有跨学科的研究背景，比如传统学派主要借鉴社会学、人类学、心理学等，批判学派多借鉴哲学、文化学、历史学等，另外当下传播学衍生出的健康传播学、社会传播学、政治传播学等，不同学派的研究实践和研究成果无不呈现出跨学科基础上的学科交叉特征。正如传播学大师施拉姆（Schramm）所说，传播学就像是公共汽车站，任一学科的研

---

① 严功军：《中国传播学跨学科研究的反思》，《新闻界》2007 年第 4 期。

② 洪俊浩：《传播学新趋势》（下），清华大学出版社 2014 年版，第 700 页。

究者随时可以在这里上车或者下车，并且传播学并非单一学科，目前已经扩张成为符号学、社会学、文化学、政治学等多学科的认知场域[①]，也诚如黄旦所说，学术本身的区别是研究问题，没有把学科进行泾渭分明划分的必要。

传播学研究具有跨学科的基因和历史传统，不同学科带来了各具特色的研究视角、研究工具和理论体系。至今作为传播学研究核心的信息传播行为，仍然是人类发展和社会运行的基础。尤其是随着信息技术的迅速发展和广泛使用，技术逻辑主导的社会网络把更多的人、物跨界连接在一起，影响力逐渐增强，从而传播学乃至新媒体研究自身已成为各门人文社会科学交汇的领域，不断吸引着不同学科的研究者，“传播学未来发展的不二法门是建立在跨领域基础上的学科交叉与研究协同”[②]。

二、强化跨学科研究：基于媒介的再审视

随着新媒体的发展和新媒体研究的深入，“关系”崛起，“人”的主体性回归，媒介与人之间的主、客体关系被颠覆，大众传播学知识体系中媒介的工具或手段论无法解释新媒介的存在和发展，重新理解媒介逐渐成为学界观察新媒体的重要入口。“新媒体会颠覆原有的格局和关系，引起社会的新变化”[③]，媒介在新媒体研究中的重要性凸显。尤其是在媒介融合环境下，传播的关系偏向整合了传播过程的不同要素，媒介发挥了关系连接器的作用，激活媒介体系中不同要素之间的关联，加速社会的媒介化和媒介的社会化进程。

“互联网从本质上改变了人与人连接的场景与方式，推动社会关系网

---

① 杜骏飞、周玉黍：《传播学的解放》，《新闻记者》2014 年第 9 期。

② 喻国明：《未来传播学科的发展范式：基于技术“微革命”的思考》，《新闻界》2019 年第 6 期。

③ 黄旦：《新媒介与中国传播研究》，《中国社会科学评价》2019 年第 4 期。

络从差序格局、团体格局向开放、互动的复杂分布式网络转型，引发了社会资源分配规则及权力分布格局的变迁。”① 依据延森的说法，媒介包含以下三个层面：一是人的身体及其延伸，社会个体基于此参与各种各样的传播活动；二是大众传播媒介，使得传播不受是否在场和参与者数量多少的制约；三是数字技术，作为元技术，数字技术集所有交流媒介的特点于同一平台。② 延森所谓的媒介，不仅把人、媒介与社会融为一体，而且把三者整合在一个平台，其交往实践成为人们感知世界的基本方式，形塑客观存在的媒介化社会图景，进而“世界作为一种媒介”③。在新媒体环境下，技术发展所实现的不仅仅是物理连接，更是生理和心理等复杂系统的连接。媒介不只是载体和中介，更是以中介的主体性形塑和建构媒介与人、媒介之间、人与人之间的相互关系。④ 基于德布雷（Debray）的媒介学原理，媒介不仅是技术、文化体系，更是特殊的历史结构，新媒体与生产力的升级换代、受众的接触界面、技术植入权力序列等密切相关。一直以来，传播学的学科边界以媒介为中心，以传播为半径向外辐射，因而如何认识媒介在客观上决定了传播学研究的深度和广度，基于此，研究新媒体会有新的研究视域。当下新媒体不仅仅改变了信息生产方式，更在不断重构社会不同要素间的关系，已经全面介入社会发展和社会生活中。在当下的新闻传播研究中，媒介环境学派对人与媒介的认识最具代表性，其观点主要有“媒介即环境”“媒介即按摩”“媒介即意义”“媒介即权力”等。一些学者受此启发，并基于新的传播实践、传播关系与传播环境的改变，提出“新媒介即人”“人即赛博格”“新媒介即关系”“新媒介即社区的空间”

① 喻国明、马慧：《互联网时代的新权力范式：“关系赋权”——“连接一切”场景下的社会关系的重组与权力格局的变迁》，《国际新闻界》2016 年第 10 期。

② 黄旦、李暄：《从业态转向社会形态：媒介融合再理解》，《现代传播》2016 年第 1 期。

③ ［丹麦］克劳斯·布鲁恩·延森：《媒介融合：网络传播、大众传播和人际传播的三重维度》，刘君译，复旦大学出版社 2012 年版，第 85 页。

④ 张顺军：《人媒关系：媒体融合的新问题——以我国报业媒体融合为例》，《编辑之友》2020 年第 1 期。

等论断。以上人与媒介关系的新发现开启了新媒体研究的新视野。当然，新媒体即关系的论断，并不是刻意模仿麦克卢汉的语言风格，而是期望以此把新媒体研究从对传播技术的过度追捧导向关系传播为主，把以发布平台为中心的内容传播导向以人为中心的关系传播。技术发展导致新媒体传播实践重心、规则等的改变，所以重新理解媒介，进而重新划定学科研究的边界范围、要素构成及其相应的作用机制，跨学科研究路径被打通。

回顾新闻传播学的学科化进程，新闻学以报业为引擎，大众传播学则是由广播为牵引，当前数字技术使得传播学进入迥异于新闻学与大众传播学生发的社会背景中，新的想象未来可期。与此同时，通过多位研究者关于媒介形态演变与传播学科转型过程的观察发现，媒介从根本上导致了传播与社会关系的重组，引发学术研究的转型。① 库尔德利（Couldry）指出，不能把媒介当作“物件、文本、感知工具或生产过程，而是在行为的语境里参照人正在用媒介做什么”，其立足于媒介实践的媒介观，脱离了传统新闻传播学中媒介概念的束缚，倾向于基于特定情境观测人与媒介之间的互动，研究哪些人们在什么样的情景中进行什么样的媒介实践等问题，非常有启发意义。以媒介为进路，能够超越大众传播、组织传播、人机传播、个人传播等线性划分的机械性，从同一起点考察传播现象与实践，打开重新理解新媒体传播甚至新闻传播学的新视角。新媒介的长处在于导致新文明的产生，让新媒体研究回归媒介的逻辑原点，“打破那种认为媒介不过是知识和信息容器的陈旧观点，从技术发展的视角出发在总体上理解人类行为和人类社会”②，根据鲍尔格曼的研究，在新媒体研究范式转换中，媒介不是对人的绝对奴役，也不是一般工具意义上的物质媒介，而是与人的价值逻辑不断进行同构的过程，共同组成生态学视域下的有机整体。新媒体环境下媒介的再审视强化了新媒体研究的跨学科意识。

---

① 黄旦：《新闻传播学科化历程：媒介史角度》，《新闻与传播研究》2018 年第 10 期。

② 常江：《规范重组：数字媒体环境下的新闻伦理体系建构》，《新闻记者》2019 年第 8 期。

三、研究领域边界问题：跨学科研究的困扰

一般情况下，任何学科都有着明确的研究对象、研究议题、研究范围，也就是学科研究的边界，成为一学科区别于其他学科的主要标志。① 众所周知，传播学是在多学科共同作用下产生的，从社会科学的“宣传研究”“民意研究”“行为动力研究”和“说服”等领域中实现传播学与政治学、社会学、心理学的融合，初步建构了传播学的基本理论框架。② 除此之外，传播学的知识来源还包括新闻学、计算机科学、信息科学等领域，由此可以看出传播学从一开始就积极在学科边缘不实现拓展与融合，大众传播学的研究边界非常清晰，分布包括传播者、传播内容、媒介、受众与传播效果界限分明的五部分。然而随着新媒体的发展，传播学的学科边界发生明显变化。

随着新媒体技术的发展和新媒体被更广泛地应用于各个层面，传播学的知识来源更加多元化，同时传播实践存在于社会和科学研究的所有领域，其学科独立性更是经常遭受质疑。正如施拉姆在传播学创立之初所言：“总结像人类传播这样一个领域的困难在于：它没有只属于自己的土地，传播是基本的社会过程。”③ 也就是说新媒体传播本身的广泛性决定了新媒体研究的无处不在。由此新媒体研究横亘于不同学科的交叉之间成为必然，其在打破学科边界的同时，知识融合路径基础之上的跨学科研究成为解释新媒体传播现象的最基本也是最重要的路径之一。

随着新媒体技术的发展，不同传播主体、传播渠道等的融合进程加快。新媒体传播实践勾连更多的学科领域，其研究的深入推进需要跨学科

---

① 张国良：《再论传播学的学科特性》，《江淮论坛》2019 年第 5 期。

② 范龙：《传播学学科特性新探》，《江汉大学学报（人文科学版）》2011 年第 2 期。

③ 埃弗瑞特·罗杰斯：《传播学史：一种传记式的方法》，殷晓蓉译，上海译文出版社 2002 年版，第 1 页。

的大视野做支撑，比如彭兰、祝建华和谭天等知名学者均认为新媒体研究需要其他学科的支援。彭兰认为社会学、社会心理学和计算机科学为新媒体传播研究提供支援，而祝建华认为是计算机科学、统计学和心理学，谭天则选择了经济学、社会学和计算机科学。尽管彭兰和谭天的学科背景均为理工科，但以上三位学者均认为新媒体研究的核心是人而不是技术，新媒体研究需重点借鉴其他学科的思维和方法。[①]当然，在新媒体不断以“传播”的名义把不同学科的知识结构化在同一信息传播实践中，其研究边界不断拓展与模糊的同时，仍要坚守学科独立性。新媒体传播甚至传播学是否具有学科独立性的问题经常遭人质疑。传播学的学科独立性毋庸置疑，尽管其边界不断拓展，但是其坚实的内核保持了学科地位的合法性[②]，其内核不是具体的概念和理论，而是把传播看成基本的社会过程，从传播的角度观察社会。把信息传播活动作为中心问题进行系统研究，成为区别于其他学科的明显标志，也是新媒体研究坚守学科边界的重要原因，使得新媒体研究在知识融合、学科交叉中仍能保持自身的学科立场。

基于前文实际研究进路的发现和驱动力分析，本章的核心议题是中国新媒体传播研究可能进路的发现与反思。目前中国新媒体传播研究存在重应用轻理论的“内卷化”表征，为了推进其基础理论的建构以及研究的深入，需要在考察实际进路的基础上，重新审视中国新媒体实践和媒介化社会现实，追踪和描述中国新媒体传播研究 25 年的可能进路并对其进行反思，进而判断其未来研究趋势。

通过文献调研与分析可以发现，中国新媒体传播研究的四种实际进路主要集中在舆论调控、媒体融合和传播规制三个研究进路，其研究发现最终共同指向内容研究。而在 25 年的研究进程中，中国新媒体传播研究客观存在着三种未能成为主要趋势的可能进路，分别为技术化进路、社会传

---

① 刘方远、谭天：《对话新媒体研究：范畴、路径与问题——首届中国新媒体研究高端论坛综述》，《现代传播》2014 年第 5 期。

② 范龙：《传播学学科特性新探》，《江汉大学学报（人文科学版）》2011 年第 2 期。

播进路与媒介形态研究进路。通过对以上三种进路的追踪与分析发现，可能进路中断的原因主要为技术缺位、数据难以获取、学术考核压力等方面。随着新媒体的发展，其逐渐汇聚更多不同类型的传播实践，从而与其他学科的知识融合进程加快。知识融合是实现可能进路的最基本和最重要的路径之一，所以加强跨学科研究成为当务之急。传播学具有跨学科的历史基因与研究传统，当下传播媒介的再审视打开跨学科研究的新入口。跨学科研究的再出发需要实现从大众传播到关系连接的思维跨越，从工具理性到价值理性的研究方法祛魅，从结构功能主义到建构主义的研究范式转化，从学术自觉到理论自觉的研究取向升华，从而实现研究从可能进路到实际进路的转变。与此同时，跨学科研究需要对研究领域的学科边界问题保持清醒，把传播看作社会的基本过程，从而基于传播的角度观察社会，在跨学科研究中始终保持自身的学术独立性。

结论与展望

本书以中国新媒体传播研究为研究对象，同时以研究进路为核心议题，并基于此展开对其进路的系统考察。研究视域主要聚焦于五个方面：一是中国新媒体传播研究阶段性及其核心议题演变的历时性考察，分别从社会语境、研究论域和研究特点三个维度进行分析；二是中国新媒体传播研究学术版图的共时性考察，分别从研究主体、研究议题、研究方法与基础理论创新四个维度展开研究；三是四种实际进路的呈现；四是实际进路的四种驱动力分析；五是中国新媒体传播研究可能进路的发现与反思。得出的研究结论主要有以下五点：

一是在历时分析视域下，中国新媒体传播研究的阶段性及其核心议题演变趋势为技术主导，同时深受社会语境影响，核心议题演变基本与新媒体技术和行业的发展保持同步，并深受不同阶段的社会语境影响。当然，历时分析呈现其纵向发展进程的变化，缺乏不同研究面向与主题的深刻挖掘，新媒体研究进路的考察需在历时和共时视域的交汇融合中方能厘清脉络并完整呈现。

二是在共时分析视域下，中国新媒体传播研究的学术版图分布表现出边界模糊的特征，具体表现为研究主体的众多与离散性、研究议题的多元与表征性、研究方法的改进与描述性、理论创新的不断积累和碎片化等特点。当下中国新媒体传播研究处于学术版图中的关键节点，事关基础理论创新的突破。回溯进路方能明晰未来方向，所以研究进路呈现成为中国新媒体传播研究之研究的当务之急。

三是实际进路主要呈现为描述性、解释性、对策性和批判性四种，其中描述性进路、对策性进路是新媒体研究持续推进的基础，解释性进路、批判性进路是基础理论建构的必经之路和助推器，需提升描述性研究的品质，加强解释性研究的规范性，夯实对策性研究的现实依据和增强批判性研究的建构力。

四是中国新媒体传播研究的实际进路是在技术牵引、权力规训、资本加持与自主性主导的博弈下形成的。研究进路都是多种驱动力综合作用的结果，但是不同驱动力在博弈中难免表现出一定的偏向并呈现出此消彼长之势，因此提高学术自主性和探究可能进路成为中国新媒体传播研究打破“内卷化”的重要学术担当。

五是中国新媒体传播研究的四种实际进路主要集中在舆论调控、媒体融合和传播规制意义上的研究，其研究发现最终多指向内容研究，同时存在着三种未能成为主要趋势的可能进路，分别为技术化进路、社会传播进路与媒介形态研究进路。与此同时，跨学科研究要对研究领域的学科边界问题保持清醒，把传播看作社会的基本过程，从而基于传播的角度观察社会，在跨学科研究中始终保持自身的学术独立性。

综合以上研究结论可以发现，研究进路不仅决定研究资源的合理配置，而且支配研究方案的实施与研究结果的取得。国内 25 年间的新媒体研究成绩斐然，众多研究者产出大量的研究成果，并基于多元议题和研究方法不断推动研究实现新发展。当下技术主导下的中国新媒体传播研究处于其学术进程中的关键节点，技术、资本、权力和自主性博弈下的不同进路在夯实研究基础的同时，“内卷化”倾向严重制约学术创新的推进。随着新媒体发展，其汇聚更多不同类型的信息传播实践，新媒体研究与其他学科的知识融合进程加快。从而知识融合进程中的跨学科研究成为打开技术化、社会传播、媒体形态等可能进路的最重要路径，也是中国新媒体传播研究的未来趋势。

当然，适时观照研究进路，才能发现可能进路和展望未来。对于当下热度不断扩散的中国新媒体传播研究来说，只有通过研究进路的考察，做到“心中有数”，才不会为表象所“座驾”。本书对于中国新媒体传播研究进程的阶段性及其核心议题演变、学术版图的空间分布、研究进路的呈现、驱动力分析、可能进路发现等的研究结论，丰富了中国新媒体传播研究的理论视域，同时体系化的研究成果必将成为中国新媒体传播研究中的重要力量。然而系统考察国内 25 年期间的新媒体研究成果是一项浩大的系统工程，尽管本书以研究进路为核心议题，一定程度上缩小了研究论域，但是从写作过程和研究结果来看，部分问题的探讨尚有意犹未尽之感，具体表现在以下三个方面：

一是实际进路呈现的多样化。论文实际进路的划分主要是基于科学规律、理论推演以及已有文献脉络三个方面的考量，最终确定为描述性、解释性、对策性与批判性四种，基本涵盖了现有成果的进路来源，并做到了逻辑自洽。以上四种进路的划分方法是不是具有唯一性？四种研究进路是不是具有足够的代表性与包容性？是不是可以基于研究对象做出其他的划分方式？未来划分标准着眼点的不同，或许会带来新的实际进路呈现思路。

二是驱动力研究的细化。论文的驱动力及其作用机制主要归纳为技术牵引、权力规训、资本加持与自主性主导。以上研究结论的获取主要是基于宏观分析，也就是把中国新媒体传播研究置于社会发展的历史进程中进行考量后的发现，是对基本态势的判断，一定程度上缺乏对微观层面驱动力的观照。比如在不同的实际进路中，其驱动力构成和差别是什么？与此相对应，哪种或者哪些驱动力起到主导作用？另外其共同或单独驱动某一实际进路的具体方式有哪些？在不同研究进路中，内、外驱动力如何相互对抗进而形塑研究进程？除此之外，在不同的实际进路中，是否可以构建起驱动力测量指标体系从而实现对驱动力的量化研究？

三是可能进路的实现途径。论文提出过去 25 年中存在的可能进路为技术化、社会传播与媒体形态，并对其中断原因进行了初步探讨。以上可能进路的概括是否全面？会不会还有其他尚未被发现的可能进路？另外，可能进路中断的原因除文中提到的技术缺位等因素外，还会有哪些因素以及如何作用于研究进路的中断？站在25年的历史节点，如何实现可能进路到实际进路的转化？

以上问题的解决需要更深入地思考中国新媒体传播研究25年的演进历程，也为未来研究指引了方向。尽管笔者在书稿写作过程中，尽力克服主客观困难，努力拓展研究的深度和广度，但是至今看来仍然明显存在一些不足，主要表现为：

一是样本文献收集、处理的有限性。样本文献是立论的依据和基础，样本文献的收集和处理质量直接决定研究的科学性。在论文写作过程中，笔者竭尽所能广泛涉猎更多文献，仅文中引用到的文献有70余本著作，757篇期刊论文以及其他多篇学位论文、英文文献、研究报告，力争做到对每篇引用文献的认真研读与摘录。整个研究过程共整理约15万字的读书笔记，但截至论文成稿，尚未能做到对中国新媒体传播研究的全部成果进行一览无余的爬梳，只能把以关键词为搜索策略得到的9880篇文献作为主要的研究对象，并兼顾著作、硕博论文、项目研究，年度报告等成果，力争不遗漏任何有代表性的重要文献，但是没有做到深度研读所有的研究成果。除此之外，在文献处理过程中，笔者采用质化和量化相结合的研究方法，着力研究成果主题发现与规律洞察，仅统计所收集到的样本文献一项工作就花费四名学生两个月的时间，论文中呈现的每一个数字都是经过两组同学的分别统计与相互验证而来，但是由于部分研究成果信息不全等原因带来统计上的难题，同时新媒体研究方兴未艾，变动不居，增加了资料收集和处理的难度，以上样本文献的收集与分析的不足可能会导致研究结论存在细小偏差。

二是研究视野和研究能力的局限性。本书在论证过程中尽量避免文献的无序堆砌，力争融合“史”的线索和“评”的深度，所以对其进行分类和内容挖掘是不二选择，因而不可避免地多次面临如何建立分析维度和划分标准的问题，比如样本文献的选择标准、历时分析中阶段的划分依据、共时分析中研究维度的确定、内容分析法中的类目建构、研究方法研究中的抽样标准、研究进路分类等问题，除此之外，本书阶段性核心议题演变、学术版图的空间布局、四种进路的呈现等问题的解决均是基于已有文献、理论推演而来，并根据专家的深度访谈内容对研究结论进行了必要的纠偏与校验，但是笔者的学术素养与研究视野有限，势必有挂一漏万的可能，同时不可避免的主观性一定程度上影响到研究结论的精确性。除此之外研究进路的呈现，研究进路的驱动力和可能进路的探究等方面的探讨还需要深化，跨学科研究进路再出发中的多维度转变的具体路径和方法还有待进一步论证，以上研究不足也是未来研究要着力解决的问题，恳请各位专家批评指正。

参考文献

专　著

1. 陈力菲：《传播史上的结构和变革》，江苏文艺出版社 2001 年版。

2. 陈彤、曾祥雪：《新浪之道——门户网站新闻频道的运营》，福建人民出版社 2005 年版。

3. 陈晓云：《众人狂欢：网络传播与娱乐》，复旦大学出版社 2001 年版。

4. 陈作平：《新闻理论新思路：新闻理论范式的转型与超越》，中国传媒大学出版社 2006 年版。

5. 程东升：《李彦宏的百度世界》，中信出版社 2009 年版。

6. 崔保国：《信息社会的理论与模式》，高等教育出版社 1999 年版。

7. 邓炘炘：《网络传播与新闻媒体》，北京广播学院出版社 2001 年版。

8. 杜骏飞：《网络新闻学》，中国广播电视出版社 2001 年版。

9. 方玲玲、韦文杰：《新媒体与社会变迁》，复旦大学出版社 2014 年版。

10. 方维规：《概念的历史分量：近代中国思想的概念史研究》，北京大学出版社 2018 年版。

11. 宫承波：《新媒体概论》，中国广播电视出版社 2007 年版。

12. 葛兆光：《中国思想史》，复旦大学出版社 2001 年版。

13. 郭良：《网络创世纪：从阿帕网到互联网》，中国人民大学出版社 1998 年版。

14. 何苏六：《网络媒体的策划与编辑》，北京广播学院出版社 2001 年版。

15. 胡翼青：《传播学：学科危机与范式革命》，首都师范大学出版社 2004 年版。

16. 胡泳、范海燕：《黑客：计算机时代的牛仔》，中国人民大学出版社 1997 年版。

17. 胡泳、范海燕：《网络为王》，海南出版社 1997 年版。

18. 胡泳：《网络政治：当代中国社会与传媒的行动选择》，国家行政学院出版社 2018 年版。

19. 胡泳:《众声喧哗：网络时代的个人表达与公共讨论》，广西师范大学出版社 2008 年版。

20. 胡正荣:《新媒体与当代中国社会》，上海交通大学出版社 2012 年版。

21. 黄旦:《传者图像：新闻专业主义的建构与消解“结语”》，复旦大学出版社 2005 年版。

22. 蒋宏、徐剑:《新媒体导论》，上海交通大学出版社 2006 年版。

23. 金观涛、刘青峰:《观念史研究》，法律出版社 2009 年版。

24. 金兼斌:《技术传播》，黑龙江人民出版社 2000 年版。

25. 金梦玉:《网络新闻实务》，北京广播学院出版社 2001 年版。

26. 匡文波:《手机媒体概论》，中国人民大学出版社 2012 年版。

27. 匡文波:《网络媒体概论》，清华大学出版社 2001 年版。

28. 雷跃捷、辛欣:《网络新闻传播概论》，北京广播学院出版社 2001 年版。

29. 李河:《得乐园　失乐园：网络与文明的传说》，中国人民大学出版社 1997 年版。

30. 李金铨:《传播纵横：历史脉络与全球视野》，社会科学文献出版社 2019 年版。

31. 李舒:《传播学方法论》，中国广播电视出版社 2007 年版。

32. 李秀云:《中国新闻学术史（1834—1949)》，新华出版社 2004 年版。

33. 林军、张宇宙:《马化腾的腾讯帝国》，中信出版社 2009 年版。

34. 林军:《沸腾十五年——中国互联网 1995—2009》，中信出版社 2009 年版。

35. 刘韧、韩磊:《网络媒体教程》，中国广播电视出版社 2005 年版。

36. 刘向晖:《互联网草根革命》，清华大学出版社 2007 年版。

37. 刘小晔:《信息社会与新媒体》，中国传媒大学出版社 2016 年版。

38. 刘海龙:《重访灰色地带：传播研究史的书写与记忆》，北京大学出版社 2015 年版。

39. 陆地、高菲:《新媒体的强制性传播研究》，人民出版社 2010 年版。

40. 陆俊:《重建巴比塔：文化视野中的网络》，北京出版社 1999 年版。

41. 孟建:《网络文化论纲》，新华出版社 2002 年版。

42. 闵大洪:《数字传媒概要》，复旦大学出版社 2003 年版。

43. 闵大洪:《中国网络媒体 20 年（1994—2014)》，电子工业出版社 2016 年版。

44. 欧阳友权等:《网络文学论纲要》，人民文学出版社 2003 年版。

45. 潘可武:《新媒体研究、方法与观念》，中国传媒大学出版社 2015 年版。

46. 彭兰:《社会化媒体：理论与实践解析》，中国人民大学出版社 2015 年版。

47. 彭兰:《中国网络媒体的第一个十年》，清华大学出版社 2005 年版。

48. 彭兰：《中国新媒体传播学研究前沿》，中国人民大学出版社 2010 年版。

49. 乔岗：《网络化生存》，中国城市出版社 1997 年版。

50. 邱林川、陈韬文：《新媒体事件研究》，中国人民大学出版社 2011 年版。

51. 唐绪军等：《中国新媒体发展报告》(2011) (2012) (2013) (2014) (2015) (2016) (2017) (2018)，社会科学文献出版社 2012—2019 年版。

52. 汪丁丁：《思想史的基本问题》，东方出版社 2019 年版。

53. 韦路：《传播技术研究与传播理论的范式转移》，浙江大学出版社 2010 年版。

54. 吴伯凡：《孤独的狂欢：数字时代的交往》，中国人民大学出版社 1998 年版。

55. 吴廷俊：《科技发展与传播革命》，华中科技大学出版社 2001 年版。

56. 吴晓波：《腾讯传（1998—2016）》，浙江大学出版社 2017 年版。

57. 吴以义：《科学革命的历史分析》，复旦大学出版社 2013 年版。

58. 谢新洲：《网络传播理论与实践》，北京大学出版社 2004 年版。

59. 谢耘耕：《新媒体与社会》，上海交通大学出版社 2011 年版。

60. 熊澄宇：《新媒体研究前沿》，清华大学出版社 2012 年版。

61. 薛可：《新媒体传播新生态构建》，上海交通大学出版社 2017 年版。

62. 严峰、卜卫：《生活在网络中》，中国人民大学出版社 1997 年版。

63. 杨东莼：《中国学术史对话》，上海科学技术文献出版社 2015 年版。

64. 杨吉：《互联网：一部概念史》，清华大学出版社 2016 年版。

65. 杨继红：《新媒体生存》，清华大学出版社 2008 年版。

66. 叶琼丰：《时空隧道：网络时代话传播》，复旦大学出版社 2001 年版。

67. 尹韵公：《中国新媒体发展报告》，社会科学文献出版社 2010 年版。

68. 于俊杰：《网络传播与现代教育》，北京广播学院出版社 2001 年版。

69. 喻国明：《媒介革命》，人民日报出版社 2015 年版。

70. 张海鹰、滕谦：《网络传播概论》，复旦大学出版社 2001 年版。

71. 张文俊：《数字新媒体概论》，复旦大学出版社 2009 年版。

72. 张昆：《中外新闻传播思想史导论》，复旦大学出版社 2008 年版。

73. 张振亭：《中国新时期新闻传播学术史研究》，江西人民出版社 2009 年版。

74. 赵凯：《解码新媒体》，文汇出版社 2007 年版。

75. 周鸿铎：《网络传播与知识经济》，北京广播学院出版社 2001 年版。

76. 周茂君：《新媒体概论》，西南师范大学出版社 2016 年版。

77.[丹麦] 克劳斯·布鲁恩延森：《媒介融合：网络传播、大众传播和人际传播的三重维度》，刘君译，复旦大学出版社 2010/2014 年版。

78.[法] 巴尔、艾梅里：《新媒体》，张学信译，商务印书馆 2005 年版。

79.[法] 洛特非马赫兹:《世界传播概览:媒体与新技术的挑战》,师淑云等译,中国对外翻译出版公司 1999 年版。

80.[荷兰] 简·梵·迪克:《网络社会——新媒体的社会层面》,蔡静译,清华大学出版社 2014 年版。

81.[加] 埃里克麦克鲁汉、弗兰克秦格龙:《麦克鲁汉精粹》,何道宽译,南京大学出版社 2000 年版。

82.[加] 唐泰普斯科特:《数字化成长》,陈晓等译,东北财经大学出版社 1999 年版。

83.[加] 威廉姆森:《未来日记:未来十年网际网络对我们的影响》,傅凯琳等译,辽宁教育出版社 1998 年版。

84.[美] C. 赖特·米尔斯:《社会学的想像力》,陈强、张永强译,三联书店 2001 年版。

85.[美] 埃弗雷特·M. 罗杰斯:《创新的扩散》,辛欣译,中央编译出版社 2002 年版。

86.[美] 埃诺·罗西:《对四个功能范式的辩证再解释:社会理论的诸理论》,苏国勋、刘小枫主编,上海三联书店 2005 年版。

87.[美] 埃文施瓦茨:《数字达尔文主义:网络时代的生存竞争策略》,陈正平译,企业管理出版社 2000 年版。

88.[美]艾尔·巴比:《社会研究方法第十版》,邱泽奇译,华夏出版社 2005 年版。

89.[美] 安德鲁·基思:《网民的狂欢:关于互联网弊端的反思》,丁德良译,南海出版公司 2010 年版。

90.[美] 保罗·莱文森:《新新媒介》,何道宽译,复旦大学出版社 2011 年版。

91.[美] 保罗·莱文森:《思想无羁——技术时代的认识论》,何道宽译,南京大学出版社 2004 年版。

92.[美] 查尔斯·普拉特:《混乱的联线:因特网上的冲突与秩序》,郭立峰译,河北大学出版社 1998 年版。

93.[美] 戴维·温伯格:《新数字秩序的革命》,张岩译,中信出版社 2008 年版。

94.[美] 戴维·冈特利特:《网络研究——数字化时代媒介研究的重新定向》,彭兰等译,新华出版社 2004 年版。

95.[美] 菲德勒:《媒介形态变化:认识新媒介》,明安香译,华夏出版社 2000 年版。

96.[美] 亨利·詹金斯:《融合文化——新媒体和旧媒体的冲突地带》,杜永明译,商务印书馆 2012 年版。

97.[美] 杰里米·里夫金:《第三次工业革命》，张体伟等译，中信出版社 2012 年版。

98.[美] 凯斯·R.桑斯坦:《信息乌托邦：众人如何生产知识》，毕竟悦译，法律出版社 2008 年版。

99.[美] 凯文·凯利:《科技想要什么》，熊详译，中信出版社 2011 年版。

100.[美] 凯文·凯利:《失控：全人类的最终命运和结局》，陈新武等译，电子工业出版社 2016 年版。

101.[美] 克莱·舍基:《人人时代：无组织的组织力量》，胡泳、沈满琳译，中国人民大学出版社 2009 年版。

102.[美] 库恩:《科学革命的结构》，李宝恒等译，上海科学技术出版社 1980 年版。

103.[美] 利贝卡鲁宾等:《传播研究方法：策略与资料来源》，黄晓兰等译，华夏出版社 2000 年版。

104.[美]罗伯特·斯考伯谢尔·伊斯雷尔:《即将到来的场景时代》，赵乾坤等译，北京联合出版公司 2014 年版。

105.[美] 罗伯特·K.默顿:《社会理论和社会结构》，唐少杰等译，译林出版社 2006 年版。

106.[美] 罗林斯:《机器的奴隶：计算机技术质疑》，刘玲等译，河北大学出版社 1998 年版。

107.[美] 马克·波斯特:《第二媒介时代》，范静哗译，南京大学出版社 2000 年版。

108.[美] 马克·波斯特:《信息方式，后结构主义与社会语境》，范静哗译，南京大学出版社 2000 年版。

109.[美] 迈克尔·德图佐斯:《未来会如何：信息新世界展望》，周昌忠译，上海译文出版社 1999 年版。

110.[美] 曼纽尔·卡斯特:《网络社会的崛起》，夏铸九等译，社会科学文献出版社 2000 年版。

111.[美] 摩尔:《皇帝的虚衣：因特网文化实情》，王克迪、冯鹏志译，河北大学出版社 1998 年版。

112.[美] 尼葛洛庞蒂:《数字化生存》，胡泳译，海南出版社 1997 年版。

113.[美] 帕夫力克:《新闻业与新媒介》，张军芳译，新华出版社 2005 年版。

114.[美] 托夫勒:《第三次浪潮》，黄明坚译，中信出版社 2006 年版。

115.[美] 威尔伯·施拉姆、威廉·波特:《传播学概论》，陈亮等译，新华出版社

1984 年版。

116.[美] 威廉·J. 米切尔：《比特之城：空间场所信息高速公路》，范海燕等译，三联书店 1999 年版。

117.[美] 韦斯特、特纳：《传播理论导引：分析与应用》，刘海龙译，中国人民大学出版社 2008 年版。

118.[美] 约书亚·梅罗维茨：《消失的地域：电子媒介对社会行为的影响》，肖志军译，清华大学出版社 2002 年版。

119.[以色列] 伊莱休·卡茨：《媒介研究经典文本解读》，常江译，北京大学出版社 2011 年版。

120.[英] 安东尼·吉登斯：《社会学（第 4 版）》，赵旭东等译，北京大学出版社 2003 年版。

121.[英] 彼得·沃森：《思想史》，胡翠娥译，译林出版社 2018 年版。

122.[英] 戴维·冈特利特主编：《网络研究：数字化时代媒介研究的重新定向》，新华出版社 2004 年版。

123.[英] 汤姆·斯丹迪奇：《从莎草纸到互联网：社交媒体 2000 年》，林华译，中信出版社 2015 年版。

期刊论文

1. 毕晓梅：《国外新媒体研究溯源》，《国外社会科学》2011 年第 3 期。

2. 卜卫：《传播学方法论引言》，《国际新闻界》1996 年第 4 期。

3. 曹小杰：《中国互联网政治研究的海外学派：知识生产图景及代际转向》，《新闻与传播研究》2017 年第 2 期。

4. 陈刚：《新媒体时代营销传播的有关问题探析》，《国际新闻界》2007 年第 9 期。

5. 陈力丹：《试论传播学方法论的三个学派》，《新闻与传播研究》2005 年第 2 期。

6. 陈韬文：《中国传播研究的发展困局：为什么与怎么办》，《新闻大学》2008 年第 1 期。

7. 陈卫星：《关于中国传播学问题的本体性反思》，《现代传播（中国传媒大学学报）》2011 年第 2 期。

8. 崔波、姚凯波：《2014—2017 年中国新闻传播学国际学术影响力研究——基于 45 种 SSCI 期刊》，《编辑之友》2019 年第 5 期。

9. 戴宇辰：《走向媒介中心的社会本体论？——对欧洲“媒介化学派”的一个批判性考察》，《新闻与传播研究》2016 年第 5 期。

10. 戴元光、陈钢、许建：《中国传播学研究学术旨趣与学术群——兼论中国传播学研究 30 年》，《上海大学学报（社会科学版）》2008 年第 4 期。

11. 丁未：《新媒体与赋权：一种实践性的社会研究》，《国际新闻界》2009 年第 10 期。

12. 杜骏飞：《2008 年新兴媒体传播研究进展回顾》，《新闻记者》2009 年第 6 期。

13. 杜骏飞：《泛传播的观念——基于传播趋向分析的理论模型》，《新闻与传播研究》2001 年第 4 期。

14. 杜骏飞：《中国网络研究的学术进展与学科结构》，《上海交通大学学报（哲学社会科学版）》2009 年第 4 期。

15. 方兴东、潘可武：《中国互联网 20 年：三次浪潮和三大创新》，《新闻记者》2014 年第 4 期。

16. 冯锐、金婧：《论新媒体时代的泛在传播特征》，《新闻界》2007 年第 4 期。

17. 高钢、陈绚：《关于媒体融合的几点思索》，《国际新闻界》2006 年第 9 期。

18. 高钢：《物联网和 Web3.0：技术革命与社会变革的交叠演进》，《国际新闻界》2010 年第 2 期。

19. 郭玉锦、王欢：《网上公共领域》，《北京邮电大学学报（社会科学版）》2005 年第 3 期。

20. 韩晓宁、王军、张晗：《内容依赖：作为媒体的微信使用与满足研究》，《国际新闻界》2014 年第 4 期。

21. 汉诺·哈特、刘燕南：《范式转变：大众传播研究话语中心的消解》，《国际新闻界》2002 年第 3 期。

22. 胡翼青、张婧妍：《功能主义传播观批判：再论使用满足理论》，《新闻大学》2016 年第 1 期。

23. 胡翼青、张婧妍：《重新发现"媒介"：学科视角的建构与知识型转变——2018 年中国传播研究综述》，《编辑之友》2019 年第 2 期。

24. 胡翼青：《范式的重塑：社会化媒体时代对功能主义路径的反思》，《新闻大学》2012 年第 2 期。

25. 胡翼青：《论传播研究范式的表层结构与深层结构——兼论中国传播学 30 年来的得失》，《新闻与传播研究》2007 年第 4 期。

26. 胡翼青：《重塑传播研究范式：何以可能与何以可为》，《现代传播》2016 年第 1 期。

27. 胡颖：《现状、困境与出路：我国互联网话语规制的立法研究》，《国际新闻界》2015 年第 3 期。

28. 黄旦:《对传播研究反思的反思——读吴飞、杜骏飞和张涛甫三位学友文章杂感》,《新闻记者》2014 年第 12 期。

29. 黄旦:《由功能主义向建构主义转化》,《新闻大学》2008 年第 2 期。

30. 黄升民、刘珊:《“大数据”背景下营销体系的解构与重构》,《现代传播》2012 年第 11 期。

31. 匡文波:《新媒体是主流媒体吗?——基于手机媒体的定量研究》,《国际新闻界》2011 年第 6 期。

32. 李彬、刘海龙:《20 世纪以来中国传播学发展历程回顾》,《现代传播》2016 年第 1 期。

33. 李金铨:《传播研究的典范与认同》,《书城》2014 年第 2 期。

34. 李金铨:《传播研究的时空脉络》,《开放时代》2017 年第 3 期。

35. 李良荣、郑雯、张盛:《网络群体性事件爆发机理:“传播属性”与“事件属性”双重建模研究——基于 195 个案例的定性比较分析(QCA)》,《现代传播》2013 年第 2 期。

36. 李沁:《泛在时代的“传播的偏向”及其文明特征》,《国际新闻界》2015 年第 5 期。

37. 李武、黄佩、李晓静:《基于知识图谱的新媒体国际研究进展分析》,《北京邮电大学学报(社会科学版)》2013 年第 2 期。

38. 李晓静、张国良:《社会化媒体可信度研究:理论探讨与实证分析》,《新闻大学》2012 年第 6 期。

39. 廖圣清、申琦、柳成荫、李硕德、秦悦、秦绍德:《中国大陆新闻传播学研究十五年:1998—2012》,《新闻大学》2013 年第 6 期。

40. 刘海龙:《寻找听众:中国传播研究的需求与使用》,《中国地质大学学报(社会科学版)》2010 年第 5 期。

41. 刘海龙:《中国传播研究中的两种功能主义》,《新闻大学》2012 年第 2 期。

42. 刘晶、陈世华:《新闻专业主义起源的知识社会学批判》,《东岳论丛》2018 年第 12 期。

43. 刘莲莲、强月新:《传播方式变革、治理观念变化与社会变迁——中国新媒体研究的焦点与态势》,《新闻与传播评论》2014 年第 1 期。

44. 刘蒙之:《格雷格里·贝特森对传播学研究的奠基性贡献》,《上海师范大学学报(哲学社会科学版)》2009 年第 4 期。

45. 刘明洋、袁晓川:《融通之道:解读新媒体环境下新闻传播教育的两大趋势》,《国际新闻界》2018 年第 9 期。

46. 刘新传、魏然：《语境演进、范式：网络研究的想象力》，《新闻大学》2018 年第 3 期。

47. 龙耘：《传播学在中国 20 年》，《现代传播—北京广播学院学报》2000 年第 3 期。

48. 陆晔：《新闻院系体制下中国传播学研究的局限和未来之可能》，《新闻大学》2008 年第 2 期。

49. 路璐：《媒介、哲学、政治：西方新媒体研究的三大面向》，《南京社会科学》2015 年第 5 期。

50. 骆世查：《作为实践的传播：一种数字媒介革命语境下的观照》，《新闻界》2018 年第 1 期。

51. 毛湛文：《理解媒介融合的元理论：视野与路径——评延森的〈媒介融合：网络传播、大众传播与人际传播的三重维度〉一书》，《中国新闻传播研究》2017 年第 1 期。

52. 孟威：《2018 年新媒体研究热点、新意与走向》，《当代传播》2019 年第 1 期。

53. 闵大洪：《网络传播研究亟待加强》，《新闻与传播研究》2000 年第 1 期。

54. 聂银、刘锦宏、丁美方、卢玲：《新媒体国际研究进展可视化分析》，《科技与出版》2014 年第 8 期。

55. 潘曙雅、张煜祺：《虚拟在场：网络粉丝社群的互动仪式链》，《国际新闻界》2014 年第 9 期。

56. 潘忠党、刘于思：《以何为“新”？“新媒体”话语中的权力陷阱与研究者的理论自省——潘忠党教授访谈录》，《新闻与传播评论》2017 年第 9 期。

57. 彭虹：《一种探索网络传播研究进路的策略》，《新闻界》2005 年第 5 期。

58. 彭兰：《从网络媒体到网络社会——中国互联网 20 年的渐进与扩张》，《新闻记者》2014 年第 4 期。

59. 邱泽奇、范志英、张樹沁：《回到连通性——社会网络研究的历史转向》，《社会发展研究》2015 年第 3 期。

60. 曲飞帆、杜骏飞：《超越功能主义范式的中国新媒体传播研究——以 2015 年以来的研究文献为例》，《当代传播》2016 年第 5 期。

61. 邵培仁、廖卫民：《中国新闻传播学 30 年学术论争的文献统计分析》，《当代传播》2009 年第 1 期。

62. 沈浩、黄晓兰：《大数据助力社会科学研究：挑战与创新》，《现代传播》2013 年第 8 期。

63. 沈荟、王学成：《新媒体人际传播的议题、理论与方法选择——以美国三大传播学期刊为样本的分析》，《新闻与传播研究》2015 年第 12 期。

64. 苏涛、彭兰:《反思与展望: 赛博格时代的传播图景——2018 年新媒体研究综述》,《国际新闻界》2019 年第 1 期。

65. 孙玮:《从新媒介通达新传播: 基于技术哲学的传播研究思考》,《暨南学报（哲学社会科学版)》2016 年第 1 期。

66. 孙玮:《为了重建的反思: 传播研究的范式创新》,《新闻记者》2014 年第 12 期。

67. 陶鹤山:《传播学的危机与重构》,《新闻与传播研究》2002 年第 2 期。

68. 童兵、陈杰:《改革开放 30 年新闻学与传播学研究的理论思考与展望》,《国际新闻界》2008 年第 12 期。

69. 王辰瑶:《结构性制约: 对网络时代日常新闻生产的考察》,《国际新闻界》2010 年第 7 期。

70. 王迪:《探讨新媒体研究的困境及发展》,《传媒论坛》2018 年第 12 期。

71. 王芳:《互联网研究现状述评——以中国传播类期刊为例》,《现代传播（中国传媒大学学报)》2003 年第 4 期。

72. 王建磊:《App : 认识新媒体的一个崭新视角》,《新闻记者》2011 年第 11 期。

73. 王建磊:《密苏里大学新闻学院媒体融合教育考察记》,《新闻记者》2010 年第 6 期。

74. 王金礼:《传播的理论与理论的传播: 传播学史研究及其知识社会学方法》,《南京社会科学》2017 年第 2 期。

75. 王金礼:《元传播: 概念、意指与功能》,《新闻与传播研究》2017 年第 2 期。

76. 王梦瑶、胡泳:《中国互联网治理的历史演变》,《现代传播》2016 年第 4 期。

77. 王维佳:《反思当代社会的“媒体化政治”》,《新闻大学》2017 年第 4 期。

78. 王怡红:《传播学发展 30 年历史阶段考察》,《新闻与传播研究》2009 年第 5 期。

79. 王长庚:《媒介整合的背景及应对举措——李良荣教授在暨南大学的专题演讲述评》,《当代传播》2002 年第 3 期。

80. 韦路:《新媒体研究何去何从?》,《中国出版》2010 年第 14 期。

81. 吴飞:《传播学的反思要正视芝加哥学派的传统——兼评胡翼青的〈再度发言: 论社会学芝加哥学派传播思想〉》,《当代传播》2008 年第 5 期。

82. 吴飞:《传播学研究的自主性反思》,《浙江大学学报（人文社会科学版)》2009 年第 2 期。

83. 吴飞:《何处是家园? ——传播研究的逻辑追问》,《新闻记者》2014 年第 9 期。

84. 吴飞:《中国传播学知识生产场域透视》,《当代传播》2009 年第 4 期。

85. 吴锋:《全球传播学领域国际发表产出竞争力嬗变轨迹及最新态势（1996—2014）——兼论中国大陆传播学研究的国际竞争力》,《西南民族大学学报（人文社科版)》2015 年第 2 期。

86. 吴靖:《精英控制互联网议程的机理分析——资本裹挟下的网络公共领域“单极化”》,《人民论坛 · 学术前沿》2013 年第 12 期。

87. 吴小坤、吴信训:《国际视野下新媒介研究的沿革与动向》,《新闻与传播研究》2011 年第 1 期。

88. 吴予敏:《“重构中国传播学”的时代场景和学术取向》,《国际新闻界》2018 年第 2 期。

89. 吴予敏:《功能主义及其对传播研究的影响之审思》,《新闻大学》2012 年第 2 期。

90. 武志勇、赵蓓红:《二十年来的中国互联网新闻政策变迁》,《现代传播(中国传媒大学学报)》2016 年第 2 期。

91. 肖荣春、郜子学:《国际传播学研究的格局及对中国问题研究——以传播学 SSCI 期刊(2012—2016 年)为考察对象》,《中国出版》2018 年第 11 期。

92. 肖赞军:《媒介融合中规制政策的基本取向分析》,《新闻大学》2014 年第 1 期。

93. 谢新洲、李冰:《新媒体研究的困境及发展》,《新闻与写作》2016 年第 2 期。

94. 谢新洲:《从网络传播研究到互联网研究》,《新闻与写作》2013 年第 1 期。

95. 杨伯溆:《新媒体传播:中国传播学的发展机遇》,《新闻记者》2014 年第 12 期。

96. 杨国斌:《悲情与戏谑:网络事件中的情感动员》,《传播与社会学刊》2009 年第 9 期。

97. 杨燎原:《中美广告行业协会比较研究》,《广告大观(理论版)》2013 年第 5 期。

98. 殷晓蓉:《从电报的两重世界看“传播”的神秘意蕴——对功能主义传播学研究趋向的思考》,《新闻大学》2012 年第 2 期。

99. 于海飞、张成良:《关系嵌入下融媒体形态的系统范式研究》,《中州学刊》2019 年第 6 期。

100. 禹卫华、张国良:《传播学在中国 30 年:效果研究的反思与进路——以“第三人效果理论”研究为例》,《国际新闻界》2008 年第 7 期。

101. 喻国明、兰美娜、李玮:《智能化:未来传播模式创新的核心逻辑——兼论“人工智能 + 媒体”的基本运作范式》,《新闻与写作》2017 年第 3 期。

102. 喻国明:《社会化媒体崛起背景下政府角色的转型及行动逻辑》,《新闻记者》2012 年第 4 期。

103. 袁靖华:《生态范式:走出中国传播学自主性危机的一条路径》,《徐州师范大学学报(哲学社会科学版)》2010 年第 3 期。

104. 张恒军:《论中国网络媒体发展的阶段性特征》,《新闻界》2010 年第 3 期。

105. 张健：《话语型态与问题意识：中国传播学30年发展研究的再研究》，《现代传播》2008年第4期。

106. 张敏：《新媒体概念研究辨析》，《安徽科技》2016年第9期。

107. 张涛甫：《新闻传播理论的结构性贫困》，《新闻记者》2014年第9期。

108. 张涛甫：《影响的焦虑—关于中国传播学主体性的思考》，《国际新闻界》2018年第2期。

109. 张小强、杜佳汇：《中国大陆"新媒体研究"创新的扩散：曲线趋势、关键节点与知识网络》，《国际新闻界》2017年第7期。

110. 张晓锋、程河清：《中国新闻史研究70年(1949—2019)》，《新闻与传播研究》2019年第8期。

111. 张咏华：《试论我国传播学研究迈向中国化的过程》，《新闻与传播研究》2018年第11期。

112. 张咏华：《中国传播学研究迈向本土化、中国化过程的脉络——从14次中国传播学大会的角度》，《新闻记者》2019年第1期。

113. 张玉、潘昶玥：《关于人工智能与传播学的前沿反思——基于5W模式的视角》，《新闻论坛》2018年第5期。

114. 张哲瑜、邵全红：《中国传播学40年：一个本土化的视角与反思》，《新闻爱好者》2018年第8期

115. 张志安、罗雪圆：《中国互联网20年与新闻发布变迁》，《新闻与写作》2014年第6期。

116. 张忠民、张国良：《中国新闻学与传播学30年来的学科成长度和社会公认度》，《西南民族大学学报（人文社科版）》2008年第12期。

117. 章淑贞、巴亚岭、蒲玉玺、黄楚新：《重塑新媒体理念与价值认同》，《新闻与写作》2018年第9期。

118. 周宏刚：《知识社会学视野下的传播学危机》，《新闻与传播研究》2011年第5期。

119. 周茂君、彭铁鑫：《新媒体概念辨析》，《中国媒体发展研究报告》2014年第10期。

120. 朱艳：《文化维度下的西方当代新媒体研究综述》，《商业经济研究》2012年第1期。

121. 邹利斌、孙江波：《在"本土化"与"自主性"之间——从"传播研究本土化"到"传播理论的本土贡献"的若干思考》，《国际新闻界》2011年第12期。

责任编辑：池　溢
封面设计：胡欣欣
版式设计：吴　桐
责任校对：王春然

图书在版编目（CIP）数据

中国新媒体传播研究进路考察：1994—2019：从现象描述到关系反思 / 张秀丽 著. — 北京：人民出版社，2022.11
ISBN 978－7－01－025145－5

Ⅰ. ①中…　Ⅱ. ①张…　Ⅲ. ①媒体－研究－中国　Ⅳ. ① G219.2

中国版本图书馆 CIP 数据核字（2022）第 202810 号

中国新媒体传播研究进路考察：1994—2019
ZHONGGUO XINMEITI CHUANBO YANJIU JINLU KAOCHA: 1994—2019
——从现象描述到关系反思

张秀丽　著

人民出版社 出版发行
（100706　北京市东城区隆福寺街 99 号）

北京九州迅驰传媒文化有限公司印刷　新华书店经销

2022 年 11 月第 1 版　2022 年 11 月北京第 1 次印刷
开本：710 毫米 ×1000 毫米 1/16　印张：18.75
字数：255 千字

ISBN 978－7－01－025145－5　定价：59.00 元

邮购地址 100706　北京市东城区隆福寺街 99 号
人民东方图书销售中心　电话（010）65250042　65289539